互联网时代的企业转型

刘义成 著

中国出版集团
東方出版中心

前　言

互联网已经开启“万物互联时代”的大门。有史以来，人类从未像今天距离如此之近。天涯海角，大洋彼岸，一个小小的互联网让人即时信息、瞬时可视、弹指互联。在各行业领域，互联网更以“忽如一夜春风来”之势渗透和引领，以全新的触角秒杀着传统沉滞的运营理念，刷新着智慧灵动的管理方式，既带来了全新的机遇，也潜伏着难以预见的挑战。互联网与行业的融合正在且继续引领历史性变革。

互联网＋一个行业，意味着什么？意味着一种能力，意味着一种新生态，意味着行业的一种提升，同时也意味着颠覆和催化。互联网与零售、餐饮、服装、家电为代表的传统行业的融合，为人们日常生活提供前所未有的便利之时，也冲击了实体店营销模式，激发了行业的根本性变革与明显分化，中小型商家受冲击更大。与物流的融合，通过大数据、云计算的应用，创建智能仓储体系，提升自动化、智能化水平和效率，也颠覆了传统物流的渠道方式。与教育的融合，在线教育的兴起，使海量知识获取途径不再低效，便利的知识可获得性及时间优势，使教育资源稀缺和不对等问题得以有效解决，同时也冲击着传统教育方式。与电子商务的融合，使网络化生产、流通、消费更加普及，网购成为消费者购买产品的重要选择，原有的价值链已被打破。与金融的融合，则以其效率优势和信息优势，充分发挥聚集效应，一个产品即把亿万用户的真金白银堆成山，全面提升互联网金融普惠水平，而监管不力则很可能引致动辄冲击整个金融链条的大危机。与旅游业的融合，则因两者先天的契合度，信息与产品的极大丰富，让互联网重写游戏规则，但实践中也经常出现因信息不对等而导致的种种纠纷。与媒体的融合，则不仅为传统媒体带来各种全新的与用户互动方式，更引起了诸多网络媒体、微信公众号等传播渠道的改变。与汽车交通的深度融合，以滴滴打车、快的打车模式为代表的动作，则不仅为出租车司机与乘客之间提供了简单信息对接，也在颠覆整个行业，为人们方便出行带来质的改变，更引起了专业出租、软件打车、私人载客的较劲。与政府部门联手，以移动互联网为平台，通过深化大数据等新一代信息技术，解决电子政务面临的信息孤岛问题，使政府更好地为社会服务。而工农业互联网则推动发生传统生产方式的转变，加快形成网络化的产业生态体系。互联网正如一把从天而降的"轩辕剑"，披荆斩棘，犀利地推动着经济社会全方位变革。任何地区，任何行业，甚至任何个人，只有主动顺应大势之变，把握发展之律，融合创新，才能成为这个大势之中的"弄潮儿"。行动稍缓，则或将被抛诸界外而憾失良机，遑论置身事外。

本书从与人们日常生活关系最紧密的零售、服装、餐饮、通信电子、家电、金融、旅游、教育八大行业入手，细致勾画了八大行业互联网转型图谱，囊括了"超级平台1号店"、"云朵上的京东"、"耐克的数字化运动平台"、"海底捞的双线并进"、"联想的一站式互联"、"海尔的'小微'再造"、"微信银行的'突出增值'"、"途牛在线旅游的异军突起"、"阿里巴巴的在线教育布局"等近百个企业互联网转型热点案例，生动而全面地展现和剖析了企业与互联网的相爱相杀，"用户为本"、"淘金之道"、"旅程攻略"、"多管齐下"等则汇聚了如何在O2O这场竞赛中角力竞逐的智慧和良策，助力企业决胜互联网转型高地！

我国互联网正处于大发展、大融合、大变革的历史阶段，李克强总理高瞻远瞩，在2015年6月24日的国务院常务会上睿智断言：在互联网领域，我们很可能和发达国家站在了同一条起跑线上，而且在某些方面甚至比发达国家拥有更大的优势。是的，互联网给所有参与者准备了一个信息浩渺、平等对话、机遇无限的平台，能否抢抓机遇，融合发展，决定着千千万万参与者的未来。"狭路相逢勇者胜"，让我们勇于参与，奋力进取，在互联网与经济社会融合发展的大潮中加快发展，一展我们的聪明才智吧！

目　　录

第一章　传统零售业的转型生死战

如果说在过去几年，互联网还只是大众产品销售宣传的一个辅助手段，那么现在的它则早已突破整个商业链条中的配角角色走入公众的视野，以互联网为依托的商业模式转变为各行各业带来的是几近摧枯拉朽的颠覆和转变。互联网时代 O2O 商业模式使得传统企业的互联网化转型已经变得势在必行。

一、鸡 飞 狗 跳

零售业是最广泛的领域，也是最贴近百姓生活的行业，日常百货如服装、家电、3C 产品、家居等均在其列。曾几何时，零售业实体店星罗棋布，布满大江南北，形势蒸蒸日上；但好景不长，互联网的飞速发展对其原有的实体店营销模式带来了巨大冲击，随着电商、移动电商快速发展，传统零售业受到很大侵蚀。

根据中华全国商业信息中心的统计，2012 年全国百家重点大型零售企业零售额名义同比增长 10.8%，增速同比大幅度放缓 11.8%，创 2005 年以来新低。世邦魏理仕发布的报告则显示，自 2012 年 2 月开始，百货业销售增速持续落后于社会消费品零售总额增长率，主要上市百货企业的营业利润率自 2010 年以来连续呈现下滑趋势。2014 年上半年全国百家重点大型零售企业，零售额同比下降 0.2%，增速较 2013 年同期低 10.9 个百分点，“去百货”的概念早已响起。2014 年 4 月 21 日，中国连锁经营协会发布的连锁百强数据也显示，近一年来，大型超市销售增幅持续下滑，低于社区超市、便利店等业态，毛利率也是各零售业态中降幅最大的，来客数、客单价均出现下滑。以国内零售业巨头苏宁为例，2013 年，其电商业务销售额高达 219 亿元，同比增长

43.86%，而门店业务的销售收入则直线下降，同比下降85%以上。2014年7月30日，苏宁云商披露业绩快报显示，该公司上半年营业总收入511.6亿元，同比下降7.87%；归属于上市公司股东的净利润亏损7.49亿元，上半年同期盈利7.34亿元，同比下降202.06%。这是苏宁自2004年上市以来首次出现中期业绩亏损的情形。

行业分化态势也十分明显，百货行业继续受到来自电商的冲击且经营成本持续上升，经过一年以来的业务调整和创新，盈利能力下降，业态更新压力进一步增加。根据赢商网统计，包括王府井百货、银泰百货、天虹百货、山东银座、广百百货等在内的24家标杆百货企业，2014年上半年营业总收入853.89亿元，平均每家企业营收35.58亿元，但营收排行第一的大商集团，半年营业收入已经破百亿，而处于排行尾部的岁宝百货仅6.41亿元，两者相距巨大。

与此同时，关店潮开始显现。这种现象尤其集中在超市行业，其2014年上半年销售增速同比虽有所回升，但市场短期缺乏有力支撑，经营压力持续增加，闭店潮凸显。① 2014年上半年零售企业关店160家，创历史之最。

在前些年行业危机时，尽管零售业老总大呼危机，但实际上企业日子还是过得很安稳。但在2014年，企业似乎不再喊痛，却一家家关闭门店，这种“痛而不言”的沉默更可怕。令人担忧的是，即便挨过关店之痛，实体零售业似乎依然找不到未来的出路。

诚然，近年经济形势走弱对实体零售业经营带来一定影响，不仅增加了其经营成本，更引起消费者普遍缺乏消费信心，而更重要的原因还不止如此。

中国零售业连续十多年的“黄金期”，其实是改革开放、经济活跃发展的受益者。它享受着来自经济高速增长、城镇化、消费人口基数大等三方面的红利。经过十多年的快速发展，各种红利已经享用殆尽，传统零售业的老本已经吃光。另一方面，零售企业之前得以盈利的“成功经验”很难再奏效。比如规模效应，依靠规模采购降低采购价获得更高的供应商返利，这种连锁企业屡试不爽的盈利模式的边际效应已经开始显现。当你采购规模达到一定数量的时候，哪怕你再增加十倍，也很难再降低成本了。这一现象在家电连锁商身上尤

① 刘芳，《报告：2014上半年零售各业态发展趋势》，《中国商报—超市周刊》，2014年11月5日。

为突出。再如进场费，其是传统连锁企业中占比很大的一部分利润来源，但当这几年进场费被一点点加码，甚至超过供应商所能承受的范围时，就很难在这方面有所突破。以2013年国美为例，其“创造性”地提出了供应商“竞标”入场的做法，试图凭借其在区域市场上的垄断地位，压榨供应商身上最后一滴油水，结果闹得鸡飞狗跳，供应商纷纷逃离。同时，受网络零销等渠道多元化冲击，客户需求分流严重，消费者的需求也在不断变化，其想在自己方便的时间以自己想要的方式进行购物，百货、大型超市等业态能满足消费者的储物需求，小型门店则能帮助消费者完成临时的购物计划。加之受传统经营模式制约，百货店等传统零售业态商品经营管理能力弱，品牌控制力有限，利润增长源缺乏，以致在竞争中处于劣势地位。

经营效益差不可怕，竞争中暂时处于劣势也不可怕，甚至关店也不可怕，可怕的是未来怎么做。在互联网浪潮冲击之下，近年来国内众多零售企业尝试过多种创新，最早的如B2C，到后来做平台，再到目前流行的O2O，可谓百花齐放，百家争鸣。① 这些做法在实际中都有效吗？

毫无疑问，一场气势磅礴的行业结构变革正在进行中，如何在这场迷途的赌局中实现自救，成为传统零售业发展的难题。

二、各 显 其 能

1. 致力于打造超级平台的1号店

1号店，国内首家网上超市，由世界500强Dell前高管于刚和刘峻岭联合在上海张江高科园区创立，2008年7月11日正式上线，开创了中国电子商务行业网上超市的先河。成立以来持续高速增长，2013年实现销售业绩115.4亿元，成为国内最大的B2C食品电商。至2013年年底，可销售SKU② 达340

① 《2014上半年零售业关店共160家　转型电商仍难盈利》，http://sh.winshang.com/news-405969.html.

② SKU，库存进出计量单位，现被引申为产品统一编号的简称，每种产品均对应有唯一的SKU号。

万种，拥有注册用户 5 700 万和超过 1 500 万移动端注册用户。

1 号店的成功与其互联网布局密切相关。首先是其价格优势与商品质量管理的系统化运作。依靠其核心优势即自主研发的五大模块组成的高效、低成本、高兼容性、可扩性的超级平台，在全国展开布局，目前在北京、上海、广州、成都、武汉、泉州、济南七大运营中心的基础之上，在广东洪梅开建华南地区最大的自动化 B2C 电商仓库，在上海推出"准点达"，并推出"全国包邮"政策，其"准点达"、"准时达"、"定时达"特色突出，竞争优势明显。同时，其强大的 PIS 系统（价格智能管理系统）保证了价格竞争优势，能够为顾客省钱，并对仓储、配送进行 ISO9001 质量管理体系认证，对供应商违法违规供货行为一查到底，全力维护消费者权益。

其次是其通过有效的网络路径增强与顾客互动，密切了与顾客的联系。与微博、微信等网络应用的互联互通成为 1 号店在移动互联网时代的新选择。只要在新浪微博中添加 1 号店应用，把自己的微博账号与 1 号店账号关联绑定，在 1 号店购买商品的最新物流信息，如订单配送情况、待支付订单、发货状态等，即可以私信通知形式即时发送至用户的微博账号。微信方面，1 号店将整个网站最热销商品的条码数据库与微信后台数据库对接，用户微信"扫一扫"条码时，即可显示相关商品在 1 号店的售价，点击即跳转到购物界面和流程，操作非常方便，2013 年年底，每天通过微信"扫一扫"查询 1 号店商品信息的人次接近 3 万；2013 年 10 月其新升级推出的"搜一搜"功能，使用户能随时查询订单状态。

而致力于会员营销与科学的仓储物流管理，也构成了其鲜明特色。1 号店非常注重会员营销，有统一的积分体系和制度，会员可以通过购物、参与社区互动等赚取积分，积分可以直接用于支付购买商品，不同等级会员享受的积分不同，1 号店还鼓励会员自发组织购物工会，工会成员的积分返利比例和整个工会的交易额相关。在仓储物流方面，送货的及时性是竞争力的重要体现，但同时也面临仓储物流中心成本之间的矛盾。为解决商品供销平衡问题，1 号店的库存管理系统实时对缺货率进行监控，当商品库存低于临界点时，系统会自动下单补货，而且其库房中各个商架的摆放位置都是根据顾客购买行为分析来确定的。

同时，在线产品的品类丰富也是1号店的重要竞争优势，如生鲜领域，以北京、上海为例，到2013年底，两地的1号店顾客可以在线购买水果、蔬菜、冷藏、冷冻食品等，品类的丰富程度已经与线下实体超市不分伯仲。

2. 苏宁的O2O全渠道转型

面对互联网带来的严重冲击，作为传统零售业巨头，苏宁于2013年年初正式更名为“苏宁云商”，从这个变更不难看出，苏宁坚定走O2O道路的决心。①

在O2O道路上，苏宁的策略，一是化“左右手互搏”为线上线下融合。早在2010年，苏宁就开始将自主研发的电子商务服务平台“苏宁易购”投入市场，并在各大城市进行试点，其范围不仅包含电器类产品，还包含虚拟充值、团购、图书等非电器类小件商品，一时间舆论哗然，热议苏宁是“左手搏右手”。诚然，从O2O商业模式特点看，定价较低的日常百货、虚拟小件、日常百货等小件商品更适合，但苏宁紧接着即开始加快互联网布局，向全国各地发起进攻。

第二个方式，是推行线上线下的资源重组与价值再造。2012年5月，苏宁易购推出鲜花预定、生鲜团购两大促销新品，同时，将消费者吸引到网上下单，到线下换票看电影。线下完成消费后，苏宁易购设置网友评论换取积分环节，引导网友完成从Offline to Online的循环过程。2013年，苏宁整合更多的线下资源推出“开放平台”，实现线上线下平台向全社会同步开放。接着苏宁又在商业概念上提出“一体双翼”，即以互联网零售为主体，打造O2O的全渠道经营模式和线上线下的开放平台，最大限度地开放市场，与社会共享，吸引网下的商户资源与用户资源。针对用户体验一直是苏宁易购最被诟病的问题，2013年底，苏宁再次推动零售行业变革，打造了第一批互联网门店，即“门店互联网化”改造工程，开通免费WIFI、实行全产品的电子价签、布设多媒体的电子货架，利用互联网、物联网技术收集分析各种消费行为，推动实体零售进入大数据时代，其结合实体店面布局的优势，以消费购物体验为导向，将体验、支

---

① 冯海超，《张近东：苏宁O2O全渠道转型走在行业最前列》，《英才杂志》，2014年5月28日。

付、服务三者相融，以此苏宁制订了一个 O2O 的全渠道经营和线上线下开放平台的“一体两翼互联网零售路线图”，一定程度上消除了消费者线上线下的购物体验瓶颈。

应该说，苏宁的这种做法，纠正了一段时间以来人们广泛认为的“实体店是体验店，电商店才是购物店”、“线上比价，线下体验”的看法，从本质上让用户看到了电商的本质是一种销售工具，而不是商业模式，迎合互联网的改变并不是拿线上线下来左手搏右手，而是要整合线上线下资源。苏宁这种成功做法打破了线上线下两种商业形态的竞争，将线上线下的优势、资源进行了紧密结合，从而使产品体验得到预期效果，消费者从体验到购买的转化率大大提高，符合了未来消费者购物习惯，让原本线上或者线下的单一购物体验实现了整合与升级，唤醒了消费者潜藏内心的深层次、全方位的购物需求，通过覆盖消费者的全渠道，提供全品类，做的是全渠道、全零售，进行的是规模经济加范围经济，不仅在颠覆自己，也在颠覆整个行业。同时，苏宁善用大数据、智能搜索等技术，让线上购物的便利与线下体验的可行性实现了“鱼与熊掌”兼得，这必将推动中国零售业的再次变革。①

3. 云朵上的京东

作为我国最大的自营式电商企业，京东与 1 号店和苏宁不同，其致力“造云运动”，并以此支持众多传统企业互联网转型。

早在 2013 年 8 月，京东云就发布了“七年三步走”战略，目前其支撑京东内部云化，开放电商资源、培育电商生态的前两步已初步完成。2014 年年初，京东发布了助力传统企业快速、高效、低成本转型电子商务的电商云业务，9 月，京东云平台再次整合优势资源，包括在电商、物流、金融、大数据等多方面的资源和能力，以云服务的模式全面对外开放，推出包括京东电商云、物流云、金融云、数据分析云、基础云等在内的多项云计算新业务，为传统企业全面提供电商、物流、金融、大数据分析、基础云技术等全方位的云服务，驱动企业的互联网化和智能化，助力传统企业在云时代引领行业未来。

① 刘宇、周雪昳，《为卖场引流 苏宁超市明年布局 50 店》，《北京商报》，2014 年 10 月 31 日。

以电商云为例。2014 年初，京东云平台率先发布电商云解决方案，其电商云已扩展为可支持 B2B、B2C、B2B2C、O2O 等各类电商业务需求，西咸新区、佛山大沥·京东电商产业谷、北京红黄蓝儿童教育科技发展有限公司等与京东云正式签约，在搭建电商平台、大数据分析等方面达成合作，以推动上述企业升级转型。此前，京东云还与贵州商务厅、首商集团、用友等多家机构或达成战略合作或共同探索产业升级路径。京东将自身十余年的电商经验通过开放云端的方式分享输出，对传统企业快速实现电商转型升级，以及政府、金融等机构或组织的互联网化进程，都有重要的推动作用。目前，京东的新业务已将商务流程与云计算技术深入融合，这使得云计算的应用更具操作价值，标志着中国最大的产业云生态在京东云平台的悉心打造之下初具规模。①

京东目前与北京、上海、广州、大连、温州、石家庄等 15 座城市的上万家便利店的战略合作搞得有声有色，这些便利店包括快客、好邻居、良友、每日每夜、美宜佳等，推广着零售店 O2O 模式，推动了实体店向互联网转型，据称未来区域还将覆盖国内所有省会城市和地级市。在与这些便利店合作方面，这些店铺在信息系统、会员系统、消费信贷体系、服务体系等方面与京东深度整合，京东则在网上为这些便利店搭建入口，京东 O2O 平台的移动端将会与 PC 端同时搭建，借助 LBS 技术，用户可以找到距离自己所在位置最近的店铺，京东线上和线下的会员体系实现共享，会员的订单由京东统一下发给商家，由商家或京东自营配送团队进行配送。此外，京东还与零售业主流 ERP 软件服务商 SAP、IBM、海鼎等开展战略合作，并实现零售业 ERP 系统和京东平台无缝对接，升级了零售业 ERP 系统。②

4. 阿里巴巴的辉煌 IPO

北京时间 2014 年 9 月 19 日晚，在大洋彼岸全球瞩目的阿里巴巴终于敲响了纽交所的开市钟。按照其 68 美元/ADS 的发行价计算，其融资额超过

① 《京东云发布多项新业务 支持传统企业互联网转型》，http://tech.hexun.com/2014-09-19/168639127.html.

② 徐鹏，《京东推零售店 O2O 模式 联手万家便利店》，http://news.zol.com.cn/440/4406383.html.

VISA上市时的197亿美元，刷新了美国市场的IPO交易纪录，从而打造出全球史上最大规模的IPO。无论是上市前路演时投资者的排队盛况，还是上市后近2 000亿美元的高估值，均将阿里巴巴推向了巅峰。每个季度利润增速超过40%，销售额相当于芬兰的经济体总量，规模超过Amazon和eBay的总和。阿里巴巴的业绩和成长速度令华尔街惊讶，究竟是什么成就了阿里巴巴？

1999年，马云带领下的18位创始人正式成立阿里巴巴集团。从最初的B2B交易平台，发展到现在的C2C、B2C、网上支付、云计算业务、金融，阿里巴巴以电商业务为核心建立起了完整的业务版图。

回望阿里巴巴15年的发展历程，其中不乏多次关键性转型。

转型之一：创业初期的B2B模式逐渐成型。阿里巴巴成立前，做外贸生意的中国中小企业可选途径一般只有广交会（中国进出口商品交易会）。阿里巴巴创建后定位“中国中小企业贸易服务商”，为中小企业提供“网站设计＋推广”服务，即打造“网络义乌”模式。“网络义乌”商业模式要求有足够的供应商，供应商再吸引买家前来，交易信息由此逐渐丰富。2000年，阿里巴巴分别推出“中国供应商”和“诚信通”等开流项目，向供应商提供额外的线上和线下服务，并收取会员费用，探索盈利模式。2002年，阿里巴巴又推出“关键词”服务，同年首次实现盈利。此后阿里巴巴的“会员费＋增值服务”模式的B2B道路开始清晰。

转型之二：B2B员工转岗大迁徙。2012年7月，阿里巴巴B2B业务被拆分成两部分：阿里国际业务ICBU、阿里小企业业务CBU。阿里国际业务主要专注于中小企业的海外发展，而阿里小企业业务则关注国内中小企业的电子商务服务。其中，“全球速卖通”以及国内中小企业拓展海外市场服务的“中国金牌供应商”即“出口通”，则被分配到阿里国际业务，而为国内中小企业拓展国内市场服务的“中国诚信通”则被归于阿里小企业业务。定位为国内中小企业的电子商务服务的阿里小企业业务，意味着从一家销售驱动型公司向服务型公司进化。由此带来的最明显的变化首先即是其销售人员的下降，B2B员工被转往淘宝、天猫等事业群，在集团内部进行转岗。再往前追溯到2009年，其时阿里内部已经尝试让销售人员开始做客服的工作，从而让销售慢慢转型做后台，帮助客户分析经营商铺。未来，B2B内部将依靠云平台，用有效少量的人力去对应大量的客户群体。在人员转移的背后，是阿里巴巴内部经营思想的改变，B2B 需要逐步从一个信息交互的交易市场，向供应链交易的服务平台转移。不仅为淘宝上没有厂家的店提供稳定的货源，而且鼓励有厂有店的企业进入天猫，增加天猫的商家数量，在整个生态圈内形成充分的竞争，这也意味着 B2B 的收入模式被彻底打破，并将重新构建。

转型之三：从 B2B 到 C2C，成立淘宝、支付宝。2003 年年初，在 B2B 核心业务盈利稳定后，阿里巴巴开始寻找新的业务增长点。2003 年 5 月淘宝上线，7 月份阿里巴巴宣布 1 亿元人民币投资淘宝，11 月推出网上实时通信软件贸易通(即现在的阿里旺旺)。淘宝成立后，当时在 C2C 市场的主要竞争对手为 eBay 易趣，2003 年，eBay 易趣在 C2C 市场份额高达 90%左右，并与中国主流门户签订排他性的广告协议。但这并未阻止淘宝的发展，凭借“免费模式”，以及对用户体验的关注及提升，淘宝网迅速反超 eBay。2005 年 10 月，阿里巴巴宣布再向淘宝网投资 10 亿人民币，淘宝网继续 3 年免费策略。2006 年，阿里巴巴 C2C 市场份额超过 70%，反超 eBay，至今一直雄踞国内 C2C 领域的霸主地位。随着淘宝的快速发展，在线购物支付中的信用与安全问题越来越突出，阿里巴巴开始寻求打造自己的支付模式。2003 年 10 月，支付宝上线。支付宝采用担保交易的模式，买家先把钱打给支付宝，当收到购物用品并检查无误后，再通知支付宝付款给卖家。担保交易彻底打消网购用户的担忧，让购物变得简单高效，支付宝推出后广受欢迎。2004 年 12 月，阿里巴巴成立支付宝公司，支付宝网站上线并独立运行，旗下有“支付宝”与“支付宝钱包”两个独立品牌。2013 年，支付宝手机支付完成超过 27.8 亿笔、金额超过 9 000 亿元。自 2014 年第二季度开始，支付宝成为当前全球最大的移动支付厂商。数据显示，支付宝实名认证用户超过 3 亿，支付宝手机支付用户超 1 亿，“支付宝钱包”用户数达 1 亿。

转型之四：从 B2B+C2C 到 B2C，淘宝商城与一淘网。随着中国网络购物人群数量的快速发展，电商 B2C 模式逐渐兴起，京东商城、新蛋、红孩子等一批 B2C 电商快速崛起。2008 年 4 月，淘宝网推出淘宝商城宣告淘宝网正式进入 B2C 领域。2010 年年初淘宝商城发展加速，相继推出淘宝电器城、淘宝名鞋馆等垂直商城；2010 年 11 月，淘宝商城启用独立域名 tmall. com，并开始大范围投放广告。除了 B2C 业务外，阿里巴巴垂直商品搜索业务也在 2010 年逐渐成型。2010 年 10 月，阿里巴巴推出一淘网。一淘网立足于淘宝网的商品基础，打造面向中国电子商务全网的独立购物搜索引擎。2011 年 6 月 16 日，阿里巴巴集团旗下淘宝分拆成三个独立公司：C2C 淘宝网、B2C 淘宝商城、搜索引擎一淘网。截至拆分前，淘宝商城拥有 4 亿多买家，40 000 多家商户，70 000 多个品牌；一淘网收录商品总量 6 亿以上，B2C 商家数量上千家(包括淘宝网、淘宝商城、京东商城、当当网、卓越亚马逊及凡客诚品等)，相关购物信息 2 亿条以上。2011 年 9 月 19 日，淘宝商城宣布开放 B2C 平台战略，同时与包括一号店、乐淘、新蛋、银泰网等 38 家国内知名垂直 B2C 企业联合宣布达成战略合作。至此淘宝商城的平台战略更加清晰。目前，天猫在中国 B2C 购物网站市场中保持领头羊的地位。根据艾瑞咨询最新发布的数据，天猫市场份额占比 57.3%，继续领跑 B2C 购物市场。

转型之五：积极弥补自己在物流领域的短板。2013 年 5 月，阿里巴巴联合银泰集团、复星集团、富春集团、顺丰、申通、圆通、中通、韵达等组建了合资公司菜鸟网络，主要经营小件商品配送。考虑到在大家电领域的配送一时难以与苏宁和京东抗衡，阿里巴巴选择在三到五线城市与已经成功构建物联网的海尔集团进行合作，于 2013 年 12 月与海尔集团达成战略合作，对海尔电器旗下的日日顺物流投资 18.57 亿港币设立合资公司，从而打造自己的电子商务生态体系，加快物流平台的开放进程。

转型之六：多元化拓展。布局金融、云计算。2009 年 9 月，阿里巴巴集团宣布成立“阿里云”，阿里云由原阿里软件、阿里巴巴集团研发院以及 B2B 与淘宝的底层技术团队组成，目标是打造以数据为中心的先进云计算服务平台。根据阿里巴巴官网资料显示，阿里云提供完整的互联网计算服务，包括电子商务数据采集、海量电子商务数据快速处理，和定制化的电子商务数据服务，以助阿里巴巴集团及整个电子商务生态链成长，并在近期推出了阿里云 OS 系统，以及整合阿里巴巴旗下电子商务服务的阿里云手机。阿里巴巴在金融领域的布局也早已开始。2007 年 6 月，阿里巴巴与建行及工行联合推出中小企业贷款(主要面对网商)，由 3 家或 3 家以上企业组成一个联合体，共同向银行申请贷款，同时企业之间实现风险共担。阿里巴巴将提交申请的会员信用记录提交给银行，由银行进行风控并提供信贷资金。在与建行、工行停止合作后，阿里巴巴集团调整战略，于 2010 年 6 月正式成立浙江阿里小额贷款公司。2011 年 6 月，重庆小额贷款公司成立，注册资本金 10 亿元。通过这两家小额贷款公司，阿里金融在阿里巴巴 B2B 业务、淘宝和天猫三个平台上分别提供订单贷款、信用贷款两项服务。目前阿里金融已经搭建了分别面向阿里巴巴 B2B 平台小微企业的阿里贷款业务群体，和面向淘宝、天猫平台上小微企业、个人创业者的淘宝贷款业务群体，并已经推出淘宝（天猫）信用贷款、淘宝（天猫）订单贷款、阿里信用贷款等微贷产品。2013 年 3 月 7 日，阿里巴巴筹备成立阿里小微金融服务集团，负责阿里巴巴集团旗下所有面向小微企业以及消费者个人服务的金融创新业务。2014 年 8 月，阿里巴巴更新招股书，阿里巴巴透露与支付宝母公司小微金融服务集团签署了新的利润分成协议。新协议将阿里巴巴旗下的中小企业贷款业务以现金作价 5.18 亿美元出售予小微金服，为期 7 年，同时终止了 2011 年签订的框架协议。该项交易达成后，阿里巴巴获得的回报不仅仅是分享支付宝税前收入的 49.9%，而是整个小微金融服务集团的税前收入的 37.5%。①

正是这一系列的转型与布局，造就了阿里巴巴史上最大 IPO 的辉煌。

5. 大润发的渠道下沉

在市场已经被巨头瓜分完毕的今天，大润发喊出了“五年内要做电商综合平台前三甲”的口号。这有多大现实可能性？其招法何在呢？

这个招法，大润发称之为“渠道下沉”。

这得从不同区域说起，换句话说得分区域采取不同策略。首先看大城市，在一二线城市，由于其用户基本已经被综合电商平台瓜分完毕，想要跻身前三甲谈何容易。大润发的思路是，必须有致命吸引力。怎么做？如今的电商环境，单纯比价格基本不会搞出啥名堂，因此大润发并没有选择苏宁易购初出茅庐的价格大战，而是首先从长三角区域的上海、江苏、浙江等为试点，逐步向消

---

① 周勤燕，《如何成就史上最大 IPO？看阿里的几次关键转型》，http：//www.donews.com/net/201409/2844186.shtm#3_2,2_0_2b7aa65254c624.

费者的居住小区渗透。而其手中的利器即是“社区店＋飞牛网”。2014 年 6 月，飞牛网正式宣布发力 O2O，在上海选择喜士多便利店作为试点，在喜士多门店可用电脑下单，还可代收包裹，并可选择货到付款，还提供 24 小时均可下单订货、购物咨询等服务，不会上网、没有网络设备或不便收货到家的消费者，在喜士多网购体验馆可以把问题全部搞定。值得一提的是，大润发 O2O 的优势不仅具有强大供应链，商品周转率快，价格更便宜，而且大润发与喜士多属于同一家母公司，二者在合作方式上可以无限深入。这就很容易让消费者联想到，目前的飞牛网与喜士多的合作只是试点，未来在大城市的郊区，也很可能把体验馆搬到消费者最近的地方。并且为了打通“最后一公里”，与京东、1 号店等自建物流配送类似，大润发也自建了物流配送队伍，如支持上海八个区配送的“飞犇”物流队。

再看三四线城市和农村。大润发从台湾进入大陆时，家乐福和沃尔玛已经占领先机，大润发的打法是采取了“从农村包围城市”的策略，从二三线城市起步逐步包围一线城市。具体策略是先从竞争对手薄弱地区下手，方式则是“服务网点＋小门店＋批发”。大润发坚信，大电商和大商超在三四线城市及农村渗透率不强，这些地方 O2O 大战才刚刚开始，谁先渠道下沉谁占先机。大润发尝试自建小面积的线下店，比如在一个县开一家 80 平方米、有一两千商品的小门店，消费者可以通过小门店的电脑网购飞牛网 20 万的商品；而在人口密度不够的地区和农村，大润发的网购体验馆不一定非要直营店，而是合作形式多样化，比如在南通已经开始与邮政营业厅开展合作，将来可能还会与电信、银行营业厅展开合作，大润发对这些网购体验馆要求不高，只要能承担部分功能就行。与此同时，大润发 O2O 还涉及批发业务，尤其在三四线城市，当遇到市场上商品供应丰富度不够，小商店受限于财力、订单少等限制进货量不足等情况时，就可以借助大润发的内部系统实时进货，举个例子，比如某城镇的一家服装店，有客人要一双特步鞋，自己没货则可以说明天可调到货，然后在大润发系统后台订货即可。①

2014 年下半年，大润发进而更新“千乡万馆”计划，飞牛网借助大润发不可

---

① 亿邦动力网，《零售 O2O 案例：揭开大润发的 O2O 底牌》，http：//www. iyiou. com/p/13195.

复制的门店资源，以全国 300 家大润发实体店为中心。每家门店驱动若干个网购体验馆，为本地区消费者提供咨询、订货、收款、售后等一站式服务。今后，飞牛网将以顾客为核心，通过线上线下互补打造社区服务中心。在 1 000 个以上的社区、乡镇，开出一万家以上“便利店＋小店或邻里中心”的网络体验馆。飞牛网的网络体验馆主要服务大润发服务不到的市中心社区、偏远乡镇。① 借助线上线下融合，飞牛网将潜入市场空白的低线市场，服务大润发服务不到的地区。

6. 更注重线下的宜家模式

在电子商务以摧枯拉朽之势挑战传统商业的今天，宜家居然能够一直傲视群雄，显得很是神奇。在过去电子商务最疯狂发展的十多年间，宜家却在进行加速线下扩张，其实体店的数量翻了一倍。与此相对应，其销售额在过去的十年里实现了翻倍的增长，2013 财年宜家在进入的每一个国家的市场份额几乎都在上涨，其 2013 年度财经报告指出，大约有 13 亿网民访问了宜家的网站，比 2012 年增长了近 20%，而与此同时其线下店的客流量则仅下降了 1%。

宜家收获如此成绩根源在哪里呢？

首先是其追求创新的文艺范。你可能要问，在互联网高速发展的这几年，一些同样有文艺精神的品牌如 Vancl、Crocs 等都 OUT 了，宜家的文艺范为何能行？宜家的文艺范从外表就能鲜明地体现出来，它卖的是一种简约、格调、精致、美观的屌丝价格，但其表象背后则是欧式浪漫情怀、崇尚平等自由的开放精神。这种一流的文艺范风格，加上其较低的价格及贴心服务，增强了其竞争优势；并且宜家每个品类区间都有王牌主打产品，再加上其配件小单件，让用户能感觉到很高的性价比。

其二，宜家具有家居品类的特殊优势。其实从品类特性角度看，家居电商面临两大难题，首当其冲的就是购物体验，这在家居行业显得更加突出，其更加注重现场的体验，一件产品除了自身的外观、材质等要满足消费者的需求外，还要与家里其他物品有机搭配协调才能真正受欢迎，因此家居购买十分谨

① 刘宇，《大润发黄明端：实体店与其等死不如找死》，《北京商报》，2014 年 10 月 23 日。

慎。同时当前很多消费者尚未形成网购的习惯，即使网购也会有较高的退货率，而并非便捷的物流配送与高昂的成本，也使得家居电商至少在目前尚未成为主流，线上的渗透率并不高。这就使得强调线下的宜家拥有了特殊优势。

第三，是其匠心独运的运营策略。宜家致力于打造差异化的运营优势，从价格看，宜家始终坚持“老百姓买得起的家居用品”核心理念，不放弃在任何环节削减成本的机会。从购物体验看，正如消费者能切身感受到的，宜家的商场已经超越了单纯家居买卖场所的范畴，而是营造了一种生活方式的购物氛围，增强了用户的店内体验互动环节，这使得宜家形成了与线上购物的极大差异化，从而吸引了越来越多的消费者频繁光顾；同时宜家每年都有超过 3 000 多款新品，消费者每次到店都有新发现，都会购买不少计划之外的东西，这种“冲动性购买”行为给宜家贡献了销售额的很大一部分比例。从会员营销看，宜家非常重视会员体系建设，其“IKEA Family”会员俱乐部在全球范围内发展了数以千万计的忠诚会员，宜家借助先进的 CRM 系统对会员进行分类，提供针对性帮助和促销方案，加上其每年均邮寄的精美目录册和时常带来惊喜的会员优惠等，都对消费者产生巨大的诱惑。与此同时，宜家的口碑也做到了极致，不仅满足于营销推广，更使得用户在购物体验时能体会到达到尖叫的创新和风格，宜家还有专门回收旧家具的售后服务窗口，这赢得了国内大部分拥有勤俭持家生活理念与作风的主妇的认同。

再有，宜家自采自销的商业模式的助力。从本质上说，电商是一场“去渠道化”的运动，而宜家并不是一个单纯的渠道，更是一个具有核心竞争力的零售品牌，这使得其拥有强大的号召力。宜家的商业模式是完全自营，商品自采自销，依靠销售的差价来获取收益。这其实是发达国家的一种主流的商业模式，在这种模式中，用户需求被放在了更加重要的位置，依靠销售的规模化带动了整体零售供应链效率的提升和成本节约，同时也有利于商家掌控供应链的核心环节。宜家还通过垂直一体化控制着从产品设计、造型、选材、物流设计以及卖场管理的整个流程，通过为消费者打造超出预期的低价产品而获得了强大的品牌优势。同时，宜家非常强调社会化营销，其本身也是先行者，结合家居与生活息息相关这个主题，宜家创造了大量具有特色的内容，通过对产品亮点的挖掘打造了独特的品牌形象，牢牢占据着消费者的心理。

另外，虽然强调线下是家居市场的最大舞台，但宜家同样也逐渐拥抱互联网，其年度产品目录是实现与消费者沟通的非常重要的方式，发行量超过2亿册，号称是除了《圣经》之外散布最广泛的书籍。目前通过移动应用这个工具，宜家可以很好地把产品数字化，并通过加入一些互动和增强现实性的功能提升使用体验，使用户能够非常方便地在手机上设计家具摆放图，并通过增强现实的功能查看与自己家庭装修风格的契合度。同时，宜家的移动应用还可使用户查看产品信息、获取优惠、查询商场的营业时间与地理位置及驾车路线等，并可使用其中的店内购物路线图和创建购物清单等功能，从而强化了宜家的竞争力。

宜家目前的问题是，其商业模式决定了不适宜进行线上化，宜家依赖用户开车到稍微偏远的地段自行选购产品，并且大部分情况由用户解决物流和想办法进行安装。大件物品放到网站上后，物流是个大问题。

7. 步步高商城的"前店后仓"

面对电商平台的凌厉攻势，步步高一开始也没有打算转入电商领域。2012年时的步步高创始人王填虽然已经感受到了来自电商的压力，并以全国人大代表的身份提案对电商征税，但并未对转入电商有太多想法，甚至在2013年5月，王填还在公司内部会议上表示自己绝不会碰电商。但很快，放眼百货零售业陷入前所未有的困境的现实，耳闻目睹业界的溃败与激变，王填最终改变了自己的态度。3个月后，步步高正式向电商转型；12月，步步高电子商城上线。

转入电商也着实让步步高收获了不小的战绩：2014年7月，上线半年多的步步高电子商城平台上不过8 000多的SKU，注册用户超过52.6万，销售总额达到3 578.6万元。步步高商城与工商银行的合作，用工行卡消费全部打9折，第一个"工行日"即卖了300多万，客单价最高已超过1 500元。

步步高是如何转型的呢？期间有过失误，但更多是在此基础上引起了迈向成功的一个重要反思。一开始，为了转型顺利，王填要求线下门店都要配合电商来进行调整，公司每个事业部也都有电商业务的对接人负责沟通。同时，他还别出心裁地设计出了"双考核"机制，线上业务同时也算到实体店账下，通过此举来规避因为线上线下业务之间利益冲突而可能发生的矛盾。然而最先来到的却是出乎意料的大溃败——商城上线第一天,三四十万用户的涌入让网站一命呜呼,之后才逐渐稳定。春节期间,步步高预估每天至多有 3 000 单,结果最高峰的一天拥入了超过 5 000 单,全部出仓配送已经是 5 天以后的事了。而且最初和创一物流的合作并不令人满意,爆仓、送货迟缓、货品损坏等状况层出不穷。物流处于电商的关键环节,但消费者对步步高的服务非常不满意,且成本始终居高不下,和王填当初要求的物流占总成本的 5%的目标相去甚远。怎么办?

经过一番审慎思索后,王填的步步高终于找出了破解之道——"前店后仓"宣告出炉。这不是凭空设想,其背后有着步步高深厚的积淀:在全湖南省内分布着 200 家以上的步步高业态门店,有超过 100 家的自有品牌便利店"汇米巴"便利店,还有"快乐惠"旗下的 700～800 家便利店。这是一张覆盖湖南全境的星罗棋布的网点图,它们支撑起步步高实体店的 800～900 万会员用户和每年 100 亿元以上的成交量,布局在长沙、株洲和湘潭的商业中心和繁华路段,布局在宜阳、常德等 11 个市的居民小区和街道,布局在全省 3/4 的县级地区内,而长潭、长株、沪昆、京港澳、沪蓉等高速干线公路正好构成了辐射该网络的纵横骨干。

众所周知,物流的"最后一公里"离顾客越近,成本自然也越低。对传统零售而言,门店的仓库原来只做简单的储存商品之用,"前店后仓"则将原来一个总仓负担的整个线上商城的下单出货物流环节细化疏通,由分布在全湘 21.1 万 km^2 土地上的数以千百计的门店分担,成为整个物流网络上的有机组成部分,最终实现电商平台下单,就近的便利店出货配送或由顾客自提。凭借湖南如此巨大的步步高实体网络,终于达到了王填之前的 5%的生死线,物流方面的革新使得以前被用户诟病的"一日两配"、"2 小时极速达"以及"4 小时内送达"等承诺也逐渐得到保证,用户自然也乐于通过线上购物。

一般的,电商往往从互联网上延伸到线下寻找 O2O 可能存在的机会,而步步高则从既存的线下网络寻找到了 O2O 的天然捷径,从而不必像电商那样扩张进来需要建立大量的分仓,步步高只需要对门店库存进行部分的调整,便利店分仓和总仓之间的数据只要通过 ERP 系统就能实现联通,仅仅在物流环节，相比电商平台13%～15%的成本支出，巨大的成本差使得步步高有了面对竞争对手进可攻退可守的巨大优势。线下店本来有可能成为传统零售企业电商转型的一个累赘，但是植根湖南本地的步步高在区域内却游刃有余地利用它们充当了自己O2O布局的先锋。“我们的门店开到哪里，我们的仓库就到哪里。”步步高移动事业部总经理邹爱华喜形于色。

做步步高自己的物流，利用自己的门店网络优势做低成本的物流，不止省内如此，由湖南至江西，经广西入贵州、云南，下四川、重庆最终抵达陕西，沿着当年红军长征的路线，步步高通过收购、合作等方式扩张着自己在中西部的市场，在这些省份同样可以如此。这套物流体系不仅可以为步步高自己服务，还可以为京东、1号店等提供第三方服务，与这套体系配套建设的仓库也可以出租给社会上的中小物流公司——不但满足了企业物流的需求，还有成为物流企业的潜力！

从线上到线下，步步高在物流环节有了一个简单而聪明的解决方法，它不只用来实现转型而已，在这个过程中，以物流促电商，以电商带物流，两者相互促进，最终发展成为集团未来的核心事业。以电商化转型和O2O策略为指向，以步步高线上商城为重心，以物流配送体系为支撑，以传统线下实体店面为基础，建立起一个涵盖大物流、大电商、大会员的立体而完善的步步高生态体系，步步高指日可待！①

8. 研究消费者偏好的沃尔玛

作为世界上最大的零售商，沃尔玛拥抱电商的三个关键是“个性化，本地化和移动化”。这里体现着其对技术研发投入的重视，从数据看，从2009年至2014年，沃尔玛的技术支出增长了70%之多。②

个性化，是沃尔玛的第一个关键要素，也可以说是通过研究消费者偏好确定其销售方向。其拥有的1.1万个实体店带来了海量的数据，沃尔玛试着把所有数据包括顾客在线上的搜索浏览行为、在线下的购买行为，全部联系起

① 胡勇，《步步高商城：“前店后仓”推进O2O布局》，《钛媒体》，2014年9月11日。
② 肖旭，《沃尔玛：积累数据研究消费者偏好》，《前沿》，2014年8月19日。

来，找出他们背后代表的含义，推算出消费者的消费行为和意愿，从而让网站可以提供更多的个性化推荐，并提供更准确的定制型信息推送给顾客。这些研究不仅仅基于客户过去的搜索和购买记录，同样也包含其他用户在购买时的消费记录。数据的挖掘让推送内容的质量和数量都有很大的提高；另一方面，这些数据不仅仅在影响顾客，也在影响着沃尔玛的供应商们，以更好地优化沃尔玛的供应。这些研究还包括预测行为，这样能保证对供应端做出更科学的调整，比如尿布消费的突然增加，可以让供应商意识到婴儿车也即将迎来销量高潮，这样生产和消费者需求直接联系起来，帮助供应环节更高效并减少支出，从而也让沃尔玛以更低的价格拿到商品。

本地化和移动化也是重要因素。从 2011 年起，沃尔玛就开始对电商进行探索，然后在世界范围内推出 10 个本地化的电商平台。2014 年，沃尔玛把所有服务都转移到自己研发的技术平台上，除了整个界面重新设计外，最主要的改动就是大幅增加了针对个人用户的定制推送内容，而针对消费者最关心的商品，则告诉他们在附近沃尔玛的实体商店里，有一些什么样的促销或优惠。这是“本地化”的典型做法。与此同时，沃尔玛对移动化做了不少尝试，以迎合消费者在移动端的大为迥异的购物行为，比如其新版网站将专门针对平板、手机有不同的界面，而其所有的店里都开始计划提供地理围栏功能，这样可以推送顾客正在浏览的货架上的商品信息到手机上，提供“精确到货架”的信息。

三、七 脉 神 剑

传统零售业走衰是大势所趋。O2O 概念的进入被认为是传统零售企业转型的福音。当传统企业开始有线上思维，梦想着利用线下门店的资源可以快速带动起品牌的渠道联动性，增加与消费者的沟通和互动，进而可以实现品牌的突破，产品的畅销等一切美好的愿望时，我们发现，其本身依然存在诸多不适应和短板，比如企业自身管理与治理缺陷、信息化建设不足、高端人才稀缺、营销途径不健全等，严重困扰着企业的成长。传统零售企业转型面临着许多工作要做。

1. 加强自身管理与基础建设

传统零售企业都会有自己多年来积蓄出来的相对优势，这也是转型发展的基础。比如在品牌和顾客优势方面，经过多年经营，传统零售商一定程度上都拥有一定的品牌信誉、顾客信赖度、社会知名度等优势。一定要重视开展自营业务，提升自有物业比重，可以通过开发或项目收购等形式加大自有物业比重，这在开展线上业务时会更容易获得既有品牌支持，长期运营积累的大量会员数据，也会有助于拓展网络零售优质用户。同时，相对于纯电商企业，传统零售商开展网络零售具有门店规模优势及顾客体验优势，有利于开展 O2O。大中型零售企业连锁门店众多，可以作为线上业务的支撑，成为线下体验中心、售后处理中心、物流站点等，为顾客提供高效、便捷、优质的服务。

同时，传统零售商要加强自身商品管理、库存管理等基础能力建设，以便更好支持网络零售业务健康发展。以百货业为例，传统百货店多采取联营模式，对商品的管理权限限于品类和品牌，一般不涉及商品乃至单品的深度，对店内商品库存变化掌握不够，亟须加强商品经营管理能力。如苏宁为破除管理壁垒，2013 年成立商品经营总部、电子商务经营总部、连锁平台经营总部，后又将后两者合并成大"运营总部"，还成立红孩子、PPTV、商业广场、物流、金融、电讯等直属公司，赋予它们更大的经营管理自主权，由此形成"平台共享+垂直协同"的经营组合，强化了其整体运营融合与协调能力。

要加强物流管理体系的建设。电子商务竞争到最后，其实是后台物流管理系统之间的竞争。电子商务最终一定需要通过仓储物流把商品配送到消费者手中，仓储物流是必经环节。在整个电子商务的产业链中，起关键作用的就是物流管理，一个强有力的物流管理体系不仅商业价值大，而且一旦建成竞争门槛还很高。传统零售企业进行信息化建设也可以获得更大的成长空间，将实体零售的产品数据与网络零售同步管理，提高运营效率。比如打通 IT 平台和 CRM 平台，结合自己的后台数据，对线上会员做优化管理，实现消费者细分和精准营销。信息化建设不是单个 IT 部门能够承担的工作，需要高层的参与和投入。

2. 线上线下有机融合

传统零售企业开展网络零售业务在线上线下的商品分配、流量分配方面容易产生冲突，需要对线上线下进行有机整合，将线上和线下看成一个整体，协同发展。O2O 模式的基本商业逻辑是，用户在线上平台预先支付，然后到线下消费体验，商家实时追踪其营销效果，由此形成闭环的商业服务和体验过程，其采用的是“电子市场＋到店消费”模式。

虽然有人预估 O2O 未来的市场将高达几万亿，但到目前国内还没有一个完全成型的 O2O 实践案例，我们可以简单以五个模式来为传统零售业提供参考：

一是先线上后线下，即企业先搭建起一个线上平台，以这个平台为依托和入口，将线下商业流导入线上进行营销和交易，同时，用户借此又到线下享受相应的服务体验。这个平台的建设是重点，其应具有强大的资源流转化能力和推动线上线下互动的能力。这种模式的典型做法如腾讯构建的 O2O 平台生态系统，以微信平台为大入口，后端有腾讯地图、微信支付等做支撑，中间整合本地生活服务，如餐饮由大众点评进行承接，打车以嘀嘀打车为主，电影票以高朋网为主等，从而构建起线上线下互动的闭环。

二是先线下后线上，即先搭建线下平台，以此为依托进行线下营销，让用户享受相应的服务体验，同时将线下商业流导入线上平台，在线上进行交易，由此促使线上线下互动并形成闭环。这需要企业自建线下实体平台和线上互联网平台两个平台，基本架构是先开实体店铺，后自建网上商城，再实现线下实体店与线上网络商城同步运行。这种模式的实体化企业居多，如苏宁云商的 O2O 平台生态系统，在线下，其拥有 1 600 多家店面平台，还有收购和合作的其他领域的店面平台，线上搭建的苏宁易购等网络平台则已覆盖传统家电、3C 电器、日用百货等，其“电商＋店商＋零售服务商”的运营模式，通过门店端、PC 端、手机端、电视端等将线下体验性和线上便利性多端无缝融合起来，建立起零售企业与消费者、供应商、商户共赢的良性发展模式。苏宁云商也据此实现线上线下销售额同步增长，2013 年苏宁易购销售收入增长率稳居国内 B2C 前三甲，线下业务也稳居国内零售业第一名。

三是先线上后线下再线上，即先搭建起线上平台进行营销，再将线上商业流导入线下让用户享受服务体验，然后再让用户到线上进行交易或消费体验。很多团购、电商等企业都采用这种模式，如京东商城，在线上以自营为主并成为 B2C 领域一面旗帜，是京东 O2O 的起点和依托平台，并引入满座网、嘀嗒团、拉手网等团购网站入驻，同时与社交、地图、搜索、本地生活服务等主流平台合作，引入外部流量资源，进一步扩充了线上平台，夯实了 O2O 布局基础。线下，投入巨资自建物流网络，已拥有 1 400 个配送站及超过 1.5 万名配送员，同时与线下实体店企业合作，构建"1 小时本地生活圈"，使京东 O2O 直接"接地气"，并以加大合作来夯实线下服务基础，填补缺少自营线下门店的短板，如 2014 年与快客、好邻居、良友、每日每夜、人本、美宜佳、中央红、一团火、今日便利、利客等连锁便利店品牌合作，涉及门店 11 000 多家，涵盖全国众多城市。第三步，再线上，京东将自身 IT 系统与线下便利店 IT 系统深度对接，与它们分享线上流量，并按地域将精准用户导入它们在京东商城的线上店铺，有效提升其销量，比如京东给合作方唐久便利店每日带去上千单订单量，与 SAP、IBM、海鼎等 ERP 软件服务商合作，使零售业 ERP 系统和京东平台无缝对接，让交易、结算、物流和售后客服等环节可视化。

四是先线下后线上再线下，即先搭建起线下平台进行营销，再将线下商业流导入或借力全国布局的第三方网上平台进行线上交易，然后再让用户到线下享受消费体验。这种 O2O 模式中，所选择的第三方平台一般是现成的、颇具影响面的社会化平台，比如微信、微淘、大众点评网等，且可同时借用多个第三方平台，这样就可以借力第三方平台进行引流，从而实现自己的商业目标。餐饮、美容、娱乐等本地生活服务类 O2O 企业采用这种模式居多。

五是线上线下混合运营，线下实体店并不是与线上购物对立，二者相互融合后，可以找到一个契合点，进行混合式运营。问题是如何在不增加成本的情况下，进行混合模式的运营呢？借鉴沃尔玛的做法，起初其观察研究墨西哥当地的电子商务市场，对线上下单客户提供当天送货服务，O2O 业务获得巨大成功。2013 年整年，92%的线上购物来自沃尔玛及其当地子公司 Superama。在中国，沃尔玛百货有限公司于 2012 年宣布已达成协议，增加对 1 号店控股公司的投资，使沃尔玛持有股份增至近 51%，这也提升了其电子商务领域的话语权。2014 年，沃尔玛控股的 1 号店与全家 FamilyMart 中国区联合宣布达成战略合作，1 号店网上下单后，在上海市 300 个全家便利店进行 24 小时订单包裹自提服务。未来沃尔玛会不会利用其大卖场进行线上商品自提服务，可以留给大众一个想象的空间。

3. 创造体验路径

没有什么比直接把产品放在手上、穿在身上、吃在嘴里更能让消费者放心、更能促成购买决策的更好方式了。根据最新的消费者调查，78%的消费者更喜欢在实体店内购物，而且去实体店的次数是在线购物的 6 倍还多，人们在全方位体验的商店里购物更频繁，是其他购物类型的 3.5 倍。在 2013 年，美国人口普查局报告显示，94%的零售行为是在实体店中进行的，网上达成交易的只有 6%。这反映了一个事实：今天的消费者希望的购物是随时随地以他们想要的方式去实现，这在单纯的线上店铺几乎是无法实现的。因此，创造体验路径，是传统零售业转型的重要课题。怎么转？继续开设实体店吗？

模式一：网店“新生代”：用独特体验重新定义零售业。

如今，多家在线零售商吸取传统零售商的经验，推出了以平板和智能手机为载体无法效仿的私人购物体验。顾客有机会试穿衣服或者试用其他商品，不会再因为感到网上的图片与实物不符而气恼，也不会为自己的购物选择是否物有所值而心有疑虑。这种更为看重店内体验的做法意味着，零售业对商家成功经营的定义在改变。

模式二：“导购店”模式，激增的不仅是交易量和销售额。

如 2007 年成立的男装在线零售商 Bonobos 发现了经营实体店的要诀。这家公司成立了名为“导购店”的小型展厅，让顾客可以在那里使用各种服装。导购店的特点是占地很少，不同尺码的一款衣服都只备有一套。顾客可以先试穿不同尺码的衣服，然后在导购的帮助下在网上下单。下单后两天内，Bonobos 就能送货上门。Bonobos 宣布计划在 2016 年年底以前新开 30 多家导购店，数量几乎是现有实体店的四倍。导购店为该公司带来的交易额是在线订单平均交易规模的两倍，导购店的套装销量也是在线销售的两倍，其衬衫销量比在线销售高 50%。有赖于导购店销售业绩增长，Bonobos 得以将在线营销成本减少一半。

模式三：借鸡生蛋的在线与他人实体店合作体验模式。

有些在线零售商选择了借鸡生蛋的方式，他们与现有的实体店合作，借此融入实体店经营。手工制品交易网站 Etsy 成立了一家网上批发市场，它是网购顾客与现实世界精品店和连锁店的纽带。在这个市场，对零售商的每份批发采购订单，Etsy 都按成交额的 3.5%这一比例收费。在实体店展示商品有时也成为 Etsy 品牌的一种特色。

模式四：借助时尚新媒体提升用户体验。

如罗莱家纺即借助了现在广为人们使用的微信平台，其于 2014 年 4 月在上海、杭州、重庆、武汉等十余个城市的门店全面实施双线融合，在线上，消费者可以通过关注微信公众号及时了解罗莱家纺的产品信息、促销信息和活动信息；另一方面，还可通过微信支付，锁定商品，此后消费者可以选择到店提货或者是送货上门服务。与此同时，罗莱家纺与腾讯 O2O 平台“微购物”展开基于微信公众平台、微信支付的全方位合作。通过“千万红包码上送”的主题活动，吸引线下消费者体验 O2O 营销服务。

模式五：“全体验”模式。

如苏宁云商，从全局体验、全域体验、全需体验三个纬度全面升级消费体验。2013 年 12 月，在店面布局上以购物体验为导向，全面建设互联网化的门店。建立 O2O 融合、多终端互动的全渠道经营模式，店内设有免费 WIFI、电子价签、多媒体电子货架，满足全局体验需求；建立全资源的核心能力体系，满足用户在售前、售中和售后的全流程体验需求；运用移动互联网、物联网、大数据等技术，满足个性化需求，比如 2013 年 5 月移动端还增加了“附近苏宁”门店搜索功能，用户可快速定位自己所在位置及搜索周边门店，满足全需体验。

4. 把握消费者偏好

如何为顾客服好务，紧抓消费者偏好，是企业生存和发展的重要根基。这里的做法很多，首先，要充分研究消费者消费倾向，以此引导自己的供货销售工作。如零售业巨头沃尔玛，把顾客在线上和线下的消费数据结合起来，让网站可以提供更多的个性化推荐，并提供更准确的定制型信息推送给顾客。这些推荐不仅仅基于客户过去的搜索和购买记录，同样也包含其他用户在购买时的消费记录。沃尔玛以所掌握的全球数以千万级的消费者的庞大消费数据，加之从需求端做出的分析和预测剖析，对其营销策略做出了重大贡献。

保持低价争先机。如何保证业内低价是重要课题，这需要创造新路径，如1号店的模式创新“品牌直通车”，通过与全球消费品巨头300个全球品牌达成销售信息、市场营销活动、库存备货、物流绿色通道、顾客满意度、运营数据、全球经验七个层面的“直通”，为消费者提供更安全可信、更具价格优势的产品和服务。

在产品系列方面，沃尔玛注重迎合消费者心理，其公众微信的内容除了最基本的消费者想看到的促销信息外，还结合了当下的流行内容，并且与消费者生活息息相关，比如其推出的“省心推荐主题”，是以民生类单品为主的商品促销介绍，包括食品、妇婴商品及其他非食物商品；“清凉一夏”主题则有季节性商品介绍，并随季节变化进行主题调整；“爱健康”主题系列则是与保护健康有关的小贴士搭配商品介绍；“爱美丽”主题系列针对的是化妆品品类商品介绍；“爱美食-舌尖上的沃尔玛”的主题则结合介绍菜谱，对调料类、食材类商品进行介绍，其中也包括沃尔玛自有品牌惠宜等商品；“爱宝贝”主题系列则主要是婴儿商品介绍等。

5. 掌握网络零售营销法则

网络零售和传统零售的营销手法有很大差异。传统零售商对网上消费者消费特点和习惯等行为分析积累不够，在网络营销方面经验明显不足，营销手段缺乏创新。传统零售企业应该向电商学习，掌握网络零售的营销手法，进行广告宣传及口碑营销，注意微博微信等新媒体的利用，累积并挖掘消费者数据，实现精准营销。

要先从抢占布局移动平台入手。传统电商企业纷纷强化移动战略，积极培养用户移动端使用习惯，寻找更多渠道为移动端引流。传统零售商也应顺应潮流，加强在移动端的布局与推广。在大数据时代下，传统零售企业应借助移动互联网，通过智能终端收集消费者购物行为数据，对数据进行分析挖掘，清楚了解顾客的消费观、行为偏好和态度，以便实现精准化营销。

注意微博微信等新媒体的利用。如沃尔玛的微信宣传。超市是人们日常经常光顾的地方，沃尔玛中国大卖场分布在全国大部分省市，场内的商品至少在一万种以上，怎么能把消费者吸引过来呢？他们用了最简单的方法——微信宣传，将最简单的方法做大规模，所有中国大卖场在商店内铺天盖地将二维码挂在每排货架的前端，就好像一个个士兵排着队等待消费者去检阅一样。消费者的眼球很容易被排列规则的二维码宣传所吸引，扫一扫二维码，就关注了沃尔玛官方微信。据此，短短 3 个月，沃尔玛就有了 50 万个粉丝。

有限的人力物力用来对付主要对手。如沃尔玛面对悄然延伸到线上的电子商务零售大军的竞争，针对电器这个被认为是线上最具备价格竞争优势的商品品类之一，于 2013 年 12 月推出指定电器类商品“敢比电商”项目：如发现主流电商提供更低的价格，沃尔玛将以电商提供的价格为消费者结算；2014 年 4 月 24 日至 5 月 7 日之间，又推出纸尿裤敢比电商价的活动，让不少初为人父人母的家长大量囤货。

6. 探索全渠道销售

所谓全渠道零售，即可实现多种订购平台、付款方式、提货方式的任意选择，线上线下无缝集成的零售模式。其精髓是通过“下单-支付-配送”环节的不同搭配形成独特的订购模式：下单渠道可以选择自己或合作方的 PC 网络、门店、电话、手机，支付渠道可以选择在线自助或就近门店付款，配送方式可以选择门店自提或配送上门。

能够与消费者真正实现对接的全渠道销售是重要的发展方向。实现了全渠道，零售商就可以在实体和网络商店之间无缝转换。目前基本没有零售商实现了完完全全的“全渠道零售”，在库存、预算、赔偿、销售和采购流程各方面实现完全的整合。现实中的苏宁模式可以作为参考，美国的梅西百货的做法也有颇多值得借鉴之处。①

美国梅西百货是最早“触网”的零售企业之一，1996 年就开通了公司网

---

① 品途网，《案例：梅西百货如何用全渠道做零售 O2O》，http://www.pintu360.com/27399.html.

站——macys. com。从那时起直到现在，梅西百货在打造网上渠道上不吝投入，仅 2006～2008 年就投资 3 亿美元进行 IT 基础设施建设。梅西百货在对顾客的购买行为进行分析后认为，大部分顾客并不是只在网上或者只在实体店购物。他们根据自己的需要选择购买渠道。因此，重要的是让顾客知道，梅西百货能够满足他们的购物需要，无论是在梅西实体店里、在梅西网站、在梅西移动应用上还是在其他梅西品牌的渠道。关键是让消费者选择梅西品牌。

转型的背后是梅西所进行的全渠道融合战略。自 1996 年开始触网的梅西百货，早已开始关注怎样利用最新的科技，将线上线下、实体店和移动渠道的优势相互借力。目前，梅西体验店内已经在配备很多自助设备，能够帮助用户查询网上顾客评论、在社交媒体上分享购物清单以及进行一站式自助购物，其 POS 机上可以下电子订单，价格查询机还能够给顾客推荐商品，手机 App 可以点对点向顾客发送电子优惠券等。所有的一切，都是为了顾客更好地享受融合了各渠道优点的购物体验。

面对电商巨鳄亚马逊来势汹汹的冲击，梅西百货已经把店铺转化为配送中心，依靠其在全美国 800 多家门店与亚马逊的物流网络抗衡。利用实体门店的存货仓库作为网上订单的配送中心，最大的好处是能更好地管理库存。顾客订购的产品即使网上仓库缺货，只要任何一家实体门店有货，梅西都可以快速调配并发送给顾客。全渠道策略让梅西百货用过去的三年时间走出了金融危机的低谷，市值和销售规模连续增长。

除此之外，需要提醒国内零售商注意的是，社会化媒体可能是未来虚拟渠道中最有待挖掘的潜力市场。很多百货商正尝试借助 Facebook 等社交媒体推动自身的全渠道转型，例如美国的时尚百货店 JC Penny 就在 Facebook 上直接开设了网店。

7. 抢占农村市场

一二线城市零售渠道相对成熟，竞争激烈，而在三四线城市和广大农村地区这些缺乏大型零售商场和店铺的大区域，却蕴含着巨大商机。数据资料显示，近年来农村网民数量不断攀升，2013 年已达 1.77 亿，占网络人数的 28.6%。由此带动的 2016 年全国农村网购市场总量将突破 4 600 亿元，成为网购市场的新增长点。

传统零售企业要充分利用已有的海量的店铺网点优势，保持消费者的忠诚信赖，更多地了解与把握目前消费者的消费特征和趋势。与纯粹的电商平台相比，传统企业在三四线城市和农村地区的线下渠道有更强的渗透力，这已在实际中明显例证，如海尔商城，其物流配送覆盖了 2 500 多个县，渠道下沉做得顺风顺水，网上商城接近一半的订单来自三四线城市。

物流问题要有保障渠道。三四线城市首先要解决的就是物流和现金流的问题，谁能把货送到，谁能货到付款，谁就能先占领市场。

加强合作、共同搞好营销配送是篇大文章。三四线城市和广大农村地区的订单量分散，且各地情况不同，各家平台必须学会找好合作伙伴，协调做好产品营销与配送工作，借力打力，关键是看谁跑得更快，更懂得当地市场。

第二章　服装业王牌的生死考验

一、秋风萧瑟

近年来，服装领域在国内外线下市场都取得了骄人的成绩。然而，随着我国电子商务的发展，服装行业面临着前所未有的挑战。在互联网冲击、前期快速膨胀导致的高库存等多重压力下，2013年的服装企业展开了一场空前的产业转型，打折、关店等动作频频，但不可否认的是，行业依然处在低迷期。2013年半年财报显示，李宁关店410家，安踏关店273家，匹克关店289家，361°关店601家，中国动力关店611家，各品类中产能相对过剩的女装服装关店则更多。除了关店，还有严重的库存堆积，据财报显示，安踏截至2013年6月30日存货5.76亿元，李宁制成品存货在同一报告期末为12.32亿元。相比之下，羽绒服品牌波司登的库存似乎更加扎眼，其截至2013年9月30日的27.03亿元存货较同年3月31日的19.71亿元猛增了37.14%。①

而2014年的服装业形势依然严峻，以国内著名李宁品牌为例，2014年8月14日，李宁公司公布2014年中期报告，不出意外，这是一份每况愈下的亏损报告。而在机构评级中，除了高盛给出“买入”，其他机构几乎都是“卖出”评级，在习惯性看好的卖方研究市场，一般只有濒临破产，基本面极其糟糕的公司才会这样。2010年，李宁公司放出“make the change”的标语，到如今，当年有些让人忍俊不禁的广告已经被人遗忘。四年以来，似乎真正 make change

① 马骏昊，《服装业：进入深度转型期》，《北京商报》，2014年1月7日。

的，只有一路下滑的业绩和惨不忍睹的股票价格。[①] 在2012年亏损近20亿、2013年亏损3.92亿、2014年上半年亏损5.86亿的萧条业绩下，李宁品牌的路日益艰难。其实，运动类服装市场萎缩，其背后也体现出中国用户消费习惯的转变。在过去20年时间里，运动品牌一直承载时尚服饰的功能，换句话来说，就是大量本土消费者购买运动服饰的目的并不只是为了运动，而是作为日常服饰穿着。虽然运动和时尚本身之间并不是非此即彼的关系，但是二者之间的交集正变得越来越小。当前市场的衰退实际上是市场成熟的体现，是时候让运动品牌回归运动了，虽然这种“回归”是被动的。[②]

运动类服装市场萎缩仅是国内服装业低迷的一个缩影。眼下，国内的服装行业提及最多的就是“转型”，各大品牌无论是杉杉、雅戈尔，还是李宁、安踏，都在用各自的方式进行着商业模式的调整。在业内看来，2014年乃至未来一段时间，都将是服装行业深化转型的时期。那么，在完成调整之后，服装品牌下一步又该做些什么呢？又如何在互联网的冲击下，完成自身的转型，踏上新的征程呢？

二、列强纷争

1. 杉杉服饰的“互联网转基因”

2014中国国际服装服饰博览会（CHIC），E1馆，A1展位——似乎特意要让人产生有关“1”的联想：入馆即映入眼帘的“风水宝地”，越来越“潮”的产品风格，“高大上”的高级定制区……这一次，杉杉男装将CHIC展位，十足定义成为了一个老资格品牌创新求变的模拟“练兵场”，重回男装品牌“NO. 1”江湖地位的雄心展露无遗。在此背后，则是多次转型运筹帷幄中的信心。

在互联网时代，杉杉服饰以渗入新营销的“互联网转基因”打开了新局面。

一个有趣的案例是杉杉先生在2014年情人节期间策划的微营销活动，微

① 晨茹，《拿什么拯救你，王子李宁》，中国企业家网，2014年8月30日。

② 杨钊，《运动品牌的下一步：是该想想怎么去拥抱互联网了》，http://i.wshang.com/Post/Default/Index/pid/32698.html.

信粉丝可以通过给最爱的人发出爱的讯息的方式，得到杉杉特别限量定制版的衬衫。每款衬衫在离心最近的位置，会绣上心爱的人的名字。在无数个“赞”与密集转发之间，这款特别的定制款衬衫着实成为杉杉情感营销与新媒介营销的漂亮手笔——似乎应了阿里巴巴马云说的那句话：“未来十年，赢家不是‘苦’出来的，而恰恰是‘玩’出来的。”现在的杉杉先生，似乎更有情趣和情调了。而情趣与情调，显然不是构成一个魅力品牌的全部性格特质。对于一个以实体店作为核心渠道资源的传统品牌而言，拥有信息时代的“抗风险体质”，需要的是货真价实的“互联网转基因”。

在杉杉的高层看来，这些“互联网转基因”需要硬件与软服务的“软硬兼施”，主要包括三个重点领域：一方面，能够不断地通过 ERP 系统的升级，向线下加盟商逐步开放线上消费者数据资源；第二点：快速开发网络定制款和特供款，避免产品冲突。最后，则是通过持续巧妙的推广策划，将线上数据引流到线下渠道，真正实现“ON LINE”与“OFF LINE”的彼此渗透与水乳交融。

“未来，杉杉先生希望能够成为一个同时具备‘文艺心’和‘IT 精英思维’的魅力男人。要完成他的性格塑造，‘变’字须当头，‘新’字要藏其中。从仪表到内在，他都希望能让人眼前一亮。”这是杉杉的梦，也足以代表优秀的中国本土品牌在诡谲多变的市场竞争中，对传统本身的颠覆与超越。①

而在 App 应用的布局中，杉杉服饰也看到了变革中的机遇，推出品牌手机 App 应用“爱慕杉杉”，展开 App 营销攻势，巧抓机遇，引领了服装品牌的新趋势。App 为客户端应用程序，即 Application program，主要指移动终端上的第三方应用程序。中国互联网络信息中心统计显示，目前，中国网民数量达 6.04 亿，其中手机网民达 4.64 亿，手机已成为第一大上网终端，中国互联网已全面进入移动互联网时代。利用 App 进行营销，是企业转变传统营销模式的有力武器。App 现在市场的主力消费人群为年轻人，而移动 App 又是年轻人比较热衷的应用，利用 App 进行营销能更好地迎合年轻消费群体，使消费者在轻松愉悦中就获得自己想要的信息，增强了品牌与消费者的互动性。杉杉服饰的

① 杉杉服装：《创“新”求“变”踏上新征程》，http://finance.ce.cn/rolling/201405/16/t20140516_2826558.shtml.

App 应用“爱慕杉杉”，以其大胆的创新与尝试，创造了品牌新的发展机遇。

2. 雅戈尔的线上线下融合

电子商务发展到现在已经十多年，在无电商不商务的时代，一切的改变都是那么神速。2012 年的中国零售业百强，首次将网上零售商列入排名，入围的 8 家网上零售企业的销售对百强销售增速的贡献度达到 49.6%。据估测，到 2015 年，网络零售将达到 2 500 亿，这其中会有多少是服装销售额，应该同样是千亿数量级的概念。面对如此巨大的线上市场，如何进入现代化的新市场，是很多服装品牌一直在思考和实践的问题。

2009 年，雅戈尔触网，试水电子商务，但不久又悄然撤回，暂时不在网络销售雅戈尔品牌服饰，以利于公司对网络零售市场进行新的布局和规划。这种表现并不是孤例，许多线下成熟品牌与网络渠道存在排异反应。不适应的表现很多：比如品牌形象较为成熟、商务，商品不能满足网购人群的消费需求；未能成功地将线下影响力带到线上；不了解线上独特的营销方式，无法在网络树立品牌形象。

经过四年沉淀，2013 年 4 月，雅戈尔再次启动电商，借助第三方提供搭建、运营旗舰店，以及内部培训、整合营销、ERP 等方面的服务，在包括天猫、京东等在内的各大电商平台铺货，主推雅戈尔品牌和旗下时尚男装 GY 品牌。此次雅戈尔目标明确：主要是在线上进行品牌传播，扩展新的年轻消费群体。同时，利用线上渠道做新品首发。雅戈尔控股公司高管层在媒体采访时谈到：相比现在单纯从互联网诞生的品牌来讲，传统线下品牌上线销售有非常大的品牌优势和知名度优势。如何把这些优势变成线上销售优势，这是一种挑战。因为线下品牌的物流、服务等都会面临很多问题，解决这些问题最核心的是思维模式的转变，而不单纯是技术问题。

从电子商务目前的发展趋势来看：未来服装网上销售模式既不会取代实体店销售模式，也不会像前几年电子商务刚兴起时作为实体店销售的附属，而是视各类服装品牌情况，成为一种和实体店销售模式互补的销售渠道。而雅戈尔的战略也非常清晰：在线上与线下的摸索与冲突过程中，最终走向两者之间的融合和平衡。

目前，雅戈尔的线上销售一方面是采取线上线下同价同服务；二是拟在适当的时候，开发网络版服装，或者发展网络特供产品，以满足线上消费群体的个性化需求。在采取主流网购模式的基础之上，雅戈尔还将利用线下渠道的优势，计划推出一项新服务——店内储备，让消费者在网上下订单，然后到实体店试穿，取货，或者顾客可以在实体店直接“抄码”，线上下单，将线上线下的优点合为一体，形成良性的双向互动。现在的雅戈尔男装已经形成了自营店、百货商场、团购和特许专卖四维一体的销售渠道，销售额占比中自营店和百货商场分别为 44％和 40％，团购和特许专卖合计贡献为 16％，各渠道分布呈较理想状态。据雅戈尔透露，未来两年仍将强化渠道建设及其优化，加强网络店和实体店的融合，探索新的商业模式。①

可以看出，在这个快速发展、格局未定的商务领域中，线上线下渠道融合与平衡将会孕育出更多的商业模式，也将体现出一家企业的经营智慧和格局。国内消费需求的迅速增长和多样化，决定了新兴业态和传统百货业将共同发展，企业的发展离不开时代的背景，只有以变应变，采取符合时代需求的营销渠道和模式，才能获取预期的收益，赢得足够的生存空间。

3. 红领集团以互联网促转型

2013 年 10 月，红领集团常务副总裁李金柱在接受采访时曾表示，红领集团经过多年实践，成为数字化大工业 3D 打印模式企业，这是互联网时代平台化经营的创新模式，是完全可以以互联网思维进行快速复制的模式，对其他产业的转型升级也将具有借鉴、引领意义。

红领在经过十多年的技术改造和转型升级后，确立了具有完全自主知识产权的个性化服装定制全生命周期彻底解决方案，打造了“数字化大工业 3D 打印模式企业”，实现了平台化的经营模式。此外，其通过信息化与工业化“两化”深度融合，用互联网技术实现了客户个性化需求与规模化生产制造的无缝对接，用工业化效率制造个性化的产品，将传统服装企业的效益提高了 2 倍

① 鲍春梅，《雅戈尔渠道变革再谋突破》，http：//news. xinhuanet. com/fortune/2013 - 10/14/c_125529877. htm.

以上。

红领数字化大工业3D打印模式企业将互联网技术、数字技术与传统制造业完美结合，是可快速复制推广的模式，可以低成本、高效率的改造传统企业。传统企业只需增加软件和信息化硬件设备，进行流程再造，对原有管理骨干进行短期培训，改造周期只需3个月，原企业的成本与改造后的成本仅为1∶1.1。红领已基本完成转型升级，2014年8月份正式上线运营。在1至4月份的个性化定制业务试运营中，同比增长了150%以上。

红领整个企业就是一台数字化大工业3D打印机，全程数据驱动。所有信息、指令、语言、流程等最终都转换成计算机语言。一组客户量体数据完成所有的定制、服务全过程，无需人工转换，纸制传递，数据完全打通，实时共享传输。真正实现了“在线”工作而不是“在岗”工作，每位员工都是在互联网云端上获取数据，与市场和用户是实时对话，零距离服务。数字化大工业3D打印模式具备超强的满足个性化定制需求能力，效率质量大大提升，增强了市场的竞争力。①

从实践看，红领集团探索出了互联网思维下的“C2M＋裸价＋O2O”商业模式，这将颠覆传统商业规则，创造新的商业文明，支持消费者和制造商的互通互联，信息数据实时共享。完全实现消费者与制造商互动的经营过程，取消渠道代理商的中间环节；以消费者为主导，没有欺诈，价格透明，信息对称。一个平台化C2M的商业模式，即：人人是设计师、人人是消费者、人人是经营者、人人是创业者的全新商业文明。消费者的人格得到充分尊重，消费者的价值得到充分体现。

4. 特步的电商逻辑

传统企业转战电商的趋势愈演愈烈，2012年传统纺织服装行业一片萧条，而特步却是一个例外。特步是国内首屈一指在上半年仍保持了营业额与净利润增长的企业，还将对传统生意进行全面的改革，希望在接下来的计划中以消

① 段丹峰，《红领集团李金柱：用互联网技术促传统服装业转型》，http://www.ce.cn/cysc/newmain/pplm/qyxx/qybd/201406/10/t20140610_2947226.shtml.

费者为核心，形成线上、线下的双方整合。

2012 年 11 月 11 日凌晨，一面锣出现在了特步电商“作战室”里，营业收入每突破 100 万元就有员工去将它敲响。这面锣在 24 小时内一共被敲响了 20 次，这意味着特步电商一天销量突破 2 000 万元。一年前，这个数字是 600 万元。

对于特步这家传统企业来说，电商代表着未来，它正在成为特步新的销售和利润增长点。特步对互联网的诉求，也不再只是增加一个销售渠道那么简单。特步在 2009 年 12 月推动其网络旗舰店开张，之后为了扩大影响，覆盖更多终端消费者，采取了全网模式，对多种销售渠道和平台都进行了尝试。

和一些被动适应电子商务的传统企业不同，特步从一开始就制定了清晰的战略目标。特步希望成为传统企业在电子商务领域的标杆，带动从价格战到价值战的转型，促进内部品牌资源和供应链资源的整合。但对于传统企业而言，怎么处理线上和线下关系始终是发展电商的一大痛点。

特步的实体门店遍布全国，数量超过 8 000 家，如果网络销售产品的售价低于实体店，势必使线下销量受到冲击；如果放弃电商，则意味着将这块市场拱手让人。在一次电商论坛上，肖利华坦诚，传统的老板砸那么多广告，请那么多明星，搞那么多赞助无非就是想把商品的附加值提高，所以传统企业对电商真的是又爱又恨。更早之前，特步集团 CEO 丁水波更明确地表示，特步网购平台交易的产品主要是库存商品。

但电商的发展势头让特步意识到这不仅仅是一个甩库存的平台。为了打造特步网上品牌，特步针对电商首发了星座等主题产品，受到了年轻人的追捧。2011 年推出的以代言人韩庚为主题的产品“步步庚心”，因为后台系统原因导致商品超卖了，特步向不能准时收货的消费者提出了等 30 天和退款两种选择，结果消费者全部选择等 30 天。从供应链、仓储到配送，特步正在建立属于自己的网络商业帝国。①

时尚运动品牌的精确定位、价格战到价值战的转型，特步的每一步计划都

① 《特步：传统行业转型电商的标杆企业》，http：//www. mnrc. com. cn/ecommerce/newsinfo－1141. html.

是对产品的明确定位。盲目的价格战只会劳神伤财，两败俱伤，电商回归到生意本质才是王道，线上、线下的融合是未来电商发展的趋势。

在新一轮运营模式开启时，服装类企业粗放型发展的黄金期已过去，企业必须从原有的跑马圈地、从原来的批发模式转型为以消费者为导向的“体验消费”模式，从批发商转型为零售商。

5. 茵曼的互联网原创女装领航

棉麻艺术家茵曼在2013年天猫“双十一”中表现骄人：当日旗舰店访问人数达514.8万人次、创下1.2亿元销售额、名列淘宝女装第一名。相比2012年单日7 000万的成交额，增长了58%；而手机客户端实现销售额1 770万，占比14.7%。茵曼又一次创造了互联网原创女装的奇迹。

茵曼实现了从棉麻艺术家到天猫“女王”的蜕变。一个名不见经传的淘品牌，一跃成为当之无愧的淘品牌女王。很多人都想知道，成功的秘诀是什么？茵曼董事长助理徐显灵坦言：“成功没有秘诀。”在他看来，茵曼的成功并非偶然，而是一个日积月累的过程。当众多互联网商家还只是把双十一当作一个普通的促销节点，茵曼早已经开始网络营销的深入探索。除了做了大量的准备工作之外，徐显灵还总结了成功的三因素：默契的团队、准确的品牌定位和完善的产业链。

第一个因素，团队协作。从2010年到2014年“双十一”，茵曼参与“双十一”已经整整五年，其双十一团队的每位成员都可谓是身经百战的“勇士”，经验丰富、默契十足。茵曼每年备战历程从上一年的双十一结束时就已开始，从分析数据到制定营销方案，再到最终实施，整个“拉锯战”持续一年多。为了备战每一年的双十一，整个团队都会绞尽脑汁、推陈出新，做大量的预热工作。

第二个因素，准确的品牌定位，锁定消费人群。作为“棉麻艺术家”的茵曼，品牌服饰面料多以棉和麻为主，舒适度高又容易清洗，同时也符合现代人回归自然、向往原生态“慢生活”的绿色消费观念。同时，凭借其“棉麻文艺风”的服装设计风格，使得茵曼这个淘品牌深受广大消费者的喜爱，尤其是崇尚个性、热爱时尚的都市白领。2011年2月，茵曼模特造型“麻花辫”正式发布，并先后推出了品牌表情、茵曼字体等茵曼品牌视觉形象，成为行业首创。茵曼品牌造型标识化、品牌形象视觉标准化的表现方式，也成了茵曼品牌向标准化升级的标志性战略举措。

第三个因素，健康完善的品牌生态链和合作伙伴的支持。茵曼走到今天与其在供应链的沉淀分不开。茵曼董事长方建华坦言，2013 年的双十一，茵曼有一半的精力投入在供应链上。从产品备货到信息系统升级，到物流运输再到售后，都做了大量的准备工作。在产品上，茵曼为双十一专供了很多新款、特色款，让消费者买得开心，穿的舒心，在购物的同时，感受“慢生活”的品牌文化；在信息系统上，茵曼采用百胜软件最新的 E3 系统，并在双十一之前进行了优化升级，进一步提升系统性能和业务流程；在物流上，茵曼提前把双十一商品储存到顾客比较集中的城市，并在杭州设立分仓。提高物流和配送的效率，缓解大促时物流堵塞的压力；在服务上，双十一当天茵曼启用了 100 个座席的 800 部电话，直接解答顾客在购买产品时的疑虑，提升客户体验，把服务做得更专业。

值得一提的是，相比于其他商家，茵曼更注重数据分析。通过对电商后台数据的对比、分析，有利于商家准确定位消费人群，了解顾客的消费心理及消费习惯，从而有针对性地制定相应营销方案，知己知彼，百战不殆。掌握了客户的消费需求信息，就知道哪些产品比较受欢迎，哪些产品需要淘汰，在款式选择、备货上有清晰准确地把控。这对于像双十一这样重大购物节日而言，显得尤为重要。①

6. 美邦服装的互联网化转型

2014 年 8 月 26 日，美邦服饰发布 2014 年年中报，报告显示，2014 年 1～6 月，公司实现主营业务收入 29.62 亿元，同比下降 20.11%，净利润为 1.79 亿元，同比下降 19.61%。与 2013 年相比，下滑幅度明显收窄，显示美邦的互联网化转型已初见成效。美邦目前转型工作正在积极推进和不断深化。作为美邦面向互联网时代和全球化时代的重要战略举措，美邦的互联网化转型既痛苦又深刻。美邦的转型最核心的仍然是围绕着消费者的需求而转变。首

① 《茵曼：互联网原创女装领航者》，http://news.china-ef.com/20131119/434982.html.

当其冲的就是品牌力和产品力的重构和加强，同时，运营方面要朝着更精细化的方向发展，渠道建设则需要根据区域经济发展态势、城市发展和商圈变迁进行快速调整。在一系列的转型动作中，互联网是贯穿始终的重要工具和手段，比如上半年开展的全流通和云货架项目，其背后都离不开互联网工具的支持。

从转型看，美邦的第一个工作是力求品牌力和产品力的突破。自 2013 年启动转型以来，美邦已重新梳理了品牌架构和品牌定位，并对品牌形象与个性、品牌与目标人群的互动体验、品牌在渠道中的呈现方式等细节也进行了不断创新和完善，以更系统化科学化的方式加强品牌力，如门店设计、产品陈列等也从增强品牌力的角度进行了提升，目的就是想要让顾客有更好的体验，从而创造更强的品牌忠诚度。而在产品力方面，美邦已引进了多位国际人才，同时，借鉴许多成功的互联网化产品的做法，要求产品从设计开始就要更多地直接与消费者互动，聆听顾客感受和需求。从效果看，外界已反馈其在产品方面有明显提升。

其次是强调运营精细化与互联网化。转型过程中，美邦在供应链方面已进行了大量优化，在反应速度、效率等方面均有明显提升。未来公司还将进一步调整订货会模式，加强集中补货，提升供应链速度，部分产品供应周期要能以周和天计算。同时，公司将尝试 C2B、C2M 等新兴模式，以流水线的方式支撑消费者个性化需求。2013 年美邦服饰 O2O 战略的推出对业界产生很大震动。当前 O2O 运营情况良好，会员人数、复购率、客单价等均稳步增长，会员购物占总营收的比例明显提升。2014 年推出的全流通、云货架等借助互联网工具提供的新型服务都属于业内领先，“一店缺货，全国寻货”有效地带动了货品的周转，改善了库存，并给顾客带来了实际的便捷。目前这些新型服务在直营市场都获得了成功，下一步将向全国加盟市场做进一步推广。O2O 是大互联网战略的重要组成部分，互联网化不仅是在营销环节引入 O2O，从产品设计，到内部管理优化、供应链优化等方面互联网都将发挥越来越重要的作用。

第三，是借力渠道扬长补短。作为一家拥有近 5 000 家门店的服装企业，美邦在一二线城市的渠道优势明显。未来将在巩固优化一二线城市的基础上，进一步深挖三四线市场的潜力。[①]

整体来看，美邦的互联网化转型在很多方面借鉴了小米和一些成功线上品牌的经验，从设计环节开始就与消费者互动，通过网络获得更多消费者反馈，然后不断改进产品，这是很典型的互联网思维，而云货架这类创新服务很好地利用了美邦线下店多的优势，这是线上品牌所望尘莫及的。

7. 耐克的数字化运动平台

就在本土运动品牌们还在为库存焦头烂额的时候，耐克已经在积极拥抱互联网带来的行业变革了，其数字运动平台 Nike＋迎来了全面爆发，Nike＋线上社区的注册用户数量从 2012 年年初的 500 万迅速增加到 1 000 万以上的规模。最新的数据显示，截至 2014 年 2 月底的 12 个月中，耐克营业收入增长超过了 8%。

耐克的互联网转型依托了什么呢?

首当其冲的是其技术能力。2013 年，耐克因两项技术上的创新，新的鞋面技术 Flyknit 以及运动数字化产品 Nike＋Fuel Band(一款智能手环)，被美国最负盛名和最具影响力的商业杂志之一《Fast Company》评为“2013 年世界上最具创新力公司 50 强”第一名。全球领先的市场咨询机构 Millward Brown 公司公布的 2014 年 BrandZ 全球百大品牌价值排行榜中，耐克超越 Zara 居服饰类榜首。

视野与创新，是其第二大优势。客观地说，我们早就不能把耐克看作是一个传统的运动品牌公司，而应该看成是从观念到生活方式再到配套产品的高科技的服务公司。这个改变的过程，可以看作是在互联网时代的自动发动的一场“终极对决”，主要对手是那些互联网新兴企业，其头脑灵活、步伐轻快的发展思路与势头让耐克感受到了潜在威胁。因此其开始用一种互联网和用户体验的思维去重塑运动品行业，把自己变为一家围绕爱好运动用户的服务公司，卖衣服和鞋只是其提供的产品之一。

---

① 《美邦服饰借力互联网深化转型》，http://finance.21cn.com/stock/express/a/2014/0826/11/28097311.shtml#6_3,4_0_b7cc409d0019e_599.

今天的耐克已经不是一家传统的运动服饰公司，其正在将运动与互联网结合，建立起一个数字运动王国。典型的产品是 Nike+，其前身其实是 Nike+iPod，从这个名字就可知道，耐克的初衷是要把运动与音乐结合起来，让跑步这件事情变得有趣起来。2006 年 5 月，耐克与苹果公司在纽约联合发布了 Nike+iPod 运动系列组件，因为耐克的工程师发现公司总部附近的俄勒冈大学校园里，几乎所有学生都在使用 iPod，于是与乔布斯私交甚笃的耐克 CEO 马克·帕克便萌生了将耐克的产品与 iPod 结合的想法，双方一拍即合，两家各自行业内最酷的公司走到了一起。但是一边跑步一边听音乐并不稀奇，用户用其他品牌的产品同样能完成这件事，耐克需要有一个“噱头”将自己的跑鞋与苹果的产品紧紧绑在一起，于是，“数据”成了将两者连接起来的纽带。Nike+iPod 组件通过在鞋里加上传感器并给 iPod 装上接收器，使用户能够实时看到自己的步速、距离等一系列跑步数据。Nike 的跑鞋加上风靡全美的 iPod，双方的合作大获成功。2010 年，耐克公司曾经披露过各运动类别产品的销售情况，其中跑步产品的收入高达 28 亿美元。

其三，从硬软件到社区和大数据。不了解耐克数字战略的人，会认为最近耐克宣布放弃 Nike+FuelBand 是在收缩数字业务，其实耐克是把这部分交给了其老伙伴苹果去做，而自己则专心经营软件和其背后庞大的爱好运动的用户社区去了。Nike+Running 的跑步 App 在运动人群中相当流行，更重要的是，与 100 多美元的 FuelBand 不同，它是免费的。仅在中国市场，去年 Nike+ Running 应用的下载量就超过 300 万次，而从全球来看，Nike+的用户规模至少在 2 000 万上下。换句话说，耐克通过免费的 App 可以更好、更高效地接触到自己的核心用户人群。耐克互联网战略中有更多想象力的部分还来自大数据，这些 Nike+系列收集运动爱好者的运动和身体数据，另一端就可以接通各类健康服务商，比如苹果就联合耐克等第三方健康应用发布了一款名为“HealthKit”的数据整合应用程序，用户可以通过它把来自不同健康设备的信息汇总，以提升医疗服务。

耐克互联网布局的战略支撑和组织支持同样为其提供了强大帮助，耐克的数字之旅是经过了精心布局的。耐克数字运动部门(Nike Digital Sports)成立于 2010 年，整个团队有 240 人，最有名的产品是 Nike+，与耐克的研发、营销等部门属于同一个级别，在耐克全球的组织框架中处于很高的位置，而在此之前，Nike＋的项目运营主要是由其营销部门下面负责跑步运动的数字营销团队完成的，这意味着运动数字化已成为其战略发展方向。战略需要配套的组织和人才支持，耐克内部就有一个类似于谷歌实验室的部门——创新厨房(Innovation Kitchen)，燃料腕带 Nike＋FuelBand 就是这个部门研制出来的。2014 年 4 月，这个实验室的负责人 Ben Shaffer 被苹果挖走去研究苹果智能手表 iwatch 了，他有可能是全世界可穿戴设备领域最好的人才之一——由此也可见耐克在智能硬件方面的技术达到了什么水平。[①]

数字化平台提供的大量用户信息也在耐克获得了用武之地。自从 2005 年起耐克即与苹果秘密研发 Nike＋iPod 的产品组合，到 2010 年正式成立数字运动(Digital Sport)部门，耐克花了 5 年时间逐步梳理了自己在互联网时代的位置和发展方向。如今，互联网和大数据已经开始深刻影响这家公司的传统业务。耐克的数字运动平台 Nike＋至今已经拥有了超过 1 000 万注册用户，所收集到的用户运动数据已成为耐克在产品设计时的重要参考。Nike＋收集到的数据显示，大量的用户是在夜间进行跑步锻炼的。当耐克了解到这点之后就可以思考，在光线昏暗的条件下跑步，人们需要什么？毫无疑问是可见度和安全性，因此耐克在设计鞋的时候加上了反光材料，在设计衣服时也加上了反光材料。这只是互联网和大数据对耐克影响的一个缩影。[②]

从智能芯片 Nike＋iPod、燃料腕带 Nike＋FuelBand，到各类移动应用 Nike＋Basketball、Nike＋Training、Nike＋Running 以及 Nike＋Move，耐克的互联网战略经历了从智能硬件到软件应用，从单一平台到多平台，从自主研发到开放平台的过程。耐克互联网时代的数字战略背后其实是其品牌战略的延伸。在用户获取方面，延续了耐克从精英用户到大众用户，从专业运动者到业余运动爱好者甚至伪爱好者的过程。耐克的互联网战略中有更多想象力的部分还来自大数据，这些 Nike＋系列收集运动爱好者的运动和身体数据，另一端就可以接通各类健康服务商。同时，耐克的目标消费群体恰恰是对时尚潮流

① 《耐克营销模式转型：借助移动互联网建立数字化运动平台》，http：//cio. zdnet. com. cn/cio/2013/0401/2151304. shtml.

② 杨钊，《耐克是如何拥抱互联网和大数据的》，《商业价值》，2013 年 4 月 27 日。

极为敏感的那群，如果不随着他们的脉搏跳动去建立新型的更符合时代特色的联系，耐克就会落伍，被抛弃。所以耐克早早就发动了这场数字革命，好和它的目标用户同呼吸共命运。耐克互联网转型的根本还在于，其洞悉了互联网时代人人皆媒体、人人皆终端的态势，从而使耐克完成了互联网与数字化的转型。

8. 阿迪达斯的大数据

在服装业低迷的今天，基于外部环境、消费者调研和门店销售数据的收集、分析，成为将阿迪达斯引向正轨的“黄金罗盘”。

如今阿迪达斯时时都在收集门店的销售数据，并将其进行整合分析，再用于指导经销商卖货。研究这些大数据让阿迪达斯和经销商们能更准确了解当地消费者对商品颜色、款式、功能等的偏好，知道什么样的产品更容易被顾客接受。

阿迪达斯的数据对帮助经销商选择最合适的产品十分有效。首先从宏观上看，一二线城市的消费者对品牌和时尚更为敏感，可以重点投放采用前沿科技的产品、运动典型系列的服装及设计师合作产品系列。而在三四线城市，消费者一般更关注产品的价值与功能，比如纯棉制品等高性价比的产品，在这些市场会更受欢迎。其次，阿迪达斯会参照经销商的终端数据，给予更具体的产品订购建议，比如告诉某三四线城市的经销商，在其辖区，普通跑步鞋比添加了减震设备的跑鞋更好卖，至于颜色，比起红色，当地消费者可能更偏爱蓝色等。阿迪达斯建议的这种订货方式，得到了经销商的广泛认可。而对大数据的运用，也顺应了阿迪达斯大中华区战略转型的需要。

当前服装业的库存危机后，阿迪达斯也从“批发型”公司转为“零售驱动型”公司，从过去仅关注把产品卖给经销商，变成将产品卖到终端消费者手中的有力推动者。而数据收集分析，恰恰能让其更好地帮助经销商提高售罄率。①

从阿迪达斯的做法看，其与广大经销商伙伴展开了更加紧密的合作，以统

① 《阿迪达斯用大数据带来利润》，《中国企业家》，2013 年 4 月 10 日。

计到更为确切可靠的终端消费数据，这让其重新定义了产品供给组合，从而使其能在适当的时机，将符合消费者口味的产品投放到相应的区域市场。这一方面降低了其自身的库存，同时也增加了单店销售率，从而为其赢得了更高的利润。

三、商 机 涌 动

1. 互动蕴含商机

紧贴用户的需求，实现与用户直接互动，其中必然蕴藏新的市场与商机。以耐克为例，作为行业领袖，耐克已经在运动数字化的道路上耕耘了将近十年，与互联网的结合正在从产品到营销全面改变着耐克这样一家“传统”企业。基于自己运动 App 和各种社交网络账号，耐克建立起一套完整的数字营销平台，并且与电子商务实现打通。比如 Nike 的跑步 App 能够标记用户穿着的鞋子，穿着同一双跑鞋超过一定距离后，耐克会适时向用户推荐更换自己的新款跑鞋。这些运动应用也让运动品牌第一次实现了与大规模用户的直接互动，并且真正了解到自己用户的运动习惯和需求，比如跑步路线、运动频率和时间，等等。这种互动产生出来的贴心感能不断为耐克辟出新的市场、新的商机。

从实际看，目前国内有些品牌已经意识到了这种做法，并且试探性地尝试拥抱这种变化。比如在 2013 年的七夕，李宁与咕咚网合作，结合咕咚的运动 App 展开营销，用户只要用咕咚的 App 在地图上跑出一个心形的图案，就有机会获得李宁的最新跑鞋。这种做法虽然不具备耐克的“贴心服务”，但毕竟有了试图与用户互动的念头。

2. 体验引领消费

相比其他行业，服装领域更是重视体验的地方，真正体验了“穿在身上”的舒适和美感，才能促成消费者购买行为。试想一下，如果你能把服装店打造成为“提货点＋体验店＋形象店＋实体店”的结合，同时具备物流自提、家居体验、形象宣传、商品销售等多种功能,还愁你的服装没人买吗?

我们以前面提到的美邦服饰为例,体会一下如何做好体验这个环节。

以"不走寻常路"著称的美邦服饰在O2O方面也多有尝试。先是与微信合作发展微信会员,与支付宝合作开启门店手机付款,与微淘合作吸引粉丝。后来美邦又提出了"生活体验店+美邦自有App"的O2O模式,并在全国陆续推出了10多家生活体验店,期望通过这些体验店提供的舒适环境和服务将消费者留在店内并转化成自己的线上用户。

美邦的生活体验店模式在服装零售O2O领域是一个大胆、新颖的尝试。为了提升用户体验,美邦在很多细节上下了心思,比如进店位置就是一个引人注意的万花筒电子屏,这个装置带来的科技感一方面可以提升店铺档次,另一方面可以提高用户购物体验;店铺内零星摆放了一些大小不一的球体装饰,提供给顾客拍照,这一设施有助于增强顾客互动感。美邦安排了时尚顾问这一职位。顾客挑选单件衣服后,常常不知道如何搭配,这对于很多女性购物者都是一个问题,而时尚顾问可以提供相应的搭配建议,美邦为时尚顾问每人配置了一个平板电脑,可以将搭配方案直接通过平板展示给消费者。同时店内每层都配置有大型电子屏装置,这些是"时尚搭配"互动装置,与时尚顾问相对应,只不过一个是人工服务,一个是机器服务。消费者将衣服的二维码放在装置上进行扫描,就可以看到提供的各种搭配,同时,搭配中的每件单品信息也都会显示在屏幕上,这种做法应该是为了方便导购员为消费者进行货物查找。这种提供搭配建议的方式,一方面可以满足消费者购买服装时的搭配需求,另一方面可以提高美邦的销量。在这种模式下,门店将不再局限于静态的线下体验,也不再是简单的购物场所,而是让顾客心甘情愿留在门店、并向线上转化的一个载体。

虽然美邦目前的生活体验店模式还在测试之中,但其可以显著提高门店内的用户体验,也加强了线下用户向手机App的导流和用户数据沉淀,为下一步加强移动网购、用户互动和会员管理做好准备。①

我们的服装企业在学习美邦的做法时,要注意解决把顾客顺利转化成线

① 《盘点服装零售O2O的四类模式》,《看商界》,2014年8月23日。

上用户的问题,可以借助导购引导的方式实现。而在将生活体验店内的用户向线上导流的同时,还要做好将线上用户回到线下、实现 O2O 线上线下互通、共同提高销量的关键工作。

同时还可以活用 3G 网络促营销。近年来,我国智能手机、平板电脑等移动终端设备大量普及,3G 移动互联网的影响开始深入人们的生活之中,手机购物也开始流行开来。与传统互联网用户数量相比,新兴起的 3G 移动互联网领域的用户数量更庞大,这一庞大的 3G 用户群体均可成为服装销售商家充分挖掘的潜在客户。在广大消费者群体由传统互联网开始向 3G 领域转移的形势下,鞋服行业应充分认识上线服装商城 3G 平台的巨大优势,积极入驻 3G 移动互联网,为应对未来激烈的行业竞争抢占制高点,继续用好 3G 移动互联网,打造新的服装商城,利用其"广撒网"式的模式推广营销的作用,使用户通过访问 3G 领域服装商城,直接抵达销售商家的企业官网,从而截获客户,增加销量。通过上线 3G 平台的服装商城,销售商家可以将产品信息高时效、大面积地推广给 3G 领域的用户,从而增强与客户之间的粘性,并且与传统互联网建站营销推广的模式相比,3G 移动互联网领域的营销推广成本更低、效果更明显。

3. 数据通则 O2O 通

要真正实现 O2O,需将品牌后端运营打通,让数据自由流动到它应该到达的地方,否则,线上与线下还是彼此割裂,运作起来难以通顺"脉络"。整体来看,O2O 有几个需要重点"打通"的地方——将平台和商家和消费者之间打通通路;将产品通路打通;将品牌店铺与店铺打通;将会员体系打通;将消费者"钱包"打通。它们成为血管,数据是流通于各血管的血液,而品牌后端的管理系统则是调动一切的大脑与心脏。

其实,所谓平台、商家、消费者之间的打通,是指商业平台(如线上平台、线下商场、购物中心)上的三方无缝沟通——什么样的消费者买了什么,通过怎样的路径来购买,有怎样的习性……这些数据不能只流于平台,商家也需准确获取;所谓产品通路打通,则是无论线下、线上,产品从生产到售卖的整个过程的数据,都要掌握。所谓店铺与店铺的打通,则是让所有店铺能够互通有无,互为依靠，方便调货、补货；所谓会员体系打通，消费者“钱包”打通，则是应用“粉丝经济”，线上线下全盘掌握高净值老客户的消费行为，以便更好地黏住他们。

典型的场景，比如北京西单大悦城做特卖，李女士通过其微淘获取信息，抢了品牌优惠券，赶来GXG为丈夫淘一件休闲西装，大悦城会将自己掌握的李女士数据传达给GXG，让其能有针对性地备货，或从附近的店面调货。到特卖日当天，当李女士选好服装，通过手机支付宝钱包支付后，GXG会记下她选择的灰色束腰双扣西装，客单价，并邀请她扫码关注GXG的微淘号，编入其会员体系，因为这样的绑定，无论李女士登录GXG天猫旗舰店选购，还是在线下实体店购置，GXG都会记录下其行为，当数据累积到一定程度，GXG还可以在李女士允许下，向其推荐新品，提供个性化折扣，并聚集类似李女士的消费群数据，反向优化自己的设计、生产、物流、零售方式等环节。

当然，这是最理想的状态，现实并不那么完美，因为其中涉及的各方利益极其复杂：平台可能没那么大方地分享自己的客户数据；店铺间调货如何确定利益分成；会员在线下体验，却回到线上消费，利润如何切割……很多平衡与谈判都需要妥协与智慧。

所以如果能先将自身的店铺体系、会员体系、产品体系打通，以实现数据通，则运营通，运营通，则O2O通。即便目前实现体外打通还很困难，但在O2O契机下，企业内部加速扩展通路，联通线上线下诸多关节，便可有效解决过去的运营之痛。更进一步，当实体店获得更多线上资源和运营系统的支持，令电商与店商一盘棋，那就更可以说O2O既是土壤，也是成果。①

4. 自有品牌与在线营销

自有品牌的纯电子商务模式，没有设计、生产、研发、地面营销渠道、自有物流体系等一切传统因素，制胜的法宝只有两样：互联网界面和网络营销。

以VANCL为例。VANCL成立于2007年10月，是一个少见的来自国内市场的极速进入者。2008年6月，VANCL实现销售额4 800万元；曾成功

① 郝智伟，《服装业如何造就O2O真功夫》，《IT经理世界》，2014年8月16日。

引入包括IDG、联创策源、软银赛富、启明创投在内的多家投资机构数千万美元级别的投资。

其基本模式即网络直销，借用的手段是互联网＋平面媒体。VANCL充分利用网络的力量，找到了优质有效的营销和推广渠道，然后是将标准做到极致，无论客服代表还是产品摄影，误差的控制都在设定的范围内。从实际看，VANCL首先十分重视产品质量，根据VANCL凡客诚品CEO陈年的说法，VANCL建立了自有的物流中心，有无数次的产品研发会议，一年内跑遍中国几乎所有的服装加工企业寻找合格的代工厂，物流网构建十分完善，相当于国产衬衣九牧王、雅戈尔等中上水准；而之前这个行业的老大PPG正是栽倒在产品质量上。同时，VANCL借助有效的广告设计提升了下单率，比如其首页的设计，从设计风格这些细节的契合中，与PPG采用消费者不感兴趣的典型的树状目录来展示产品不同，VANCL是典型的二次点击：产品展示在第一层，将所有产品及折扣套餐都展示在消费者面前，第二层点下去就是购物车，在此页面，VANCL也尽量把相关产品的礼包优惠装展示出来，这个做法也让VANCL的用户经常会从单买一件转而选择优惠套装，这在其他网站并不多见。

5. 投资新品牌与网络直销

全新品牌的网络直销模式，原本在传统模式中就具有相当大的品牌影响力，具有完善的生产、研发、工艺、质量控制能力，采用投资全新品牌的模式，与原有的职业服定制业务相结合，从团体定制业务拓展到零星客户的在线定制。

代表企业：报喜鸟集团旗下的BONO Tailor。与大多数电子商务品牌不同，Bono Tailor采取的是多渠道品牌营销路线。以时尚职业装和商务休闲服饰为主要产品特色，依托于强大的生产线和原创实力，通过多种渠道进行产品销售。

首先是职业装团购直销。在中小企事业单位的职业装团购市场还未精耕细作之时，Bono就依托深厚行业背景和强大设计生产能力先行一步，率先进入了中小企事业单位的职业装团购市场。目前，在全国已拥有近100家职业装定制直属服务机构，客户范围已覆盖政府、金融、教育等各个领域。

其次是社区高级定制服务。Bono Tailor 品牌在国内首推“时尚定制”概念。在全国设立多家 CBD 楼宇定制实体门店，以时尚商务、个性化风格服务于具有个性化时尚着装需求的商务团体及精英人士，提供一对一的上门量体定制服务。

第三是电子商务领域。和他们品牌不同，Bono Tailor 电子商务坚持走重公司网络直销路线，它们在上海拥有自己的大型花园式工厂，以 ebono 作为网络平台，采用无店铺生产直销一体化模式。强大的生产能力，进口的一流设备，精选的高端面料，还有优良的制作工艺，保证了产品的上乘品质，与许多品牌产品相比可谓高下立见。这是 Bono Tailor 电子商务与众不同的最大特色。①

其直营高速物流配送也做得颇为精彩，其拥有 200 余亩物流仓储基地，并在全国各省、市、自治区、直辖市设立了 60 多家服务网络，可在先进的 SPD 物流配送系统支持下迅速辐射全国。Bono 为每家企业独立装箱、独立套袋、每件西装都有独立标签，保证了员工西装到手准确无误，挺括不皱。因企业人员流动带来的小批量补量加做需求常常被一些小品牌忽视，Bono 考虑周到，对所有面料都有备货，客户提出的追加订单、返修服务、保修服务等，均能第一时间做出反应，让客户无后顾之忧。

与此同时，数字化高效管理也给 Bono 发展增添了助力。在生产系统、客户服务、决策运营等方面，Bono 均实现了数字化管理体系，相当于搭建了面料采备到运输物流的“直通车”，让再多的西装生产也能流程清晰、档案完整，不必担心不清楚生产和配送进度，因为查询 Bono 的订单进度能像查询快递一样简单方便。且强大的数据支撑不仅是 Bono 对每一件职业西装、每一位员工的高度负责，也为 Bono 不断提升产品质量提供了科学的支持。

凭借 Bono Tailor 高品质产品，依托网络直营的商业模型，通过深耕职业装领域，进行多渠道产品销售，Bono Tailor 做出了令业界瞩目的业绩，值得行业内其他品牌借鉴。

① 《浅析 Bono Tailor 商业营销模式》，http：//finance. qq. com/a/20101213/005866. htm.

6. 门店库存与团队发力

特价(库存)商品的电子商务模式,与投资新品牌的网络直销模式比较接近,唯一不同是,库存模式的所有的互联网销售工作都是由自己的团队完成的,同时,所销售的产品也主要在特价(库存)商品上。可以通过公司自己的B2C网站,也可以利用第三方销售平台(淘宝、易趣)进行网上销售。

比如达芙妮的"去加盟化"运动。2012年,比起达芙妮新款上市引起的"轰动",其营销战略调整,让它在过去的几个月里真正"火"了一把。先是8月底,达芙妮在特许加盟合约到期的情况下不再续约,引起加盟商不满,不得已纷纷到上海"告御状",为自己"被去加盟"讨要一个合理的解释。随后,达芙妮推出99元夏季女鞋促销活动,逼得加盟商砸钱陪练。曾经信誓旦旦的终身事业,却因营销战略转变而欲与昔日的"亲密伴侣"分道扬镳,达芙妮有卸磨杀驴之嫌。然而"去加盟化"带来的风波并未就此平息,9月12日,湖北加盟商将达芙妮在孝感的4家直营店封堵了6天,直营店和加盟商的冲突开始白热化。

达芙妮去加盟化并非心血来潮之举,其2012年中期业绩公告显示,达芙妮要采取专注发展直营店铺的策略,以促进品牌长远发展和快速应对市场变化。据悉,达芙妮在中国内地拥有4 958家直营店和1 010家加盟店。2012年上半年,达芙妮加快加盟转直营的步伐——增加411家直营店铺,减少45家加盟店,核心品牌直营店铺比例提高至约83%。①

再比如优衣库的"门店模式"。优衣库以门店自助式购物体验和贴心服务著称,传统的、全部自营的线下门店一直是优衣库的核心渠道。2013年4月,优衣库实现了"门店+官网+天猫旗舰店+手机App"的多渠道布局。在这种多渠道布局下,消费者可以获得更好的购物体验。当用户安装了优衣库的App后可以随时浏览上架新款,查找优惠券和打折信息,也可以直接购买,再等待送货上门。App中所提供的优惠券可以在门店使用,可以告诉消费者最近的门店在哪里,到了门店用手机扫码付款,从而为消费者节省了时间。优衣

---

① 王品月,《达芙妮:营销如何恒久远》,http://finance.ifeng.com/news/corporate/20121112/7286067.shtml.

库的 O2O 模式可以被定义为“门店模式”，在这种模式下，门店是整个 O2O 布局的核心，布局 O2O 的目的主要是为线下门店导流、提高线下门店销量。这种模式主要适用于品牌号召力较强，同时以门店体验和服务拉动销售为主的服装品牌，这类品牌非常看重线下门店，自己的官网、网上商城和自有 App 等线上渠道也一般都会与线下门店互相打通，通过门店查找、优惠券发放、品牌宣传等方式将消费者吸引到线下门店去消费。自有 App 也会有下单购物功能，方便将用户数据沉淀下来做精准营销。①

7. 线上线下充分融合

以 GAP 为例。看看 GAP 集团在十几年的实际探索和尝试中是如何做的。

GAP 集团的跨渠道交叉推广、更低的用户接受门槛、通过优秀服务留住用户以及方便的商品退换服务等先天优势，不仅为集团提供了大量的非直接收益，包括整体品牌美誉度的提升、为顾客提供一套无缝整合并且始终一致的购物体验，而且还能收集到大量有价值的消费行为数据，例如所有网上顾客的行为都可以被后台系统记录下来，包括浏览和最终购买过的商品、点过的网页、购买频率和习惯，等等。

这些数据如果想通过传统线下实体店来收集将非常困难，曾经有品牌尝试用 RFID 无线技术将店内的每一件衣服打上标记，希望借此来跟踪有哪些商品是被顾客带到了试衣间，最后因为执行成本高和效果有限的关系而不了了之。正是因为看到了这些直接和间接的好处，GAP 集团很早就坚定了将建设电子商务渠道作为自身竞争战略优势的核心之一，从组织架构、政策和执行上做了大量支持。例如将电子商务运营团队独立设置成一个更灵活的部门，而不是附属于传统店铺销售体系下，甚至为了提升效率而不惜工本为旗下购物网站的运营建设了独立的仓储体系，并且从激励和管理机制上将为线上订单和顾客提供良好服务支持这项工作作为考核指标之一下发到各个实体专卖店中。

---

① 郝智伟，《服装业如何造就 O2O 真功夫》，《IT 经理世界》，2014 年 8 月 16 日。

同时，以线上反向带动实体店铺销售，如果说在这个整合线上线下渠道战略的推动初期更多的是通过 GAP 的传统线下渠道为新兴的线上渠道来引流和支持的话，那么到了 GAP 集团旗下网站已经站稳了脚跟的今天，利用这些已经建立起来的影响力和用户群来反向带动实体店铺销售的尝试就更为重要。早在 2009 年年初，GAP 集团就为旗下的廉价大众品牌老海军(OldNavy)推出了一个名为 OldNavyweekly. com 的网站，在引导线上用户去线下实体店购买方面取得了不错成绩。

OldNavyweekly 的网站其实只有简单的一个首页，但是对于用户的黏性非常强，在网络上甚至能找到专门针对这个网站的讨论组和聊天室。OldNavyweekly 的主要卖点是会以一周为一个周期固定投放一定数量、不同类型的单次购物优惠券(包括全单按比例打折和购物满特定金额就可获得一定现金抵扣)，这些券只能在老海军实体专卖店使用。同时也会每周推出一个本周特卖品，基本上都是用 5 折以下超低价提供的生活常用服装款式，同样也是只在线下店铺中销售。

OldNavyweekly 网站之所以能很快在网络上传播起来，一方面固然是因为提供给用户了实惠，例如不定期会提供“购物满 100 元就能折扣掉 75”这样的超级优惠券；另一方面也是因为这些优惠券并不是简单地罗列到网站上，而是让用户在网站上通过“寻宝”的方式来做一些很简单的小游戏来获得。

例如，用户通过鼠标将不同的上衣和裤子进行搭配就有可能发现不同类型的优惠券，这种趣味性也是为什么每到周四晚上的时候就会有大量的粉丝聚集在一起讨论本周最新最好的优惠藏在哪儿，并开始不断刷新 OldNavyweekly 的网站的原因(因为每周的优惠券会在周四晚上进行更新)。①

再比如国内的海澜之家的“平价”操作模式也是很好的例子，所谓“平价”即线上线下同款同价。海澜之家将平价走向极致，整体产品价格与淘品牌相当，男装对于款型和面料无可取代的购物体验和品牌营销力是海澜之家与淘品牌相比的核心竞争力，线上线下同款同价，目前随着资本市场对公司模式的逐步认可估值仍存在提升空间。

---

① 《GAP：详解其线上线下整合之道》，http：//www. 100ec. cn.

第三章　未能幸免的餐饮业转型

一、一 片 肃 杀

受到经济下行影响和“三公消费”的限制，作为经济晴雨表的餐饮行业，近几年遭遇 21 世纪以来的最大“寒冬”，据中国烹饪协会发布的分析报告，2013 年 1～2 月份，全国餐饮收入 4 030 亿元，同比增长 8.4%，比前一年同期下降 4.9 个百分点，而且是近 10 年来 1～2 月份数据第一次出现个位数增幅；特别是限额以上企业的餐饮收入 1 278 亿元，同比下降 3.3%，比去年同期下降 17.3 个百分点，出现中国餐饮业改革开放以来的首次负增长。同年 1～9 月，全国餐饮收入 18 178 亿元，同比增长 8.9%，增速同比下降 4.3 个百分点，其中限额以上餐饮企业收入 5 842 亿元，仍处于负增长状态，下降 1.8 个百分点，而其中个别高端餐饮企业营业利润和净利润同比下降都在 45%以上。再加上三公政策制约，中高端餐厅整体不断走弱，市场竞争也愈发激烈。

不少餐饮企业正在寻求转型，而借助互联网的 O2O 渠道——团购、优惠券、外卖以及订座等——扩展业务，则成为目前大多数餐饮企业的选择。那么，O2O 对餐饮业影响如何呢？

餐饮界的 O2O 转型主要冲击的是中小型商家，因为大型商家在传统经营过程中已经累积了一定的客户基础，他们本身拥有良好的线下资源，自身的运营已上了正轨，除非遭受巨大打击，他们的根本是很难动摇的，他们要开拓新的线上资源，锦上添花的意味更多一些，毕竟线上客源良莠不齐，大型商家总不可能拣了芝麻丢了西瓜。而对于求生存求发展的中小型商家来说，机遇是可遇而不可求的，其想要谋求线上资源，自身的服务就必须过硬，有拓展线上更多客源的能力，这无疑是难以顺利完成的，虽然技术力量不足可以通过与外部技术力量合作，以其平台进行宣传获取数据，即他人提供完善技术，我提供优良服务，协作共赢，但毕竟需要具备一定的基础。另外，除了餐饮业本身，很多大型网站也瞄准了餐饮业这块肥肉，想要分一杯羹。对于已经积累线上流量数据的大型网站而言，它要做的就是搜集有能力的商家进行合作，整合双方数据资源，同时自身宣传新型服务吸引消费者进行线下消费，但对于中小型传统餐饮业商家来说，同样任务艰巨。

二、群 雄 并 起

1. 雕爷牛腩的体验式与社会化

"雕爷牛腩"在餐饮行业已经成为一个话题，是颠覆传统的特殊案例。坐落于北京的雕爷牛腩餐厅，是中国第一家"轻奢餐"餐饮品牌——所谓轻奢餐，是介于快餐和正餐之间的用餐感受，比低价位的快餐要美味和优雅，又比豪华正餐节省时间和金钱——其烹饪牛腩的秘方，是向周星驰电影《食神》中的原型人物——香港食神戴龙——以 500 万元购买而得。戴龙经常为李嘉诚、何鸿燊等港澳名流提供家宴料理，他还是 1997 年香港回归当晚的国宴行政总厨，他的代表作，一道"咖喱牛腩饭"和一道"金汤牛腩面"，是无数人梦寐以求的舌尖上的巅峰享受。①

如果只有美食秘方在互联网迅速发展的今天显然是不够的。在实体零售客流量越来越少的情况下，如何利用互联网将人带到实体店才是重点。而用互联网思维玩餐厅的雕爷牛腩，其将人引入餐厅的新奇做法，把互联网思维与传统经营理念相结合的思路，使得其尚未开业就已成为大众点评网上的热门餐厅，正式营业后更是长期占据榜首，来店里吃饭的人更是排长队等候。

雕爷牛腩的新奇做法，第一个是用互联网思维做营销——"封测"。雕爷牛腩餐厅在开业前进行了半年的"封测期"，京城各界数百位美食达人、影视明

---

① 百度百科，http：//baike. baidu. com/view/9556418. htm.

星均前来试菜，乃至圈内明星皆以获得雕爷牛腩"封测邀请码"为荣。经过不断微调，餐厅于 2013 年 5 月 20 日正式对外营业，并大受食客热情追捧。如此，最初的传播效果就出来了，而其营销的效果也有了。按雕爷的说法，"封测"主要是为了"无限改进"，他认为一家餐厅的精髓不在于菜品 SKU 的多少，而在于产品的精良和用户体验的不断优化，通过这个也确实让其改进了不少菜品，但其重视用户体验的做法，却是典型的互联网思维，而他也从一开始就决定要把雕爷牛腩做成 O2O 成功案例。

第二，是用互联网思维做产品，围绕用户需求把产品体验做到极致。姑且不提其菜品主打牛腩的秘制配方，甚有来路，其他菜品甚至餐具都颇有讲究。比如茶水，很贴心，提供西湖龙井、冻顶乌龙、茉莉香片、云南普洱四种茶水，无限续，味道从清到重，颜色从淡到浓，工艺从不发酵、半发酵到全发酵，女性顾客则可享用洛神玫瑰、薰衣草红茶、洋甘菊金莲花三种花茶，有美目、纤体和排毒之功效。比如米饭，有三种，日本国宝级大米越光稻、泰国香米、蟹田糙米，都是纯生态的，而且前两种更符合一般人口味，饭碗很小，免费无限吃。比如筷子，每双都是定制、全新的，用的是缅甸"鸡翅木"，上面激光蚀刻"雕爷牛腩"，吃完饭，筷子和牙签放入一个精致的纸套，可以带回家当留念，这可是口碑传播的好素材。再比如牛腩面碗，是有发明专利的，上方厚重，手感好，对着嘴喝汤之处则很薄、很光滑，在 8 点 20 分位置还开了个拇指斜槽，方便卡住汤勺。细节做得相当精致，有品位，花的心思和成本高，但回报也相当值。不仅可识别的独特符号很多，利于打造细节竞争力，而且很人性化，体验好，口碑好。①

第三，充分借用互联网的各种手段巩固顾客群。对于目前广为大家使用的微博微信，雕爷大力借用。营销推广主要依靠微博平台。从前期传播，到后期对用户评价的监测和迅速反馈，雕爷的微博营销十分得力。单就反应速度而言，通常发出一条关于雕爷牛腩的微博后，几分钟内就会收到官微账号针对你的评价进行的留言和交流，而不是机械化的无差别回复。客户管理和维系则主要通过微信平台。顾客可以通过微信免费申请 VIP 卡，但要进行审核。

① 林文生、陈泓屹，《雕爷牛腩：用互联网思维玩餐厅》，《经理人》，2013 年第 9 期。

申请人要回答一系列问题，涉及餐厅菜品和服务、个人消费习惯和偏好、美食常识……这个过程其实是筛选最符合雕爷牛腩特质的目标客户，据说通过率不到30%。而VIP拥有一些专属特权，例如普通客人看不到的隐秘菜单、不定期的优惠等，从而增强黏性，产生重复消费。雕爷认为，每家餐厅都有自己的目标客户群，所谓众口难调，一家餐厅不可能伺候好所有的用户。

总体来看，雕爷牛腩的口碑引爆，一方面是由于其产品和服务策略的成功，这是核心基础；另一方面则得益于互联网这一强有力的工具，让各自的产品口碑以核聚变的方式快速传播，强烈震撼到规模最大化的受众面前，从而使得品牌知名度获得质的飞跃，并且几乎免费，这在以前是要付出巨大的成本投入的。这是互联网对传统品牌传播方式的颠覆，所以才能以极低的成本让菜品和服务好的餐厅大放异彩。①

2. 眉州东坡的线上联合开发

1996年4月，第一家眉州东坡酒楼在京开业。在创始人王刚先生的带领下，企业全体员工致力于弘扬东坡文化，塑造眉州东坡品牌，企业迅速发展，已实现以北京、四川、河北、湖北、陕西、美国为中心，覆盖全国，放眼世界，旗下拥有“眉州东坡酒楼”、“王家渡火锅”、“眉州小吃”、“眉州私家厨房”、“小渡火锅”、“四川王家渡食品有限公司”六大业态、近百家分店的大型连锁集团。

面对2013年以来的餐饮业低迷的严峻形势，眉州东坡将今后的战略抉择定位为发展O2O业务。餐饮企业的O2O实践正是利用互联网平台将传统门店虚拟化，诞生出可无限延伸的“长尾市场”，从而扩大销售。

打造自己的餐饮线上系统，是眉州东坡转型的第一步。2013年5月27日，眉州东坡2013·沁夏新品品鉴会暨527美食速递启动仪式举行，发布会现场推出了30余道应季菜品，无论是在创意上，还是在口感上，让专家赞不绝口。这次发布会最重要的举动是重磅推出了“527美食速递系统”，该系统包含三大子系统：美食热线、眉州东坡美食速递网、手机App客户端，实现了电话、互联网与移动互联网的三网融合。消费者可以通过各大Android市场，App

① 王琴，《雕爷牛腩的互联网思维和玩法》，《学习型中国》，2014年3月。

Store 上下载“眉州东坡”App，打开 App 之后，消费者只需确定用餐人数，通过“摇”的方式，便可发现眉州东坡精心为大家搭配的菜单。

对于一家餐饮企业，打造三网融合的系统并非易事，眉州东坡最开始采用的是外包开发战略。其实早在 2012 年 10 月份，眉州东坡就开始打造电商平台计划，并且将自身的电商平台外包给一家传统的软件公司进行开发。然而，到了 2013 年 5 月初，这个电商平台还未开发上线。最重要的原因是传统软件公司在互联网属性以及餐饮行业的特色上，存在一定的“知识缺陷”。为了尽快开展自身的 O2O 战略，眉州东坡在技术开发上改变了以往纯外包的策略，调整为联合开发战略。联合开发最好的方法就是找到一家既熟悉餐饮行业，又熟悉互联网的公司，最后选择了与易淘星空集团合作，而联合开发团队在不到一个月的时间里制作出针对苹果和安卓系统的两款手机 App 应用程序，同时还搭建起一个能够支持在线订餐、快捷支付服务的电商平台，为眉州东坡 O2O 战略的实施迈出了坚实的一步。

与此同时，眉州东坡集团还对门店管理运营、KPI 考核机制乃至物流配送体系的业务进行了相应的重组和企业转型。对门店的 KPI 指标进行调整，不但增加了外卖订单方面的权重，还规定了具体的执行标准，针对新老客户分别设置不同的考核标准。为解决餐厅服务员送餐时不专业的举动得罪客户的问题，眉州东坡与易淘星空旗下的配送公司建立了合作关系，全体送餐人员都必须按照标准化的服务流程进行送餐，还重新设立了一整套 KPI 考核机制，违反规定要扣除相应的分数，分数扣完将被解聘。对于喜欢到线下门店体验美食的消费者，眉州东坡的电商平台可以支持消费者通过在线订餐平台向传统的眉州东坡各大线下门店进行点餐、预订桌位以及提前支付。餐厅可以提前备餐，消费者一到店便可立即上菜，既节省等待时间，也提高了门店翻台率。[①]

3. 金百万门店辐射加会员服务

金百万全称为北京金百万餐饮管理有限责任公司，成立于 1992 年，依托绿色健康“家常菜”研发管理体系，创造了全新的社区餐饮模式。2007 年未能

---

① 曾庆恒，《眉州东坡的联合开发与业务整合》，http：//www. iyiou. com/p/11377.

上市的经历，促使金百万开始重新思考商业模式，加之当前国家政策严厉打击“三公消费”和奢侈浪费，以及“三高一低”（原材料、人工、房租成本高，利润率低）导致餐饮企业“大而不强”等一系列因素，促使金百万开始谋求转型。怎么转呢？金百万主要的做法是：

一是从定模式入手，做好会员系统与数据挖掘工作。O2O不外乎从线上到线下、从线下到线上两个基本线路，金百万选择了后者，即从线下到线上，依据是自己不愁客流，不需要线上为线下引流，其做餐饮O2O的突破点在于做好会员系统和数据挖掘。目前金百万已在线下积累了百万会员，并且会员的重复消费率非常高（达80%以上）。在新会员的获取上，金百万不盲目、有选择，不会吸引只追求低价的顾客，大众菜的价格区间是50～80元，而金百万门店的客单价是80元。在老会员的管理上，金百万着力开展会员分类和价值挖掘，对于高价值客户，提供高品质服务；对具有高消费能力的客户，用关怀打动；对于高忠诚的客户，以互动优惠维护；对于沉睡用户，即半年以上无消费记录者，以拳头产品去激发他们，同时及时关注和挽回流失用户。在系统支持上，金百万选择的是雅座提供的CRM系统，这套系统基于人的结算并且能够实现“异价结算”，在实际中因为各门店的积分、储值算法不统一，实现起来很复杂，金百万的一般做法是，保证20分钟内把客人点的菜全部上完、30分钟把烤鸭送到，时间可以在每个餐桌上配的沙漏计时器体现，如果出现超时（沙漏漏完）客人则可享受免费送吃。金百万这套做法，背后得益于大数据和系统的支持，基础则是基于金百万常年的顾客行为数据积累，据此，系统可以判断在某一个时刻的到店顾客人数，以此提示厨师做好烤鸭的准备。这种自动循环的操作体系，在保证出菜效率的同时，也使菜品口感得到了保证。

二是选产品，面向会员拓展全新的品类。目前金百万的核心业务主要有三个：准成品、大闸蟹和新乐蛋糕。准成品介于成品与半成品之间，其满足的核心需求是目标人群的口味、效率和价格。准成品的特点是，口味上优于成品，效率上优于半成品，价格上比超市更实惠，对顾客来说，10分钟即可完成一道菜，这主要为解决年轻人做不好菜、不会做菜还有花大量时间做菜的问题。大闸蟹和蛋糕，则主要是价格虚高而实际成本低，更易赚取利润，从而成为金百万的卖点。

三是抓管理，重视运用互联网。首先，金百万不排斥与互联网企业合作的机会，因此也拥有了丰富的线上渠道，如团购、人人网、新浪微美食、美食推、淘点点等，同时还引入了 OA（企业办公）、CRM（客户管理）等各类餐饮 IT 系统。其次，金百万还拥有自身的线上建设团队，有几十名技术员工负责轻级软件开发及硬件维护，如手机 App 和微信服务号的开发等。同时，金百万的领导经常亲自主导对中高层的管理培训。

总体来看，金百万的 O2O 之路是：以会员为基础，以大数据为支撑，通过“门店辐射＋会员服务＋线上营销”的方式扩大市场，以更亲民的价格接近用户。其给餐饮企业的启示是：在当前的互联网时代，要做好餐饮业，企业家首先自身就必须懂互联网，同时要敢于探索新的模式，学会瞄准好的品类，善于延伸自己的服务。①

4. 小南国中高端进化

小南国的转型同样源于如今政策形势的掣肘。其转型瞄着需求更为稳定的个人和家庭，迎合更加中端、时尚、年轻化的需求。

小南国的客流相对高端，其线上线下客群性质差别不大。从目前看，小南国的核心品牌主要有：“上海小南国”（Shanghai Min），为中高端顾客提供富有上海特色的佳肴；“慧公馆”（Maison De L'Hui），服务于商务及高端客户，在格调高雅的公馆式环境中提供粤菜及沪菜佳肴；“南小馆”（the dining room），于 2012 年推出，在时尚闲适的空间中呈献海派美食理念。小南国通过多样化的品牌组合，迎合更多层次的市场需求。

成功的线上营销依赖于小南国的优质客户基础。公司第一次大规模的线上营销是与大众点评合作发放打折现金券，这些现金券很快就被一抢而空，而且线上线下的客群性质差不多，多数都集中于优质客户，这让之前一直顾虑的所谓线上营销会不会引来一群屌丝的想法烟消云散。分析起来，其中重要的原因，是线上的群体对于一些线上信息的接受速度非常快，从而更容易成为优

① 吴梅梅，《金百万转型思考：从线下到线上的餐饮 O2O 逻辑》，http：//www. pintu360. com/37199. html.

质客户。直到现在，大众点评依然是小南国最大的 O2O 合作平台。

精准的线上营销与客流管理保证了小南国的业务规模。虽然目前外部环境不佳，但小南国 2013 年和 2014 年连续两年同店客流量都在增长，这与其积极开展 O2O 营销是分不开的。2014 年以来，小南国将 POS 及 CRM 系统整体升级，打通了各个系统接口，提高与外部线上平台的对接能力，改变原系统相对封闭、接口复杂的状况，从而大大消除了线上顾客的体验困扰。而通过一些 O2O 线上的预售管理，则可以在一定程度上改变顾客对时段需求的偏好。

考虑到以往依靠线下服务员介绍产品，不仅需要大量时间培训，而且客户忍耐度和接受度也不高，而通过线上进行产品的营销和推荐显得更加简单和自然，顾客登陆 WiFi 跳转到公司主页时反倒乐于在点菜的空余时间多看几眼，从而能够更精确给顾客定位。小南国已开始与有关银行洽谈共建 WiFi 网点事宜，以借此 on line 工具解决以前餐饮营销方面非常棘手的问题，这可以说是小南国主动开展的 O2O 平台的深度合作。①

5. 新辣道线上线下两手抓

成立于 2004 年的北京新辣道餐饮管理有限公司发展至今已有十年时光，创办初期新辣道就以现代企业的标准来运营管理，而不是作为一家传统意义上的餐厅，除了推出具有竞争力的菜品，新辣道也创造了独特的餐饮文化，将中国传统美食与城市休闲文化进行融合，衍生出健康的饮食理念，设计、搭配健康合理的菜谱，打造休闲舒适的就餐环境。也正是有这样的意识加上开放创新的思想，新辣道才能达到现在全国上百家直营店、年收入近 10 亿的规模，也才能紧跟时代发展，积极拥抱互联网并尝试 O2O 之路。

新辣道的背后有着智能信息化系统和有效运营的支持，对新辣道来说，O2O 是工具，也是策略。随着互联网新技术的发展，餐饮业的服务半径也在扩大，O2O 具有工具属性，比如通过官网作为形象的展示与宣传，通过微博、微信等带来客流。新辣道的官网在入口上，会集中精力打造一个以微信为代表的

① 小鸥，《小南国张俊：中高端餐厅 O2O 进化之路，O2O 最前线》，http://column.iresearch.cn/u/O2OResearcher/679907.shtml.

移动端，其他的都相对弱化，同时把 O2O 提高到相对重要的高度。

新辣道的具体做法是线上线下“两手抓”。对线上的尝试始于团购，除了不做电商，其他方式比如与百度地图等大平台合作，微信服务号的开发，微博的管理，以及会员营销系统使用、IT 管理系统使用，等等，都进行过尝试。这些尝试采取的都是技术外包加内部运营相结合的方式，这是考虑到自己人员配备和专长不同。同时，新辣道对任何可以提高效率的新互联网产品、工具敞开胸怀，只要成本适当就乐意去尝试，这些做法体现了新辣道开放和创新的一面。

现在，微信成了新辣道着重尝试的领域。其做法是把自己搭建的 CRM 系统集成在微信公众号中，在其中加入了点菜、在线支付等功能。对于查看门店和菜品信息，以及领取电子会员卡及简易的会员管理等用途，新辣道的上述系统都提供支持。如何让消费者成为粉丝并参与到新辣道的日常运营中来，目前是新辣道更注重的，其也做过一次新媒体营销活动即微博征名活动，也就是为下一次新产品命名，这项活动得到了众多粉丝的积极参与。

总体来看，作为一家连锁餐饮企业，由于新辣道的客流来源主要依赖于线下的地域覆盖和传统的口碑传播，所以新辣道还会进一步扩张门店数量，瞄准餐饮 O2O 落脚点——线下端。但必须引起高度重视的是，线上的口碑影响力往往更加具有杀伤力和号召力，因为要把线上线下有机结合起来，只有做深线下才可以支撑线上传播，也只有线上做到位才能服务好线下客流。新辣道要做好真正的 O2O 需要“两手抓且两手都硬”，这样才能走得更好。①

6. 外卖的天地

餐饮外卖 O2O 深得业内人士认可，认为其“体量一点也不比团购小。”据艾媒咨询数据显示，2014 年中国在线订餐市场规模将达到 850 亿元。其实，外卖确实是适合做 O2O 的行业，其原因至少包括：餐饮市场规模大，市场刚需以及高频次消费。2014 年上半年，“饿了么”获大众点评 8 000 万美元投资，成为这个行业最受关注的一个融资事件；而“美食汇”、“零号线”等新晋品牌也可被

① 吴梅梅，《新辣道线上线下两手抓》，http://www.iyiou.com/p/4726/.

视为业内明星。百度、阿里、腾讯等巨头对这块市场同样深感兴趣。

外卖的市场，巨头的优势不算强，与其用流量说话不如与本地化应用一起深耕市场，找出自己的优势。换句话说，每个线下店自身的承载能力都是有限的，流量对于地面店而言并非最稀缺。来看“易食客”，这本来是在安卓市场上线的专门针对芜湖本地外卖的App，目前其合作商户有数十家，顾客覆盖范围达几十万，其配送的品类包括一日三餐和甜品、小吃等。“易食客”从最开始上线就形成了广泛的群众基础：上线第一个月，在未开展太多宣传推广的情况下就已聚拢3 000用户。“易食客”的独到之处是，研发了针对城市电商的业务处理系统，建立了一个精确的财务结算模块，让对账、报表在脱离人工的情况下仍然能完成这项工作，这使得其可以傻瓜式管理各类数据。“易食客”还建立了一个可视化的餐饮配送模块，能够做到配送的高效与规范。在用户端方面，它有易食客、商家、易小帅等三个终端，为用户对订单的查询提供了方便——用户通过网站和手机App下单及查询，商户则凭借专属的后台处理订单和管理店铺。“易食客”目前遇到的主要问题是，其数十人的团队中90%以上属于全职配送员，如何做到快速、标准化地配送，如何在就餐高峰期实现快速配送等，都是很大的考验，而对于一些商户在菜量上偷工减料的情况，如何实施有效的监控与约束，同样亟需解决。①

一直在外卖领域发展非常谨慎的京东，近期也开始加速该业务。据悉京东将在2014年年底前在外卖业务中快速拓展餐厅资源，还将在首页上线“本地生活”频道，包括餐厅预订、外卖、酒店预订等服务。在不久的将来，外卖将成为京东本地生活服务的重头戏之一，其背后除了由京东所投资的“到家美食会”撑腰，还将有另一家餐饮O2O服务商“易淘食”支持。易淘食与京东具体的合作方式是：京东向“易淘食”开放接口，“易淘食”则“贡献”出已有合作的餐饮商户，并提供配送服务。2013年7月和2014年9月，京东对“到家美食会”先后进行了两轮战略投资，京东外卖频道内的餐饮企业资源均由“到家美食会”提供，主要覆盖了北京、上海两地，支持在线选座、点菜以及送餐上门。

① 夏宏，《易食客：如何在一座小城市里做外卖》，http://www.cyzone.cn/a/20140920/263292.html.

对于京东来说，引入“易淘食”的原因，主要是为了与“到家美食会”形成互补，这是因为与“到家美食会”比较起来，“易淘食”拥有更多中高端的餐饮连锁企业，这对京东拓展外卖的覆盖范围非常有利。①

O2O行业有本地化属性，火锅外卖平台要想从地区扩展到全国有很大难度。而成都的“来一火”的宗旨是成为中国最大的O2O火锅外送平台。但目前其不再依赖于第三方服务平台，即团购、点评、外卖等信息化平台，因平台上展示商家无数、品类不同、质量良莠不齐，相较专注火锅领域的外卖平台针对性稍弱。另外，第三方物流配送团队的服务意识弱，商家对时间效益的可控性不强，对第三方服务平台逐渐失去兴趣。“来一火”已分别于2014年2月和5月，与淘点点、大众点评达成战略合作意向，目标是通过技术接口，建立分销渠道。“来一火”的设想是将来抓住C端用户，赚取商家25%～30%的返点，解决火锅外卖平台的最大花费(即扩展费用、人员成本、技术成本等)。当C端用户达到一定量级的时候，就意味着“来一火”在渠道上树立了绝对强势。“来一火”就可以通过建立自有品牌，利用新媒体、网络、户外自媒体、公关活动、社会话题炒作等方式进行推广，进而为B端商家提供原材料，提供议价权。目前，“来一火”还处在研发智能物流、App接单、完善回收等系统阶段。将来，“来一火”要想扩大规模和不断发展壮大，就必须着力于创建自有品牌，形成仓储一体化，挖掘用户新需求，使自己尽快拥有外卖O2O领域的核心竞争力。②

7. 食尚国味的十万微信会员

广州食尚国味集团目前在全国已拥有数十家门店，员工约6 000人。在餐饮业向O2O转型的路上，如果能用好移动端工具，无论是实现更精准的营销、提升消费的回头率或者是为顾客提供直接的客服服务，都能很好地解决。食尚国味就是以此为基础走上自己的O2O之路的。

经营会员是食尚国味最重要的渠道之一。据悉，从2013年1月开始到4月份，食尚国味共发放微生活会员卡10.5万张，5月到8月份实体卡发放5.1

---

① 王琦，《京东外卖提速 本地生活酝酿独立频道》，http://www.ebrun.com/20141011/112060.shtml.

② 李双，《又见火锅外卖，O2O“来一火”未来在自有品牌》，http://www.iyiou.com/p/13991.

万。从5月份开始用微生活会员卡，但微信的10.5万会员中已有3.2万变成储值会员，这意味着这些会员已经在食尚国味的门店有储值消费行为，已经开始真正融入到了食尚国味中来。通过几个月的数据发现，会员飞速增长，食尚国味也首次实现了淡季营业额高于春节旺季。

食尚国味“经营会员”策略迈向成功，背后是其深刻的互联网理念。其对微生活会员卡的定义超出了其“是一个营销工具”的范畴，而是要通过这个平台注重企业自己的服务精品化路线，是一个时代的变革，一种沟通方式和工作方式、服务方式。这个微生活会员卡有筛选器功能，能精确到对这部分人群做针对性的活动，也提高了食尚国味对其的依赖性，目前其90%的营销活动是依托于微生活平台来做的。

那么，食尚国味是如何通过微生活会员卡发展会员的呢？说起来其实很简单，就是抓住了顾客消费的两次“易冲动”环节。其一，点菜的时候，因为点菜的时候最容易形成冲动，每个菜价都会有两个价位，尤其像食尚国味店，一个是会员价，一个是正价。如果享受会员价，顾客只需扫一扫就行了。第二个容易冲动的时刻是结账的时候，食尚国味的账单做了很多二次开发，把账单设计的更适合其推广微生活会员卡，比如顾客不是会员需要全额付款，但如果是会员则有比如九折甚至八折的优惠，等等。食尚国味是做储值的，门槛比较高，必须储值才能享受会员价；这一张单立刻就会享受得到，一般来说，顾客很可能立刻就有办卡冲动。接下来的就是一系列程序性的环节，顾客只需要扫描一下那个二维码，就成为会员，不再像传统方式填表那样费时费力，顾客很方便地就完成了食尚国味想要的。借助于微生活会员系统这个丰富的平台，以前只能是玩文本、短信，现在可以有图片、音乐、视频，等等，整个活动都可以通过微信转发。

同时，有了微生活会员卡这个入口把会员导入以后，食尚国味通过数据挖掘，把客人细分，分出不同的层次、不同的体量，这样一来，每个人的活跃度也就很容易看到了，哪些是常客，哪些是散客，哪些是过客，一览无遗。然后，根据不同的人群再制订不同的合作，比如有的人虽然消费额大，但好几个月才消费一次，这些人需要提升他们的消费频次，可以想办法通过活动刺激，让其变成相对频繁消费，比如一个月消费一次。有的人虽然频次大，但是单价不高，对这些人则想办法拉动他的单价，比如给他们制定相应的活动。另外，尽量发一些增值的服务，比如食尚国味现在在微生活平台开始销售土特产等行为。通过这些组合拳，食尚国味实现了精细化营销。①

8. 山水食客体验式营销

“山水食客”，有山有水有体验，是一个真正具有山水味道的网店，其特色是“我们不一定完美，但我们很真实”。这个店铺主营生鲜产品，其中最有特色的是生态体验旅游，带你走进大自然的怀抱，踏上寻找原生态食物之旅。用最质朴的感情来经营网店，产品都是通过无农药、无化肥、无激素的“三无”生态生产方式得来，所以产品一般没有囤货，不讨价还价，也没有大小客户之分，店家追求的是长久客户。

与其他农产品电商不同，山水食客店主切入的是小家庭生产的原生态农产品，在与农户合作中使生产者与消费者之间建立起信任的纽带，精心维系两者之间的情感沟通，并通过试吃打造美妇经济学。在拥有庞大的客户基数后，再拓展原生态产品线，满足不同的细分需求。

体验式、透明化营销是“山水食客”成功的关键。其主要做法，一是采取实地推广的方式，其每周六都会在上海浦东鄂尔多斯广场，参加农产品市集，在现场提供试吃，抓住消费者，把目标客户转化成忠实客户，实现线下线上 O2O 的全面结合，每次都会实现大约 30％的转化率，给店铺带来了真实流量，实现了营业额的增长。二是免费赠送土鸡蛋，用土鸡蛋来换取客户的微信，抓住目标客户进行推广，初次交易即送一盒高山土鸡蛋，用品质和礼品来吸引消费者的眼球。三是用微信开展营销推广，邀请客户扫描二维码，让目标客户成为网店公共微信账号的粉丝，建立粉丝经济，表现出自己的个性；通过微信公共平台发起点赞、分享即可获奖的活动来吸引粉丝参与，从而达到无形广告的目的，把真实的养殖环境、运输环境等，全部展现在消费者眼前，实现全面的透明化操作。通过微信，实现线上线下 O2O 的全面结合，带动粉丝消费。

---

① 王鑫，《一个餐馆老板的 O2O 转型路：如何经营 10 万微信会员》，http：//tech. qq. com/a/20130926/012176. htm.

短短半年时间，山水食客淘宝店在最难操作的生鲜领域完成了 1 000 笔订单，加上微信、微博上的订单，实现了超过 20 万元的交易额，虽然不算高但意义重大，意味着其通过电商平台迈出了生鲜领域的成功一步。这同时也揭示出，在进行产品设计时，不仅要注重对产品功能的开发，也要注重对顾客心理的分析，在产品正常功能和利益外，创造更多的需求机会，从而赢得更高的价值回报。①

9. 海底捞的双线并进

海底捞，一个以极致的服务让人记住的名字，全称是四川海底捞餐饮股份有限公司，成立于 1994 年，以经营川味火锅为主、融汇各地火锅特色为一体、跨省直营，在北京、上海、天津、武汉、西安、南京、广州、深圳等城市均有直营连锁餐厅，目前已拥有 100 家分店。

其实认真审视起来，海底捞从头到脚没有什么创新之处，没有营销部门和市场部门，长久以来却坚持着菜品不打折服务不打折的传统。出人意料的是，看上去与科技和互联网相距甚远，但海底捞却通过一系列尝试，在移动端拥有了大量的用户群。目前其拥有移动 App 用户已超过 30 万，微信公众账号用户约 80 万，支付宝钱包用户 50 多万。可以说，通过线上产品和应用的布局，海底捞已经在线上线下相互打通的过程中，摸索出了一条适合自己发展的路子。②

说起海底捞近两年发力 O2O，2009 年已经开始筹划。当年其开始规划整体门店系统平台，发展到 2011 年前后，上线了移动 App 和官网订餐等功能，实现了线上产品和店内系统、CRM、社区等系统打通，这些为海底捞实现 O2O 发展，打下了重要基础。

其实，系统的打通说起来似乎简单，实际上对于大多数餐饮企业来说是个大难题。除了投入外，餐饮行业本身的复杂性也不容小觑。譬如在海底捞用平板电脑点菜，其一项个性化服务是，顾客可以只点半份菜，也可以随时退菜，

---

① 陈晓菲等，《体验式特色生鲜农产品营销模式——“山水食客”》，《互联网天地》，2014 年第 4 期。

② 陶然，《海底捞式 O2O：用产品倒逼服务》，《腾讯科技》，2014 年 10 月 5 日。

而这些服务都需要后台系统的支持和打通。这使得海底捞的线上布局比较庞杂，既有自己的 PC 端官网和移动 App，也分别与 BAT（百度、阿里巴巴、腾讯）通过百度直达号、支付宝钱包、微信公共账号等开展 O2O 尝试，这些环节彼此相连在一起。

在线上延续服务，是海底捞做 O2O 的第二项重要内容。除了可以在 App 上订餐、叫外卖以外，海底捞还上线了两款休闲小游戏，即“hi 农场”和“hi 拼菜”，这都是在借用比较流行的休闲游戏类型的基础上，换上海底捞的元素而研制出来的。海底捞上线这些游戏的目的，不仅仅是提供外卖、点餐等功能，而且希望借助游戏提高 App 的黏性。2013 年海底捞与印美图合作，在各个门店内提供微信照片打印服务，从数据反馈看，在线上继续延续服务这个策略是有效的——公众号以前每天新增 1 000 多用户，上线了印美图之后每天新增六七千。

海底捞做 O2O 的第三件事，是以产品倒逼服务。比如目前在产品的细节上所做的优化线上支付环节：以结账为例，以前，服务员会先询问是否用微信支付，如是，则要在系统上选择后才能跳出二维码；现在，只要消费者点击结账，平板电脑可直接跳出二维码，省略了询问再选择的过程。当产品推行到服务层面，收到反馈，再进行产品改良，就是一个正向循环。在线上，海底捞的今后设想，一方面是继续优化系统，另一方面则是在会员管理和数据分析上多下功夫。

海底捞在 O2O 上投入重金的做法，目前看还没到收效完全展示的时候。但通过系统的合理布局，一系列的大胆尝试和快速更新优化，使得海底捞已经走在传统餐饮业前列。餐饮业 O2O 的发展，离不开像海底捞这类传统商家的互联网化的尝试。可以肯定的是，当产品与需求高度结合，双线并进并行之时，O2O 的发展才能给经营者和消费者带来实际的价值。

10. 饿了么的猫心思

创立于 2009 年的“饿了么”是中国目前最大的餐饮 O2O 平台之一，其整合了线下餐饮品牌和线上网络资源，用户可以通过手机、电脑搜索周边餐厅，很方便地在线订餐、享受美食。根据其提供的数据，“饿了么”订餐平台目前已覆盖30个城市,包含5万家餐厅,日均订单量10万单,年交易额在12亿元左右。①

外卖的过程并不像想象的那么简单。最简单的是时间的问题:与淘宝上“24小时发货,一周抵达”的配送方式不同,快餐的配送时间必须以“分”计算。也就是说,快速配送和找到适合不同客户需求的美食,目前仍是“饿了么”当前面对的最大挑战。

2010年10月,“饿了么”推出网络餐饮管理系统,在这里,运用了其独立开发的餐馆后台应用软件Napos。安装了该软件后,用户订单可直达餐馆,主要通过人工地推的方式,将自己的餐厅后台管理系统Napos免费安装到合作餐厅:如果餐厅有电脑、智能手机则可以通过此类终端收取订单信息;如果餐厅规模小,没有电脑,还可通过短信息来接收和确认订单。通过这套软件,“饿了么”可以快速管理外卖订单和网上收银。

对订餐者而言,所要做的全部工作,是在“饿了么”网站或App上选定菜品并预留地址,之后,就可以等着快递过来敲门送餐了。目前“饿了么”支持网上收银和当面付款两种支付方式。

快递送餐同样有要聪明“施展手脚”的地方。“饿了么”很快发现有来自餐厅店主的“作弊行为”:比如,系统上线后部分店主为让自己餐厅排名靠前,将“荷包蛋作为一个菜品来卖”。这样的做法使得其单个菜品的日销量达到惊人的程度,数十份甚至上百份。而对顾客来说,如果“按销量排名”寻找门店,则很容易就找到这家店。如此一来,将更进一步地提高这些门店的销售业绩。当然,这个“作弊方式”也证明这些门店重视“饿了么”的系统,并且确实是在用这个系统在做生意,从侧面印证了卖家对平台的重视和依赖。

今后,“饿了么”的目标愿景是发展成一个类似于淘宝的电商平台,用户可通过网站或者App在网络上选购,挑选各种美食外卖。但“饿了么”目前覆盖的餐馆“质量不高”,因为从其起源看,其最初的合作餐馆大多是与大学校园关系密切的炒饭炒粉、沙县小吃之类的平价餐饮。诚然,在创业初期这些“符合学生群体消费特质”的餐厅帮其赢得了众多用户,但现在“饿了么”的野心已经

① 卢华磊,《饿了么想做餐饮业“天猫”》,《财经天下》,2014年第10期。

不仅仅是校园和学生，而是希望有更多的上班族或白领阶层来点餐。平价餐饮也限制了“饿了么”订单的客单价，现在其客单价大都处于 20～30 元人民币。虽然“饿了么”目前尚未通过“订单提成”来盈利，但长远来看这并不是一个好现象。

“将来要做天猫”是“饿了么”的一大目标，这也是其与大众点评联手的原因——“饿了么”与大众点评具有互补性，前者供应的多是中小商家，后者则在一二线城市拥有丰富的高档餐厅资源。两者在店铺数据上完全可以互通有无，“饿了么”期望借助大众点评的臂膀搭上更多的“特色、小众餐厅”，但这一计划需要其重新审视快餐的配送问题。接下来，“饿了么”将帮助那些没有配送能力的公司对接物流公司，用第三方的物流或者其自身的物流公司来解决问题。

不过这明显不是一个小工程，因为淘宝件可以不强调特别强的时效性，但是餐饮必须强调时间。同时，区域分散、派送集中等问题，也都是摆在“饿了么”面前的挑战。

11. 麦当劳的樱花甜筒

免费试吃的营销模式在餐饮行业中并不少见，如何吸引日渐审美疲劳的消费者参与？麦当劳用基于 LBS(Location Based Services，定位服务)的新营销模式给出了一种答案。

“樱花甜筒跑酷 0 元抢”，是麦当劳的 O2O 模式探索在中国开展的新尝试。2014 年 9 月，关注麦当劳的消费者可能会注意到，在百度地图上的麦当劳标志旁边出现了一支粉色冰激凌，这就是为新推出的樱花口味圆筒冰激凌量身定制的活动。据悉，这个在十一假期开展了仅仅十天的活动取得了火爆的效果，获得了 2 000 多万的页面访问量，而在社交媒体上则获得了近 7 000 万的阅读量，还登上了新浪微博的搜索热门排行榜。

这次基于 LBS 技术强大支持的成功营销①，并不是一次简单的新品上市促销，而是一次基于 LBS 的 O2O 精准营销——樱花甜筒作为麦当劳新品的独

① 注：LBS 是一种互联网的基本功能，被认为是营销利器：通过用户饮食、消费的个人偏好数据收集，广告主不仅能准确知道消费者是谁，并能精准定位他们在哪。汹涌的流量背后有着巨大的商业价值。

特性，LBS 精准的推送与定位技术，再加上新奇有趣的活动创意，三者结合完成“引爆点”。这是其在多种移动端平台上建立与消费者之间联系的成功尝试。

从实际看，麦当劳此次活动最明显的一个特征——个性化思维，打造营销新玩法。其推出的限时新品樱花甜筒，主要利用地图 App 里的智能定位和推送技术创造出 O2O 交互体验，使“线下”产品有更多“线上”和可移动的接触点，从而收获了很好的新品推出的宣传效果、与消费者情感沟通的搭建效果，以及品牌形象的营销效果。麦当劳作为全球快餐巨头，便利与快捷是最容易吸引眼球的地方，移动互联网时代的到来，拥有强大 LBS 技术能力和 O2O 连接能力的地图生活服务平台的崛起，给其“便利营销”提供了创新解决路径。麦当劳推出的这次“樱花甜筒”行动，不仅吸引了参与活动的甜品站周边的消费者，而且对移动端用户也形成直接的认知影响，用户也对麦当劳甜品站消费者的距离远近有所了解，对增进麦当劳品牌的方便快捷性体验很有帮助。

同时，对于一直是麦当劳吸引消费者重要手段的优惠券来说，樱花跑酷实际上也是其在形式上的一次线上进化。在美国，顾客使用 iPhone 6 即可用 Apple Pay 在麦当劳买单，或享受先下单支付再到餐厅取餐的便利服务；而在中国，除了自身进行研发麦乐送手机订餐 App，其也与百度、腾讯、阿里巴巴等合作，在微信使用了支付和优惠券卡包功能等。支付数据使得麦当劳可以精准挖掘用户交易信息，分析消费者行为。用户的消费频次、经常光顾的店面、单次消费金额、购买的食物品种等，在麦当劳那里都可以归纳整理，然后以个性化的策略实现推送因人而异的优惠券。比如，对于经常光顾的消费者，可以发送其热衷购买的产品打折优惠券；对于经常光顾但没有消费过新品的顾客，可以推动免费兑换券；对于最近没有光顾的顾客，可以发送其过去经常购买产品的优惠券。总之，个性化的优惠券将帮助麦当劳实现精准营销，提高销售数量。

对于麦当劳来说，其推出樱花甜筒跑酷活动，对于传统企业拥抱互联网来说或许只是一个小小的开始。但这些一经开始的尝试，将促使众多传统企业逐渐拥抱互联网时代，尝试开启新模式。在这个世界里，互联网技术将为整合营销提供多种可能。①

12. 星巴克"社交媒体+O2O"

成立于1971年的星巴克是目前全球最大的咖啡连锁店，旗下零售产品包括30多款全球顶级的咖啡豆、手工制作的浓缩咖啡和多款咖啡冷热饮料、各式糕点食品等，在全球范围内拥有一万多家分店，遍布南北美洲、欧洲、中东及太平洋区，取得了辉煌成功。然而，2007年其单店销售额出现下滑，公司股价也应声下跌，2008年到2009年间，利润危机继续加大，2010年营业额略有回升，但同业竞争者虎视眈眈，无论在美国还是中国，星巴克发展之路并不好走。

为走出困境，星巴克采用了互联网的"社交媒体+O2O"营销模式，建立了"官方网站+网络社区+社交媒体"三者紧密结合的线上运营思路，2011年8月开通购物网站(starbucksstore. com)。在互联网O2O方面，星巴克的具体措施，一是通过社交网络，进行线上品牌推广，推动线下消费转化。星巴克成立了专门的社会化营销团队，负责社交网络账号的运营，随后进军YouTube、Facebook、Google等；在社交网络与顾客互动，不仅分享星巴克自己的相关信息，还分享转发众多顾客感兴趣的内容。通过这些努力，星巴克收效颇佳，发展成为Facebook、Twitter等社交媒体上最受欢迎的食品公司。

二是通过网上社区，鼓励线上反馈，改善线下服务。星巴克客户可以在"My Starbucks Idea"网上社区上针对星巴克的某个问题提供自己的建议和思路，对星巴克留言、评论其产品，进行优惠互动，这些动作帮助星巴克聆听采纳群众的意见，更好地融入到了群众当中，赢得了消费者的信任，提升了星巴克在消费者尤其是年轻人心目中的品牌形象。

三是通过免费网络，提供上网服务，吸引线下消费。星巴克开创了一种独特的零售体验——为客户提供除工作场所和家庭外的"第三空间"，以提供无线上网服务为手段吸引顾客上门。2010年7月，星巴克开始在全美提供无须注册、无时长限制的免费AT&T无线接入服务。同年秋，又与雅虎公司合作在北美宣布店内启用星巴克数字网络，顾客在星巴克门店内可以使用免费的

① 谭爽，《麦当劳个性化思维 打造O2O营销新玩法》，《成功营销》，2014年11月。

WiFi网络。之后星巴克又与雅虎及苹果合作，在其数字网络的欢迎首页上链接雅虎多种免费电子书籍、新闻、音乐和电影、享受苹果iTunes上仅对星巴克数字网络免费开放的音乐下载。2013年，与谷歌的合作，又为星巴克在美国的店面提供基于光纤的超高速上网服务。

同时，星巴克越来越注重通过移动互联网吸引和影响越来越多的消费者，其主要的做法，第一，2009年9月正式上线第一个客户端myStarbucks，帮助用户更快捷地查询到附近的星巴克店铺及其菜单饮品信息，从而快速提升了消费者的新品认知速度，拓展了促销渠道，降低了新品推广成本。第二，2011年在客户端整合推出移动支付系统，引领便捷支付习惯，每周通过手机支付的订单超过100万笔，仅仅半年时间，交易数量就达6 000万笔。2012年11月，正式在其门店使用Square服务。2013年1月初，在其美国7 000多家门店开售Square刷卡器。通过这些，星巴克为其O2O线上线下融合及进行更高效管理提供了坚实保障，到现在其移动支付交易巨大增长，移动支付卡每周约产生300多万元的交易额。第三，2011年，星巴克在全美七大城市推出基于地理定位的服务Mobile Pour，用户下载之后，只需在手机上确定自己的位置并下订单购买星巴克咖啡，很快踩着踏板车的咖啡配送员就会给用户带来惊喜。①

总体来看，星巴克通过提供线上上网服务为线下门店吸引并留住了大量顾客，让顾客获得了更愉悦的体验。甚至有人这样描述他一天的时间安排：我不在办公室就是在星巴克，不在星巴克就是在去星巴克的路上。从O2O的角度来讲，星巴克的线上(online)部分已经高效承担了品牌营销、产品销售及客户关系管理的三重作用；因此，在结合移动互联网特点的基础上，通过移动支付领域的不断创新，星巴克的线上和线下实现高效融合。星巴克O2O探索的成功，是在良好的品牌优势、出色的产品创新、不遗余力的关注客户体验保驾护航下，通过全平台营销、移动App、创意营销、口碑营销等O2O营销手段达成的。星巴克通过各种方式进行互联网品牌营销，做出了一系列支撑其成为美国餐饮企业社交化领航者地位的重要举措，目前其线上(Online)部分已经高效承担了品牌营销、产品销售及客户关系管理的三重作用。

① 李宝霞，《星巴克O2O："社交媒体＋O2O"营销新模式》，http：//www.iyiou.com/p/8398.

三、生 机 无 限

餐饮企业的互联网转型是基于互联网文化下的信息技术运用、结合消费者消费行为的变化以及对整个餐饮企业商业模式的重新思考，也是对传统餐饮内部管理体系、企业业务流程的再造和升级，这里蕴含着无限生机。

1. 以己为主

互联网化不能依赖他人，餐厅必须以自己为主导。目前的互联网公司以团购为例，并没有通过互联网改变餐饮的产业模式，相反，其是通过互联网集聚用户的能量吸引用户来店消费，成为餐饮利益的分食者。比如雕爷牛腩的VIP会员制，首先其VIP卡是建立在微信上的，用于需要关注雕爷牛腩的公众账号并回答问题，通过后才能获得VIP身份。据了解，申请微信VIP的问题涉及餐厅菜品和服务、个人消费习惯和偏好以及美食常识等，其中可能会有“你是否喜欢吃奶酪”这样的问题，如果顾客回答不喜欢，可能会被扣分，最后则很难获得VIP身份。而一旦获得VIP身份，在雕爷牛腩有一个专门的VIP菜单，是不给普通顾客看的。这也就是雕爷牛腩坚持的原则，即自己的餐厅有自己的目标客户群，众口难调，任何一家餐厅不可能伺候好所有的用户，因此VIP用户应该是自己能服务好的目标客户，因此申请问题都是围绕自己的菜品特点设计的，而奶酪在雕爷牛腩的菜品中经常会用到，不喜欢奶酪的用户可能不会喜欢雕爷牛腩的口味，如果用户不喜欢的是口味，就很难产生重复消费，而微信维护的效果也会大打折扣。

2. 定位为先

定位是餐饮企业首先要考虑的，为什么样的群体服务的问题必须先解决好。这不仅依赖于自己的实力和特长，更要做好市场调研。

比如麦当劳的樱花甜筒跑酷零元抢活动，就是一场线上线下消费者偏好的定位尝试，通过LBS数据洞察、分析、发现、捕捉消费者的潜在需求，进行基于消费者潜在需求的“量体裁衣”，然后进行个性化选择。而这个定位则使得对潜在消费者的触发点颇为精准：当消费者身处距离麦当劳甜品站3公里的范围内时，会根据用户特征选择部分推送活动信息。这个选择是关键，因为通过分析这些人群对于趣味性、便利性活动的参与程度，可以确定其对于新奇活动的热衷度，从而确定可能的目标客户。再比如雕爷牛腩，其打造介于快餐和正餐之间的“轻奢餐”，依据一方面从当前国内的消费趋势上看，新一代白领追求高大上的激情令人咂舌，时常有非寻常举动，而近年来月薪仅两三千的小姑娘则有很多省吃俭用去买iPhone、买名牌。有这批群体在，可以想象如果有一家能让他们感觉出高大上、有面子的餐厅，价位大约人均150元，他们一定能不吝前来品尝、消费。同时，当前的国内餐饮业存在较为严重的两极分化现象，表现在高档的价格太高，普通人群难以接受，而低档的大众门店的品质又乱糟糟难以提高，同样也很难吸引稍有品质追求的人群，这等于是，目前的餐饮业其实是缺少了中间品位的餐厅，这个断层需要有新生代企业弥补。而雕爷牛腩正是看准了这个市场空间，推出了自己的菜品和服务。

3. 出品为本

消费者不会为了餐厅的名气去买单，餐饮企业如要维持经营，最重要的是要有回头客，所以持续、稳定的产品质量是餐饮的根本。出品为本做法很多，比如可以像雕爷牛腩那样推崇“少而精”的做法，不像传统中餐动辄二三百道菜、却又哪道都不精致的做法，不追求过多的品类，向一流的法式餐厅、意式餐厅学习，把菜谱做的恨不得只有一张纸，只准备12个菜，即使把甜品都算上也不过二三十道菜，但每道菜都极尽巧思，每道菜也都选择在最佳的食用时间为顾客端上。菜的品类少没关系，精益求精，根据顾客的反馈，“一月一小换，季度一大换”。雕爷牛腩的想法是一家餐厅的精髓不在于菜品SKU的多少，而在于产品的精良以及由此带来的用户体验的不断优化，这种以出品为本的思路，也正是典型的互联网思维。

4. 用户为王

所谓用户为王，是把用户为中心的思想贯穿企业从品牌经营到企业经营的各个环节。其应该是在中国餐饮大众化的浪潮中的主体部分，必须从各个环节实现好，真正把为顾客服务好当作贯穿经营始终的重要工作。举雕爷牛腩对顾客进餐选用餐具的贴心服务的例子，其选用吃面的碗，接触嘴的部分很薄，很光滑，在顾客喝汤时，嘴唇接触的地方一定会有很好的触感；但餐具除此以外别的地方则厚实且相对粗糙，整个碗端在手里能给人以安全感，而且面碗在 8 点半的位置有一个拇指槽，让人在端着的时候能够更稳当，同时，在 1 点 20 分的地方也开了一个槽，在这里可以把筷子和勺子卡住，这样在喝汤的时候可以避免让筷子勺子打在脸上。如此贴心的服务，让顾客感受到充分的尊重，不想收获好评都难。与此同时，雕爷还借助微信维护老客户。其每天都有专人花大量时间盯着大众点评和微博微信，只要有某个客户对菜品和服务有不满的声音，都会立刻得到回馈。在传统餐饮中，一般菜谱一旦确定则很少改动，雕爷牛腩则不这样做，如果有顾客认为某道菜不好吃，这道菜就很可能会从菜谱上消失。雕爷牛腩菜谱“一月一小换，季度一大换”的更新依据，很大程度上就与顾客的反馈有关。

当然，也可以学另一种做法，如北京的“爱大厨”，其是国内厨师上门服务先行者，致力于打造专业、健康、便捷、定制、美味的厨师 O2O 服务平台，基于 LBS 定位搜索为用户提供预约厨师上门服务，以私人定制的方式让用户在家即可享受大厨烹饪的精美菜肴，菜式包括鲁、川、粤、闽、苏、浙、湘、徽八大菜系以及西餐西点等。再比如法国的 La Belle Assiette，其为顾客提供私人专业厨师预订服务，无论是平时的一日三餐、家庭聚餐或者朋友相聚，都可以通过 La Belle Assiette 平台搜索符合自己需求的厨师和菜单。厨师会带着所需食材上门为顾客烹调，并且负责上菜和餐后清洁服务。顾客足不出户就可不费吹灰之力享用高品质的美味佳肴。

5. 文化为体

餐饮业是与文化密切相关的，真正的餐饮人做的餐厅店铺应该是有文化与传承的，其重视的是口碑和品牌，而其载体则是菜品和服务。真正融合了自己的文化，打出自己的文化招牌，有了深厚的文化底蕴的餐饮人，才能把自己的品牌真正做大做强。比如雕爷牛腩的成功，其“高端大气上档次”，很重要的原因即是融合了文化品位。其店铺选址在 shopping mall，菜品数量精简、只提供少量的酒水，并且采取了标准化复制的模式，而这些都是中式快餐的模式；在进餐过程中，其所采取的分餐制，再加上颇有些档次的装修则更像是高档西餐厅；与此同时，顾客体验中的点菜、上菜甚至买单中都能遇到的层层惊喜，对客户心理的把握等，则均为文化创意产业的生存之道。可以说，雕爷牛腩凭借综合中式快餐、西餐与文化创意等的诸多业态组合，成就了其高端大气上档次。

文化的另一头连接着创意、时尚和品位，同样是餐饮企业值得下功夫的地方。同样看雕爷牛腩的做法，其进餐体验环节利用各种创意给消费者重重惊喜，尤其在菜品的创意上很少有人能做出如此多的花样。比如有一个叫"生如夏花"的甜品，其实就是一个大白巧克力，浇汁融开后就像一朵花一样，虽然吃到嘴里的只有一块巧克力慕斯，但从造型上绝对让人惊喜。再比如利用干冰营造云雾之感的"银鳕花园"、冰火岛深海龙虾手擀凉面等，对视觉的冲击力无需赘言。在这样的创意和品位下，一般的年轻人往往不是争抢着吃，而是先拿出手机各个角度狂拍一顿。接下来再上传到网上，如此，宣传效果也有了。

6. 创新为魂

创新是企业发展的灵魂、餐饮业也不例外。在餐饮企业中，一般的大众餐饮菜品少则七八十道多则两三百道。而富有创新精神的雕爷牛腩总共只有十二道菜，而这十二道菜也大有来历且在互联网的传播下得以迅速积聚海量粉丝。

雕爷牛腩的老板在进军餐饮行业之前花了500万去香港买号称食神的秘方，我们其实不用在乎食神故事的真假性，我们只需要知道这家餐厅的创立者十分注重出品这一点是业内共知的。雕爷牛腩在开业之前，请了四位五星级酒店大神级的厨师为其研发菜品。也许有人会问，为什么是酒店厨师呢？餐饮分为酒店餐饮和社会餐饮，酒店餐饮是酒店的配套服务设施，不以餐饮为盈利业务，因此其往往不惜代价打造最优质的菜品和服务，自然对厨师厨艺的要求也十分高。雕爷牛腩便是以最高的代价、最讲究的星级酒店主厨级的水平来研发其菜品，因此其菜品往往能给人们以超级惊喜。

雕爷牛腩有一个岗位叫首席体验官，专门负责从微博、微信跟用户互动并收集消费者声音。在门店开业之前,他们便邀请了大量不同行业的人群参与封测、听取意见,甚至很多菜名都是网友取的,这在无形中给了粉丝极强的参与感和荣誉感。这一点值得餐饮业内同行借鉴,通过邀请用户参与菜品研发,并在研发过程中听取他们的意见以打造符合其需求的菜品。这样的菜品必然会适应消费者的要求,在市场竞争过程中拥有超强的生命力。其不管是菜品研发过程还是整个餐厅氛围设计都是为了制造超出消费者预期的体验效果。在移动互联网时代,消费者会自动传播信息,这种信息传播的力量比传统广告杂志强大无数倍。这也是移动互联网带来的变革,我们不再需要借助传统广告方式传播,只需要让用户感受到超出其预期的体验效果并引导其自动传播。

7. 独辟蹊径

很多时候,通常的做法很难引起大家的共鸣和兴趣,比如餐厅的面子大家都在做,比如高档食材、高档装修、漂亮的服务员,等等,但大家都聚堆拼这些,就是拼个头破血流也不一定会取得理想的效果。这个时候如果反其道而行之,别人做得多的我不做,相反,别人不注意的、忽视的地方,我专心去做,很可能反倒起到意想不到的效果。比如雕爷牛腩的做法,食材不用高档,而是用最普通的牛腩,同时告诉大家普通食材才是显示厨师水平的关键所在;装修简洁,不用贵重的材料,成本不高,但简洁的风格反倒显得大气。别人都重视看服务员的漂亮,“养眼”,这里偏偏把脸都遮起来……正所谓别人强的地方我不争,遮掩着。但同时,别人不重视的地方我却专心做到最好。比如筷子,贵重的木材不用,用“鸡翅木”,这对于缺乏了解的人来说也够唬人的;筷架呢,用紫砂的,一般也都是一次性成本,贵不到哪里去;至于碗和餐具则是定制的,成本也不高;茶水,多来几个品种,男四女三,西湖龙井、洛神玫瑰,等等,一上桌,很是像模像样,再加上本身还免费,自然招引了不少眼球。这样做下来,反倒显得自己比别人的餐厅更高端大气上档次。

8. 体验为上

餐饮是一个以体验和服务经济为主的行业,它以消费者的主观感受为衡量标准,不像传统制造业存在客观的数据检测标准,因此餐饮商家必须善于制造超出消费者预期的体验和服务。而要让顾客体验超出预期效果，必然要根据消费者的需求，不仅将菜品做到极其美味、印象深刻，如果能把用餐的餐具以及各个环节都能做出体验的味道就更好了。

海底捞最擅长制造超出用户预期的服务体验，比如曾经有消费者夏天在海底捞吃火锅，果盘中的西瓜量比较大，消费者未吃完想带走被拒绝；但在消费者结账时，服务员即送了一整个西瓜。其情其景，一定会给消费者带来很大震撼。这便是超出预期消费体验带来的效果。还有一次，有顾客抱着婴儿去吃饭，海底捞的服务员则立刻给推出了一张婴儿床。顾客当时便将照片传到了网上，而这张照片则在网上迅速传播开来。试想一下，这样的服务体验带来的将是怎样的效果！

9. 会员为助

传统会员体系的价值主要是吸引和留住一批能为自己带来巨大利润的熟客。按照一般的消费经验和理论，一般一家餐厅利润的80%是由其中的20%的顾客创造的，这就是著名的二八定律。同时，一个消费者第一次吃到某家餐厅自己比较满意的餐品，一般都会经常光顾，而且通常以后再来点菜与第一次的重合率高达80%。因此，通过建立会员体系可以用相对低廉的成本，比如通常是通过短信、微博、微信的方式，将餐厅的促销信息推送给他们，发展和巩固忠诚客户，即让消费者享受到各种实惠。对餐厅而言，又会有一定的资金沉淀和相对稳定的消费群体。

要建立和稳固会员群体，在商业模式上应当大力发展互联网自助餐厅，通过互联网技术手段、智能手机的普及，将消费者的自助点菜、支付等环节由消费者自助完成。这对于占市场主体的快餐类、简餐类、大众正餐类都是非常合适的。这样一种转换并不是单纯依靠技术手段就能实现，要想取得明显的、持续的效果，必须从经营的商业模式上着手，将消费者引进到服务环节，吸引消费者深度参与。其次，在运营模式上要充分利用现有的会员体系，通过一系列激励机制将每次普通的进店顾客，或者是原有的普通会员转换为线上的、互联网自助餐厅的用户。

10. 团购为引

团购是线下消费者和商户的启蒙者，没有团购，现在的本地生活服务就无从谈起。当前，团购是互联网历史上第一次大规模与传统服务业如此深度融合。数据显示，2014 年网络购物交易额为 24 200 亿元；而在本地生活服务行业中，仅餐饮服务行业的交易额已达到 27 672 亿元。餐饮市场的广阔前景已经超越网络购物的总额，但通过互联网切入的在线餐饮不足 623 亿，新市场即将爆发。①

面对如此巨大的市场成长空间，团购可以说是未来餐饮企业要借助的重要途径。目前团购的性质正在发生改变，对于消费者来说，使用团购开始变成即搜即用，而不再是抢购的概念；对于店家来说，团购拉新率正在降低。这就需要餐饮企业以此为基础，建立和完善自己的后台和 IT 系统，整合餐饮市场的 ERP 系统非常分散的信息，将消费者吸引到所依托的团购网站上来。随着大众点评连续入股石川科技、天财商龙等 ERP 类公司，可以与其联手，通过大数据实现餐饮企业经营和精准营销。比如眉州东坡，除了通过易淘食网站平台进行提前预订、提前点餐，把线上消费者引致餐厅消费外，其还与多家网站合作推出团购业务。与其他餐厅不同的是，眉州东坡团购业务只限于推出代金券和储值卡，这样不仅把网上客户导流到线下，提供消费新体验，而且可以培养餐厅目标客户群，解决餐饮团购门槛低、疲于应付的问题。

其实，目前各团购平台的商家信息差不多，而且主战场已在移动端。如此，用户体验主要体现在团购 App 的快和准。快主要是体现在页面加载快，结果展示快速；准则体现在定位准。因为团购面向更多的是本地化服务，本地化服务消费是和地理位置的强相关。这种地理位置强相关的消费方式，从购买到消费时间很短，这两点非常适合移动端。快和准反馈到用户身上很大程度提升了用户体验空间，让用户更加省心方便地找到自己想要的东西。同时，在各个不同的地域，用户的需求变化非常明显。一二线城市的用户需求和三四线城市的用户需求就是大不相同的，团购网站只有深入到本地化，深入到用

① 刘泓君，《团购风云系列篇：从硝烟弥漫到重新洗牌》，《商业价值》，2014 年 10 月刊。

户，才能做到连接用户和商户。这些都是餐饮企业要扎实做好的。

11. 双线并进

在实体餐饮店客流量不景气的情况下，如何利用互联网把人带到实体店是重点所在。这可以借鉴眉州东坡的线上点餐、预订做法，其对于喜欢到线下门店体验美食的消费者，借助电商平台可以支持消费者通过在线订餐平台向传统的眉州东坡各大线下门店进行点餐、预订座位以及提前支付。餐厅可以提前备餐，消费者一到店便可立即上菜，既节省等待时间，也提高了门店翻台率。

而以餐饮点评信息起家，在生活服务领域从事十几年之久的大众点评，则采用了"组合拳"的方式，把商户网页展示、团购、预订、优惠券、外卖等产品作为打包方案，根据商户的不同需求进行组合。除此之外，大众点评接受腾讯的微生活在跟商户会员系统进行对接整合，还在跟俏江南试水数据的深度对接，未来可以设想的场景是，在大众点评客户端可以实时看到俏江南的菜品、售价、会员卡信息以及某个位置是否被预订等。

与大众点评、美团等从C端入手的商户相比，彭雷的创业产品"客如云"则采用了另外一个方向，即从B端入口打造"云餐厅"，用技术手段对预订、点菜、外卖、收银等各个流程做了整合。一个比较吸引用户的场景是，在商场排队的时候不用在门口等待，用户可以逛商场，排位到了将发送信息提醒用户。

总体来看，线上线下的衔接，最终落脚点在餐饮企业。难点一方面是在硬件，线上业务需要和后台系统打通。这对餐饮商户的IT基础有一定要求。目前餐饮商户的软硬件基础较差，跟线上难以对接。比如点餐，商户需要将现有的财务系统对接点餐结账软件；餐厅预定，商户端需要有一个系统对桌位进行管理。另一方面在服务，线上产品需要对线下环节进行升级改造，更多是餐饮商户对互联网新工具和新产品的准备和预热过程。譬如线上支付、订座点餐等服务，都要求店内管理人员和服务人员有一个学习理解和接受的过程。

12. 营销破局

如雕爷牛腩的独特营销手法——"封测"。其在开店之前，先花了半年时间邀请各路明星、微博大号、美食达人免费前来试吃，从前菜到甜品，各种成本花费近千万。事实上，“封测”直接触发了“迷恋七个触发器”里面的“神秘感”。一个餐厅，能有什么了不起的呢，但当你吃不到时，就会格外想见识一下。餐饮行业和许多行业一样，都是无限改进型行业，一招鲜不管用，所以雕爷“封测”的第一目的，是利用这半年的封测期，调整菜品，训练服务，不仅解决了菜品中可能有的BUG，还沉淀和挑选出了比较优质的供应商。经过封测，雕爷牛腩一开业，花钱来吃的顾客，直接吃到的就是已经锻炼了半年、经过了磨合期、相对成熟的餐品。

同时，在封测之时，只有受邀请的人才来吃，雕爷牛腩的想法很清楚：明星们其实就是小白鼠，消化掉其尚不完美的菜品和服务，而拿人的手短、吃人的嘴短，受了邀请吃了餐品的人，都会发微博微信说说自己的消费体验，绝大多数都会说好，说不好吃的是极少数。于是各路明星达人的帮人吆喝，使雕爷牛腩成为那段时间北京城撞星率最高的餐厅。神秘感做足了，宣传价值效果出来了，无数的口碑也出来了，雕爷牛腩的生意也好做了。

第四章　何去何从的通信电子业

一、战 火 纷 争

互联网正在经历从“固定”到“移动”的变革，移动互联网正在飞速发展。根据中国互联网信息中心发布的《中国互联网络发展状况统计报告》显示，截至 2014 年 6 月，我国网民手机上网使用率首次超越 PC 端，手机成第一大上网终端设备。我国网民规模已达 6.32 亿，互联网普及率为 46.9%，较 2013 年底提升了 1.1 个百分点。2014 年上半年，随着智能手机对功能手机的替代已经基本完成，我国手机网民规模增长到 5.27 亿，较去年底增加 2 699 万人，网民中使用手机上网的人群占比进一步提升，由 2013 年的 81%提升至 83.4%，手机网民规模首次超越传统 PC 网民规模(80.9%)。同时，移动支付使用率大增，数据显示，我国使用网上支付的用户规模达到 2.92 亿，较 2013 年底增加 3 208万人，半年度增长率 12.3%。2014 年上半年，支付应用在整个互联网和手机端都成为增长最快的应用。其中，手机支付用户规模半年增长 63.4%，使用率由 2013 年底的 25.1%增至 38.9%。移动端支付的增长，也推动了手机端商务类的迅速发展。相比 2013 年底，手机购物、手机团购和手机旅行预订网民规模增长率分别达到 42.0%、25.5%、65.4%。①

移动互联网的飞速发展，对通信电子业产生巨大冲击。移动互联网的新玩法为用户带来了全新的互联体验，造就了一大批互联网 OTT(Over The Top，指通过互联网向用户提供各种应用服务)的崛起；但对于反应稍慢的运营

---

① 廖丰、杨艳萍，《手机上网比例首超 PC》，《京华时报》，2014 年 7 月 22 日。

商而言，移动互联网的全新游戏规则却令其难以适应，传统电信业务收入持续下滑、新业务又创新乏力，导致运营商宽带网络提速难提价、数据业务增量不增收、原有价值链被打破、逐步沦为“哑管道”，可以说运营商陷入了前所未有的窘境。以至于奇虎360董事长周鸿祎甚至认为，微信会干掉短信、彩信业务，网络电话(VoIP)在冲击话音业务，网络账号将取代手机号，传统运营商如不及时转型互联网则只能管道化提供包月流量套餐，每用户平均收入(ARPU)值会降低，移动互联网会干掉电信运营商。

比如，当年曾是“巨大中华”四家电信制造企业成功样板之一的中兴，业绩已经一路衰落。2012年亏损26亿元，这是中兴在1997年上市后第一次亏损；2013年中兴通过裁员、退税、售卖资产等，虽然实现净利润13.6亿元，但主业的营业利润状况不容乐观，依然亏损近15亿。根据其连续对外公布的2013年业绩和2014年第一季度业绩，虽均实现扭亏，但其股价并没有亮眼表现，甚至远低于2013年下半年水平。

对于电信运营商来说，三个方面的困难是必须要克服的。其一，数据业务发展不力。面临管道化的趋势，如何让自身的管道变得更有价值或者说如何搭建智能管道，实现数据流量经营，是首先需要考虑的问题。尽管电信运营商数据业务的发展已经占到相当比例，但3G业务的优势并未有效发挥。而对智能管道、流量经营等的探索，以及从应用商城到即时通信，从移动支付到搭建电商平台，等等，这些尝试都还是在互联网巨头背后亦步亦趋。其二，缺乏互联网基因。国内电信运营商目前的发展往往注重规模，而不是基于移动互联网探索新的流量经营模式，这使得其缺乏互联网运营精神。其三，开放平台的商业模式尚不健全，建设格局还在摸索中，过程中遇到的问题主要涉及安全性和商业模式等方面。

二、胜 者 为 王

1. 联想一站式互联

2013年，联想集团以每秒钟4台的速度年销售了1.15亿台设备，其中包括5 500万台PC、5 000万台智能手机和1 000万台平板电脑。2013(财)年是并购IBM个人电脑业务以来,联想集团历史上最浓墨重彩的一年,其PC品牌在国内市场占有率超过1/3,并已成为全球最大的PC供应商,智能手机全球出货量也升至第四——并购摩托罗拉后进入前三,直接和苹果、三星竞争,集团董事长兼首席执行官杨元庆的年薪也达到了1.3亿元。

PC的发展成就了一个新的时代——追求快速、极致和爆点的移动互联网时代。PC的普及带动了互联网的发展,而互联网的发展却反过来加速淘汰PC。曾经的电脑,这个当初要被请入空调机房才能触碰到的高级玩意儿,现在甚至连快速消费品都不如,严重的同质化使得新品推出不久就迅速降价。与PC时代相比,今天的消费者无论是年龄层还是购买方式都已经发生了巨大变化——年龄层越来越低,追求的不仅仅是外观时尚,更青睐于快速迭代的互联网产品。这些都对熟悉了PC销售模式的电脑生产商,包括联想在内,提出了挑战。联想必须学会互联网思维,适应这个新的时代,并打造出PC业务之外的新支柱。互联网转型成为联想新战略之一。

联想互联网战略转型的第一件事,是着力软件开发,这是其向互联网转型的第一大关键要素。在联想2014年最新的调整和变动中,成立云服务集团是最大特色,该部门由联想集团高级副总裁负责,产品方向是软件、行业应用。联想的理念是未来无论对于企业用户还是个人用户,都需要"软件+硬件+互联网应用与服务"的一站式服务,因此,为用户提供"一站式互联",成为联想云服务业务的目标。而"茄子快传"就是其跳出硬件、加大创新服务的一个突破,是联想集团推出的一款手机内容传输工具,通过一个独立的算法,让两个手机之间直接建立一个无线传输信道,从而可以快速传送照片、音乐、视频甚至应用程序,其最大特点就是不需要耗费流量,也不需要是好友关系,面对面3兆的东西只需一秒即可传完。当然,这个软件也深获用户欢迎,目前用户量已超过1亿次,日均下载超过60万次,且拥有相当数量的海外用户。茄子快传有20个语言版本,深获业内好评。

第二个方面,把硬件继续做大做强。虽然像茄子快传这样的创新补足了联想作为硬件厂商在软件方面的缺失,但联想的主业仍然是硬件设备,其转型策略非常清晰,即"硬件+软件",茄子快传不是最主要的发展方向,最主要的还是设备交付，这也是联想的独特优势。在移动互联网时代，移动端尤其是智能手机能否成功，已经成为当前衡量一家公司成败的重要标准。联想最终的目标是要成为智能终端全球第一的公司，而要达成这样的目标需要分三步走：第一步专注在中国，第二步进入新兴市场，接下来是海外成熟市场，前两步目前已基本成功。联想希望其手机业务也能复制当年电脑业务的成功，通过收购把业务带到下一个成功的台阶，为此其实施了对摩托罗拉手机的收购，这让联想获得了超过 2 000 项专利资产，而且摩托罗拉作为老牌国际手机制造商依旧拥有众多忠实用户，其 Moto X、Moto G 在国际上也赢得了好评，更为重要的是，通过交易使谷歌拥有约 5%的联想股权，从而使联想进入谷歌第一阵营，可以对抗安卓圈中一家独大的三星。这项并购也让联想的手机、平板能够做到欧洲和拉丁美洲，并且在本来可能将遇到的大量专利费，以及与跨国运营商合作的高门槛问题上，能够轻松应付。

第三件事是构建属于自己的生态系统。对于在移动端和软件领域不断取得突破的联想来说，仅仅依靠智能手机或十几个茄子快传这样的项目，并不足以撑起横跨 PC 和移动互联网两个时代，而是急需建立一个开放的生态系统。这里已经有成功的先例，比如苹果和谷歌成功的关键，就是都建立起一个能够掌控未来的生态系统——iOS 和安卓。联想一度想模仿苹果强调其“乐 OS”系统，然而这种模式很快遇到瓶颈：为了管理上的统一，联想要求开发者做圆形图标，一些人嫌麻烦，就放弃进入乐商店。于是，联想开始抓智能电视这个机遇，并于 2012 年 5 月在北京举行发布会，正式向中国市场推出首批 K 系列的四款智能电视。联想对智能电视的定义是，其实互联网化的一种业务，“除了硬件，还可以作为内容平台进行内容分发，包括广告机会、游戏分发、App 下载，跟现在互联网提的生态系统是一模一样的。”其目前的成就是，智能电视已与包括美团在内的一些厂家达成广告分发合作，而视云网络科技在 2013 年已经开始有了可观的用户付费点播收入。而联想的想法更宏大，瞄准通过智能电视切入到当下异常火热的 O2O 市场，将来可以和便利店合作，如果用户允许联想获取他们的 IP 地址，他们就可以直接通过电视下单购物。如此，联想智能电视将不再只是一款硬件。而联想的产品精致也将有助于其完成这个目标，比如其在联想内部代号是“终结者的秘密武器”的 S9 产品——“一键式遥控器”，仅仅为了让其符合亚洲人的持握习惯，联想智能电视设计团队就曾深度分析了两万份亚洲人的手形数据，改善了 70 多个版本的遥控器外形；而与 S9 同步推出的正面只有一个按键的智能遥控器，则几乎承载了智能电视所有的交互手段。①

2. 华为技术与极致体验

在互联网转型方面，国内著名的厂商华为主要从以下三个途径入手。

其一，以雄厚的技术为后盾。在 2014 年双十一手机销售排行榜上，小米销售额 15.6 亿，华为荣耀手机 10.6 亿。需要提及的是，始于 2011 年的华为荣耀系列，作为独立的手机品牌的时间还不到 1 年——华为的速度大有后来居上之势。

荣耀手机在短短一年时间，相继推出荣耀 3C、荣耀 X1、荣耀 6、荣耀畅玩 4X 等大热机型，不仅在国内热销，还扩张到了海外，销量已超过 200 万台，在亚马逊、京东占据畅销手机排行前列，而华为自己品牌的手机 mate7 在国内 3 000 元以上的高端机市场已经是一机难求的独苗了。

华为手机能取得如此之快的崛起速度，正是由于其真正是国内手机厂商中少有的掌握了核心芯片技术厂商。多年前华为已开始做大平台战略布局，除了在半导体芯片领域的大手笔研发投资，还在物联网、智能家居、车联网、智能交通等新兴领域布局，这些领域的关键技术是信息的连接，而华为在这方面有着先天的优势，在云计算技术方面也早已开始布局，结合云、管的优势，华为也可以在端方面大有作为。在手机终端，具有自主知识产权的芯片可以确保华为终端手机差异化，在各个价格区间都有自己的主打机型。

在社会化营销方面，小米的策略是，不与任何互联网公司合作，自己直接与消费者形成链接与互动。与小米的策略不同，华为荣耀选择和大型互联网公司进行跨界合作，用丰富的产品线打造软件定制版的硬件产品，用合作伙伴的社交传播优势打造社会化营销，强化品牌影响力，取得不俗战绩。②

---

① 朱晓培等，《联想软硬件一站式互联》，《财经天下》周刊，2014 年第 11 期。

② 王济民，《从华为手机的崛起看传统产业的互联网升级趋势》，http://www.iyiou.com/p/14384.

第二，在帮助运营商建设极致体验的管道方面，打造 MBB（移动宽带）与 FBB（固定宽带）协同发展的宽带网络。这是运营商实现向全业务运营转型的基础。在移动宽带方面，如何打造成熟的 LTE 精品网络成为运营商关注的焦点。华为目前在全球已签订 300 多个 LTE 商用合同，开通了近两百张 LTE 商用网络，覆盖了世界九大金融中心，成功保障了巴西世界杯、德国啤酒节等全球众多的热点大事件。华为拥有业界最丰富的网络部署经验，在高流量、高要求的地区以及大事件的保障中显示了其 LTE 网络的精品质量。在固定超宽带方面，研发出业界最大容量的 FTTx 平台、最小的运营级路由器、最高的 400G 频谱效率提升技术、最低功耗的硅光芯片等创新技术。帮助运营商推动宽带网络实现智能化升级，将网络调度能力、用户感知等封装成为产品，与互联网公司合作，实施宽带网络和互联网内容的垂直体验整合。目前已与运营商以及迅雷、优酷、百度、搜狐等互联网企业携手，在国内约一半省份开展全方位的 FBB 智慧经营实践，用户可根据需要随时定制带宽，实现“我的带宽我作主”。

第三，打造开放、聚合、灵活的业务支撑平台。大 IT 的核心是开放、聚合、灵活的业务支撑平台，这也是运营商智能管道的核心。华为的大业务平台可以统一封装消息、语音、视频、会议及带宽控制等电信基础能力，向上通过 API 接口开放电信能力给行业合作伙伴或业务提供者开发新业务，构建良好的垂直价值链，将电信能力“被集成”到各行各业；向下，将电信基础能力封装到 SDK，开放给行业合作伙伴或业务提供者，通过二次开发嵌入各类智能终端并融合到端到端的应用中。通过提供的通信能力开放、管理和运营平台，整合和开放运营商的网络能力、数据能力、运营能力，帮助运营商构建业务创新生态圈，实现价值链各方共赢。

同时，华为通过聚合运营服务和 Hosting 能力帮助运营商聚合全球的合作伙伴内容，并提供运营服务，加速运营商数字业务生态系统的构建，搭建运营商和合作伙伴之间的桥梁。目前华为已在全球建立八大 Hosting 中心，聚合了超过 500 个全球或区域的价值合作伙伴，涵盖了音乐、游戏、视频、广告、企业行业等方面的内容和应用。华为还从管道平台建设进入到运营商 IT 平台领域，建设运营商开放云计算与大数据平台。在福建移动，华为协助运营商开展基于大数据分析的4G终端营销精准外呼尝试，成功率提升50％以上。

在构筑大IT的能力方面，华为2011年成立了IT产品线，超过万人致力于构筑IT能力，在深圳、西安、北京、杭州、成都等地设立研发中心，在美国、加拿大、欧洲、俄罗斯等研究所开展IT技术领域的能力布局。在IT领域则持续推出创新的IT产品和解决方案。华为推出的开放、高效的FusionSphere云操作系统，已成为其未来大IT战略实施的核心产品，在存储、服务器、云数据中心等领域均取得突破性进展。①

3. 小米的生态圈

小米成立于2010年4月，是一家专注于高端智能手机自主研发的移动互联网公司。成立以来发展迅速：2012年小米手机刚推出就完成719万台的出货量，同年销售额为126.5亿元；2013年小米手机出货量突破1 870万台，同比增长260％。如此的倍数增长使小米保持着狂奔状态。根据小米2014年上半年业绩数据显示，其手机共售出2 611万台，增长271％；含税销售额月330亿，增长149％。目前其已发展成为拥有六大仓储中心、18家小米之家旗舰店、436家维修网点，超过4 000员工的大公司，被业内认为是下一个腾讯。业内人士预计，小米手机在2015年完成手机出货量同比翻番目标只是时间问题，其手机有望达到1.2亿台的销量，销售额也将突破千亿。在国内市场取得成功的同时，小米手机也在积极向亚太和欧美等海外地区进军，全球化步伐已经开启。不仅如此，除了在手机业务取得了较大成绩，小米在软件方面也卓效显著。据统计，作为小米最强软件的MIUI的用户数已突破5 000万，MIUI向开发者分成也已超过了1 800万元。此外，小米积极向多个领域纵向延伸，从手机到米聊、电视、盒子、平板等，短短四年，小米取得巨大成功。②

小米手机的成功折射了其商业机制的完善和平台的扩大，也证明其独特商业模式的成功，即依靠“硬件＋软件＋互联网服务”铁人三项模式打造的生态圈效应开始快速显现。

---

① 李明，《华为：极致体验的管道＋大IT能力 助推运营商转型》，http：//www.cnii.com.cn/industry/2014－09/24/content_1450553_4.htm.

② 姜莹，《小米手机销量比增300％ 软硬结合生态圈效应显现》，《通信信息报》，2014年7月11日。

其一，围绕 MIUI 的移动互联网生态圈。MIUI 在小米设备上创建了生态圈，与所有创业企业关系最明显、也最传统的方式是应用商店。目前小米的应用商店已达上百亿次的分发量，这与小米手机的高活跃度以及关注用户体验分不开，小米手机上来自其应用商店的分发占 80%左右。除了简单分发，小米还向开发者和用户提供各种服务，包括消息推送、第三方账户登录、支付类应用、云存储，还有打车、充值、订餐、叫外卖、买机票等日常生活中非常有用的服务。现在小米开始给用户设置更自然的智能化入口，让用户操作更方便。

其二，智能硬件生态圈——以路由器为中心让设备互联。其做法是，在其生态圈里，以路由器为中心，在周边做很多重要的设备。如此，不仅完成所谓的使用场景，更重要的是当这些设备互联互通的时候，内部的软件协议实现合理与高效，通过这些形式，当有硬件设备能力时，可以让用户的智能设备更好的结合小米的这个网络。

其三，电商平台生态圈。电商平台是小米经常容易被忽视的平台，其实小米的电商平台 2013 年已经是中国第三大点上平台，而且平台上卖的不仅仅只有手机，还包括各种各样的东西。

小米的生态圈，其实就是上述移动互联网、智能硬件、电商平台等的组合：服务能够分发，硬件能够互通，所有增值能够有卖点，从而实现了业务、战略和效益三方面的整合。在业务层面上，“铁人三项”形成良好的互补效应：硬件是小米抢占互联网入口的重要工具，也创造了大量的销售收入；软件部分是小米的最强项，基于安卓开发的 MIUI 系统是目前国内业界公认最好的应用层操作系统，开发完善，设计贴心，而且支持每周更新。小米在硬件和软件上又弥补了其在互联网服务基础薄弱方面的不足。在战略层面上，小米借用互联网企业的经营理念，融入了互联网企业元素，将互联网思维带入硬件和软件领域，硬件高配低价，软件快速迭代，还积极与供应商、生产商、开发商等开展业务合作，对产业链相关企业进行投资，这都使小米在资源上得到巨大补充。在效益层面上，小米手机高配低价，追求入口价值，聚攒了大量粉丝，通过网络销售节约了大笔销售成本，而作为独立成熟的手机操作系统的 MIUI 在快速迭代中可以增强用户黏性。这些都促成了小米生态链效应的形成。

4. 金立直面消费者

作为一家老牌的厂商，金立在功能机时代曾经显赫一时，然而在进入智能机时代之后，却风光不再，先是错失功能机向智能机转型的先机，后来是在互联网模式带来的“造粉工程”、电商爆发中再次慢了半拍，而陷入了被动的局面。

如今，金立正全面推动着“二次创业”与互联网转型，其中最为核心的，是企业开始直面消费者。其思路是对于传统企业，互联网思维即彻底以用户为中心的思维，具体来说包括与用户直接沟通问题，让用户参与到生产研发过程中，企业转变成自媒体，变成直接与用户面对面沟通的主体，这是金立转型的核心。为抢先实现线上线下互通，完成“以消费者为中心”的转型，金立着手做了两件事：一是在全国开设直营体验店，并计划在2015年开设几千家，远期则达到上万家；第二件事，把自己的官网做起来，同时将与消费者产生接触的后台全部集中起来，打造“全服务平台”，以保证消费者和公司任何一个触点接触，都能解决消费者提出的任何问题。

金立的第二个变化，是消费者定位的年轻化。在功能机时代，不同年龄、不同阶层的人用不同的手机，厂家对消费者群体能很容易做好细分，金立凭借对40岁左右商务人群定位大获成功，曾被业内认为是国产商务手机的代表。而到了智能手机时代，传统的年龄、阶层细分几乎完全被打破，为了使用微信微博，父子可能用同一款手机。年轻人变成了手机的使用者、推广者和影响者，成天混迹于自由的互联网，最终使得消费者的选择权变得空前强大。金立开始试着抓住这些带动潮流的人，做出年轻人喜欢的手机，于是把金立原来的偏传统、偏商务的品牌变成两个——面对商务智能机的天鉴品牌和年轻时尚化的e-life品牌。打造Elife，则是其重塑过程中的暴风眼。金立在品牌推销中，也开始以年轻偶像为代言，签下当红的阮经天和尹恩惠，并频频见诸各大卫视当红娱乐节目，如湖南卫视《挑战麦克风》、CCTV《非常6+1》、江苏卫视《非成勿扰》、浙江卫视《非同凡响》等。金立的想法是，传统媒体覆盖中老年人群，数字媒体则覆盖年轻人，为快速求变，金立一步到位，全投数字媒体。①

金立的第三个变化，是打造亮点，以吸引眼球的产品促进转型。典型的例子，2013 年 11 月 26 日，金立在上海发布了新一代旗舰手机 ELIFE E7，其目的是要打造全球拍照效果拍照体验最好的手机。ELIFE E7 最大卖点就是拍照功能，其搭载一枚由 OmniVision 公司打造的 1 600 万像素专业相机传感器，其尺寸达到了 1/2.3 英寸，拥有 F2.2 大光圈。同时金立还联合 Largan 定制了最新的 M8 镜头，搭载五片蓝宝石镜片＋AR 增透膜，使 E7 摄像头的解析力高达 2 700 线，相比普通镜头提升有 29%，号称可从分辨率和画质两方面来提升拍照效果。另外，金立 E7 还配备了一枚 800 万像素前置镜头。这些配置使这款相机拥有了七大特征：一体机身，七种颜色，足够个性；人性化的拍照功能，1 600 万像素从心理上满足了消费者追求高像素的需求；专业级的相机设置；800 万前置，强大的美肤甚至美妆功能；拍摄图片生成 PDF 文档，自动矫正扭曲的照片及识别图标等功能；视频、小窗口、主窗口，三个屏幕可同时操作，可同时看视频、聊 QQ、看网页；一些人性化的小功能，Amigo 2.0 相册支持人脸识别照片归类功能。

5. 试水终端消费的中兴

从 1985 年创立至今，中兴为全球 140 多个国家和地区的电信运营商提供了技术与产品解决方案。1998 年中兴涉足手机业务后，凭借在运营商市场上的积累和运营，一路攀爬到手机出货量全球前四的位置。然而，2007 年之后随着 iPhone 的诞生拉开智能手机时代的大幕，以中兴为代表的国内手机厂商尽管在硬件芯片和软件架构上与国外厂商处在同一条起跑线，但却缺乏创新，发展势头开始减弱，眼看着苹果和三星攫取了整个行业 90%左右的利润。中兴的这两年业绩糟糕，2012 年巨亏，2013 年通过变卖资产和大幅减员才勉强实现扭亏。

面对中兴业绩一蹶不振的现状，中兴开始不再固守传统的思维，而是开始

① 杨启敏，《金立手机：渠道红利消失之后的 O2O 营销》，http://www.chinaadren.com/html/file/2014-4-8/201448151305.html.

转变。在引入互联网思维中，中兴瞄准年轻化转型，首先开始机构整合，2013年12月31日，调整其战略、组织架构和高管分工等三个领域。具体是，成立终端事业部，独立运营，由一位高级副总裁全面负责未来公司终端业务运营；将政企网提升为公司二级经营单位，由一位高级副总裁全面负责其业务运营，另由一位高级副总裁任公司CTO。简而言之，中兴内部分成了三条业务线，即：运营商、终端、政企。[①]

第二，把“走终端消费路线”贯彻到实际运营中。中兴一改之前为自己带来高销量的B2B模式(Business to Business)，开始尝试B2C模式(Business to Customer)，即直面终端、直接面对消费者的营销。中兴移动正式发布旗下手机新品牌“努比亚(nubia)”，这是中兴通讯成立27年来，第一次在集团品牌之外发布全新品牌。该品牌名称在拉丁语中意为“云彩”，谐音有“牛”，代表中兴的“牛文化”。这是一场需要高密度地与终端消费者打交道，用互联网上收货的反馈，设计、销售并不断更新努比亚手机的战争。中兴首先要解决的是“消费者在哪儿”的问题。初期的努比亚尝试广告营销，通过自建官网进行预约销售，然而流量始终是问题，努比亚无法被更多的消费者所认知。为了到达更多的终端消费者，努比亚走出自有平台，与京东等电商平台尝试合作，在京东以及2014年并入京东的易迅销售被彭丽媛使用的“小牛一代”，在不打折的情况下，从2013年7月一直卖到11月。“双十一”抢购中，一度出现九分多钟卖出五万台的业绩，网友中盛传“淘宝看小米，京东看小牛”。

第三个做法，与京东谋局C2B。在2013年努比亚销售有起色之时，也正是京东在为其酝酿中的JD Phone计划物色手机厂商的时候。看到努比亚小牛一代好评率达93%，且在技术和售后上属于“靠谱产品”，同时还有中兴通讯作背书，京东将其圈定为首位合作目标，并以“京东做采销，是要做消费者的采购代言人，一方面可以根据用户反馈，与厂商沟通，对产品参数和价格作调整，另一方面可以把传统线下销售的中间环节都去掉，解决产品的库存问题，在成本和效率方面都有优势”的做法，使努比亚接受合作，走入2 000元的价格区间——根据这个价格来反推应该做什么样的机子，也就是C2B模式(Customer

---

① 叶菁，《中兴豪赌4G智能机 转型互联网破解发展困局》，《通信信息报》，2014年5月15日。

to Business)。虽然此时努比亚内部已将“大牛”和“小牛”二代基本配置完毕，但在不影响用户体验的前提下，对两款手机的配置做了调整。2013 年 11 月，京东与中兴联手推出“JD Phone 计划”，共同发布“大牛”(nubia Z5S)和“小牛”二代(nubia Z5S mini)，两周内拿到了 350 万台预约，最后成功转换的销量，加上此前数月的积累，构成了努比亚 2013 年近百万台的销售业绩。[①]

6. OPPO 线下发力

根据中国权威市场调研机构赛诺统计，OPPO 在 2013 年中国智能手机市场销售额排行中排名第六。尤其是 2014 年 4G 启动以来，OPPO 在移动 4G 市场的增长十分迅速，排名也由 5 月份的第五提升到 6 月份的第三，到 7 月份则拿下第一。目前 OPPO 在国内已有很高的知名度，在很多地方都能看到其专卖店。

以 4G 为核心、向 4G 转型的手机厂商很多，但 OPPO 的发展不同凡响。总体来看，其 4G 战略有几个方面值得学习。

首先，“4G 是标配，个性是根本”是 OPPO 的正确理念。目前，4G 已经成了手机的标配，但必须有独特个性的手机才能更容易进入用户的视野。在这方面，OPPO 一直坚持的就是“至美一拍”，无论何时，都要以个性化独立于世。以 OPPO 近期重点机型 OPPO R3 为例，其除超薄外观设计外，最大的特色卖点恰恰在于拍照：无论是前置自拍还是后置拍风景，都具有较强的暗拍功能。核心的“PI 原画引擎”加上量身打造的“绚彩夜拍”功能，是其拍出优美照片的基础。OPPO Find7 超清画质模式拍照，可以用 1 300 万像素摄像头拍摄出 5 000 万像素的世界，可以将细节清晰呈现，效果惊人。N1 mini 所配备的旋转摄像头，可以体验更多拍摄角度，带来更多的拍摄乐趣。[②]

有了自己独特个性的品牌产品，接下来的营销与众不同，OPPO 采取了线下发力的途径。近年来虽然其在电商平台动作频频，不仅官网商城的促销活动力度十足，而且在京东等第三方电商渠道成绩斐然(如 Find5 在京东手机类

① 赵晓悦、龚曙光，《中兴转型试水：互联网与大数据的启示》，《21 世纪经济报道》，2014 年 4 月 12 日。

② 李瀛寰，《解析 OPPO 的 4G 转型》，http://liyinghuan.baijia.com/article/28295.

销量排名第二），但其在线下的投入更令人瞠目：从 2012 年 11 月全国首家 OPPO 旗舰体验店在南京 CBD 中心万达广场开业以来，OPPO 旗舰体验店大有“忽如一夜春风来，千树万树梨花开”之势，仅 2013 年 4 月底至 5 月就先后开设了长沙、无锡、西安、深圳等官方旗舰店和线下体验店，目前已拥有超过 4 万家专柜，1 000 多家体验店，300 家自营服务中心。如此庞大的渠道规模，无疑成了 OPPO 最核心的优势资本，如今其整体营销策略已在这个庞大的渠道帮助下足以支撑起 O2O 的每一个环节。从线上多平台的社交互动和信息发布，到优秀产品的口碑效应，再到与消费者零距离的线下体验店，以及真正人性化的完美服务，OPPO 布局的 O2O 模式比其他手机品牌重线上轻线下的做法更利于消费者，让消费者感觉更踏实放心。旗舰体验店也为 OPPO 不定期在各城市举办的“O 粉同城会”真正落地提供了保障，这种交流互动更能带来用户对品牌的忠诚度。①

除了直接依托自己的线下渠道，与运营商全方位合作、间接走线下的营销方式，也是 OPPO 的灵活招法。在手机市场中，运营商渠道不可缺少。此前的 OPPO 一直被认为是在社会化公开市场取得成功的手机厂商的代表，不过这并不意味着其放弃了运营商渠道。随着 OPPO 知名度的提升，运营商更希望与其合作——这也得益于 OPPO 在线下大力投入而设立的众多旗舰体验店，因为这些自有渠道与运营商的营业厅能形成很好的互补，最大限度覆盖消费者。目前，移动自有渠道在 2014 年 5 月向 OPPO 开放，联通自有渠道也已经在 2014 年 6 月开放，而随着电信版 R3 的上市，电信也将向 OPPO 开放其自有渠道。

可见，OPPO 凭借其独具个性的品牌优势，加上其开拓更多旗舰体验店的先见之明而大力实施的线下发力之功，为其赢得了更广的空间。

7. 苹果的客户运营

由乔布斯等人 1976 年创立的苹果公司，最初主要开发和销售个人电脑，

① 李群，《OPPO 发力电商不忘线下 布局 O2O 模式超前》，http://www.haodaima.net/art/2109583.

之后不断致力于设计、开发和销售消费电子、计算机软件、在线服务和个人计算机，发展至今大名鼎鼎，2012 年创下 6 235 亿美元的市值记录，至 2014 年上半年连续三年成为全球市值最大公司，在多个专业机构组织的评选中获得世界最有价值品牌的殊荣。对于苹果成功的原因，各种的“理论”、“分析”多如牛毛，其中有必然说也有偶然说，苹果的模式也许不值得中国企业，尤其是传统企业完全照搬，但其中的某些做法很值得借鉴，尤其是其 CRM，即客户关系管理体系。

我们从实际中看。2014 年第一季度，苹果的 iPhone 出货量达 4 371.9 万台，如何理解或感性认识这么大的一个数量？试想一下，如果国内的通信电子业，甚至包括零售、制造、家电等行业传统企业在内，如果其产品同样能达到这样的销售成效的话，能否做到可以精确地找到其中的每一位用户，并了解他们每个人的需求？可以确定地说，目前中国没有任何一个企业能够做到这一点。

苹果却能！它是怎么做到的呢？这就是其强大的客户关系运维手段。

其做法并不复杂。当我们拿到一台新的 iPhone、iPad 或者其他苹果设备的时候，在进入使用环节前，都需要使用或者注册 Apple ID，这个 ID 可供用户访问云存储空间，下载 App 等，如果需要购买付费的 App，用户将需要对此 ID 进行信用卡的绑定操作。如此一来，不论产品从线上还是从线下渠道售出，也不论产品是由苹果官方还是代理商售出，苹果都能够获得设备用户的真实信息，并且这个信息还是动态的、更新的、跟随用户的。

问题来了，这个看似很简单的做法，我们的传统企业做不到吗？

不错，确实没有做到。让我们认真分析一下个中缘由。首先，对于国内很多传统企业来说，所销售的产品并不是可实时回传数据的电子产品，在技术上无法实现用户注册登录之后才可使用；其次，即便是手机、家电、3C 这样的产品，在品牌影响力、产品易用性等方面达不到苹果水准的前提下，贸然使用类似苹果的上述做法，试图留存记录用户信息，实际上相当于在挑战用户体验，设定使用门槛，这很可能会让传统企业得不偿失。

事情又回到起点：我们的传统企业有办法解决这个问题吗？现在我们都在说 O2O，对于通信电子企业，甚至连零售、服装等行业企业都算在内，O2O 的目的是什么？其实最重要的就是打通线上线下，在看似不可能的领域中建立起类似苹果的CRM体系,也就是所谓的打造“闭环”。[①]

而这,正是目前国内相关行业难以做到的,也是今后应该着力努力的方向,变被动销售为主动引领。

8. 微软转型未果

认识了以上互联网转型成功的例子,接下来我们看几个在互联网转型中不太成功的案例。先说软件巨人微软。

曾经的软件巨人微软,如今在人们眼中已成“明日黄花”。过去的十年,微软几乎没拿出像样的创新产品,其错过了搜索、智能手机、电子书、平板电脑和社交网络(SNS)这些大生意,坐视苹果、谷歌、亚马逊、Facebook四大劲敌的崛起或重生。微软公布的2012财年第四财季财报,爆出了自1986年上市以来的首次季度亏损——净亏损4.92亿元。近些年来微软也曾谋求向互联网转型,但均未成功,其因何在呢?

其实早在1990年代末,手握数百亿美元现金的微软就开始向互联网转型。1995年微软成立了互联网部门MSN,几年中通过收购或合作推出了一系列互联网服务。五年后,提出.Net战略,推出Passport认证服务,旨在将微软所开发的各种软件与互联网紧密结合,实现从一家软件公司向服务公司的转变。但在进入21世纪初的短短几年中,微软中止上述所有项目。不可否认这有其客观原因,主要是9.11事件后,网络泡沫破灭,而美国司法部对于微软的反垄断审查差点使微软被分拆,这迫使微软收缩战线。但更不容忽视的是其主观原因,当时的微软不知道如何从互联网中赚钱,早期的MSN也一直亏损。直到2004年谷歌上市,互联网市场回暖,微软才意识到当初的撤离决定有误。2005年3月微软通过收购Groove公司,将其创始人、Lotus之父雷·奥兹(Ray Ozzie)招致麾下,期望他帮助微软实现向互联网的转型。

奥兹将微软的门户、电子邮件、搜索、地图等所有互联网服务集中于Windows Live的统一品牌下,试图打造“软件+服务”的互联网商业模式,搭建了Azure云计算服务平台。但互联网大战实际是一场“入口”之争,微软一

---

① 薛雯漪,《传统企业做O2O应该参考苹果》,http://www.100ec.cn/detail-6197301.html.

开始认为浏览器是互联网的入口，错误地在 Windows 上捆绑 IE 浏览器，打垮了著名的网景公司。随后，它以为门户网站是战略要地，眼里的对手是当时鼎盛的雅虎，把互联网战略定位为以门户网站 MSN 为中心，搜索引擎只是其一项服务。而对于搜索与广告之间的商业模式，微软毫无敏感意识。到 2007 年 3 月，微软才把搜索和网络广告部门合二为一。直到谷歌的 AdWords 关键词竞价开启了网络广告的金矿，微软才明白搜索引擎是互联网的真正入口，于是重新砸下数十亿美金，打造新搜索引擎。但为时已晚，谷歌向微软发起的挑战，使得顶尖的技术人才纷纷从微软流向谷歌，后者以挑战者的姿态不断推出创新产品，涵盖了与微软正面叫板的浏览器、桌面、在线办公软件、邮箱、IM，以及地图、云计算、手机 OS 等引领创新的业务，把微软打得灰头土脸。

2007 年的微软更是连续遭遇重大挫折，首先是其“七年磨一剑”推出的新一代操作系统 Vista，成为其历史上市场表现最惨淡的一款操作系统。其次是华硕在这一年推出上网本，大获成功。这意味着，微软持续 20 年以操作系统拉动 PC 硬件升级的过程，因为 PC 性能相对于用户需求的阶段性过剩而放缓了。屋漏偏逢连夜雨，同样在这一年，微软两个最可怕的对手苹果和谷歌分别出手：苹果推出第一代 iPhone，谷歌发布安卓 1.0，这两件事彻底中止了微软在移动通信领域的步伐，迫使其另起炉灶。此前，微软的 Windows Mobile（即 WM）已成为市场主流操作系统，但谷歌免费的安卓系统推出后，微软不得不中止了 WM 系统。四年之后，微软推出了全新的 WP7。但市场时机已过，2011 年微软 WP 相关授权收入不超过 6.1 亿美元，业内估计 WP 智能手机销量仅 350 万部。

与此同时，微软的在线业务毫无起色。2011 财年微软在线服务部门的收入仅 25.1 亿美元，亏损 25.6 亿美元。2012 财年亏损更多。相对应的，2011 年谷歌的广告收入则达到惊人的 360 亿美元，而且还在高速增长。

微软的一连串转型失败，究其原因，最根本的是微软的互联网创新不足。

首先，“大公司病”引致微软的互联网创新基因不足。在大公司中，最赚钱的业务一定是其主要关注领域，如微软的 Windows 和 Office，而新的业务线在初期都是不赚钱，甚至是砸钱的业务，如移动生态布局。在大公司内，已形成自己固有的运作规律和管理思维，新业务线未得到特别培养时就容易被挤压，且慢慢被忽略掉，从而缺乏创新。谷歌之所以在移动端如此成功，缘于其初期只做互联网业务，慢慢就发展起来了。相比之下，微软的搜索业务比谷歌早开展好几年，但内部对其的支持资源有限而不能获得充分发展。

其次，其“是否脱离 Windows 和 Office 的既定技术路线、能否立即赚钱”两条标准，扼杀了微软内部的许多创新。而这也根源于其 Windows 和 Office 两大部门占微软营业收入和利润的 80%以上这个雄厚的基础。比如早在 2000 年，微软内部有一个通过互联网提供文字处理等软件的项目 NetDocs，由于其有可能威胁 Office，虽然 NetDocs 项目团队后来发展到拥有 400 名员工，又在 2001 年年初并入 Office 团队，但这个项目最终还是宣告终止。而如果微软当初保留下 NetDocs，可能就不会有日后谷歌的在线办公软件 Google Apps。据谷歌的数据，至 2012 年就已有超过 400 万家企业采用了 Google Apps。

第三个原因，部门之间的内斗破坏了微软的创新体系。比如其曾有团队发明一种用“色点”(color dots)显示文字的技术 Clear Type，可以使文字在液晶显示器屏幕上更可读。这个技术在电子书上大有可为，但微软的其他部门感到了威胁。Windows 部门的工程师谎称 Clear Type 显示某些颜色字体时会失真；Office 部门的负责人则表示 Clear Type 太模糊，看得他头晕；而便携设备部门的副总裁则直言不讳地说会支持 Clear Type，但条件是得把这个项目交由其负责。因此，尽管 Clear Type 受到好评，但这一技术应用于 Windows 也是十年之后的事了。[①]

另外，过度依赖卖软件模式，但有时又与市场需求结合不足。相对于软件技术研发来说，微软比较依赖于既有业务的销售模式，即软件许可证售卖模式，但有时候与消费者需求衔接不足，又影响了其营销效果。比如微软曾寄予厚望的 Win8，市场并不清楚 Win8 是为 PC 和平板两种不同体验而诞生的创新系统，是微软希望用一个平台实现多种体验的多屏战略产品，所以对其期待并不强烈。很重要的原因也是因为 Windows 过去的 XP、Win7 系统已经足以满足消费者的需求，而且 PC 市场已近黄昏，用户往往没有兴趣去改变，这也说明微软前期市场调研开展不够、与消费者实际需求结合不足。

---

① 《微软 20 年转型未果 告别卖软件依赖症谋复兴》，《南方周末》，2012 年 8 月 5 日。

9. 诺基亚互联网创新不足

第二个互联网转型失败的例子，诺基亚手机。诺基亚公司，这个成立于1865年拥有百年历史的跨国公司，曾经的“手机之王”，随着2013年9月被微软正式收购手机业务和相关的专利授权，而走到了尽头。此时，距离双方2011年2月宣布在智能机领域展开合作仅过了两年半时间。两年前的2011年8月，谷歌宣布收购老牌通信业巨头摩托罗拉移动时开出的价码是约125亿美元；两年之后曾经的手机巨人诺基亚却只卖出54.4亿欧元，相当于约72亿美元，不到摩托罗拉的六成。2014年7月中旬，微软宣布预计在年内裁员1.8万人，而被微软收入麾下不久的诺基亚业务成为重灾区，约1.25万被裁员工来自诺基亚设备与服务部门。据统计，诺基亚北京区将有90％的员工被裁，约4 500名员工面临失业。

拥有百年历史的诺基亚公司成立于1865年，当时以造纸为主，后来逐步转向胶鞋、轮胎、电缆等领域。20世纪60年代，诺基亚木浆厂、芬兰橡胶厂、芬兰电缆厂三大工厂联合为诺基亚集团，产业涉及包括造纸、化工、橡胶、电缆、制药、天然气、石油等众多领域。20世纪90年代初，芬兰经历经济危机和大萧条，诺基亚果断将其他品类繁多的产业全部舍弃，只留下电子部门，由此直至2007年，一直是诺基亚最辉煌时期，也创造了多项纪录，比如目前在全球依然流行的GSM技术(Global System for Mobile Communications，全球移动通信系统)，其首次通话就是1991年在芬兰通过诺基亚支持的网络打出的；再比如全球销量最好的手机，并不是苹果的某一代iPhone或者三星的某一款Galaxy，而是诺基亚的1110，其全球累计销售2.5亿部，在机型更新换代如此快的今天，这一记录几乎不可能打破。从1996年至2012年，诺基亚霸占了全球手机市场头把交椅长达15年之久。在2007年年末，其在全球市场的占有率一度达到40％。①

那么，诺基亚又是如何衰落的呢？

① 张春伟，《反思诺基亚转型：方向都是正确的 结果却是失败的》，《21世纪经济报道》，2013年9月9日。

第一个原因，创新不足，缺乏远见。2007 年，苹果推出了第一代 iPhone 手机，虽然当时的 iPhone 因为信号差、待机时间短等问题而总被人们嘲笑，但是智能手机变革的大潮已汹涌而至，紧接着就是 Android 系统于 2008 年发布。而当时的诺基亚虽有危机意识，但作为 21 世纪初全球移动通讯领域霸主，利润率和出货量均遥遥领先于竞争对手，这种成功使诺基亚在面对互联网企业的冲击时反应迟钝，未能果断放弃 Sysbian 系统而转向新一代 MeeGo 平台，这个失误是致命的。2011 年，诺基亚首次推出基于 MeeGo 平台的 N9 智能手机，但这已经远远落后于 Android 和 iOS。而当意识到生态系统成为移动领域竞争的关键时，诺基亚却选择了借助 Windows Phone 来对抗 Android 和 iOS，这意味着诺基亚将依附于微软，并将继续被主流智能手机平台拉开差距，因为微软对 Windows Phone 的更新非常缓慢。

诺基亚手机失败的第二个原因，是未能很好地对接消费者的需求。虽然诺基亚的硬件产品质量全球知名，但随着时代的发展，其手机的设计理念却逐渐落后于时代潮流，其几乎一贯式的平板造型打遍天下，呆板而无变化，而消费者的需求却是多种多样的。公司管理层也未意识到第三方应用对智能手机的影响力，在 Sysbian 系统上限制了第三方应用的开发。比如诺基亚此前推出的许多产品都不支持深受用户欢迎的流媒体播放器 Spotify，直到 Lumia 800 和 Lumia 900 才开始作出改变。为了与 Android 系统竞争，诺基亚在 2008 年决定开放 Sysbian 系统，但这一决策来得太迟，Sysbian 系统很难对 Android 构成威胁，诺基亚也始终未能重视互联网服务。从更深入的角度来说，诺基亚当前在智能手机领域面临的困境其实属于软件问题，其不仅几乎没有任何软件，也不清楚第三方应用软件以及围绕应用打造生态系统的重要性。无论诺基亚推出的新手机使用了哪些先进技术，其产品似乎总落后于市场需求，始终无法满足数字时代人们对手机功能的需求。

执行不力引致科技成果转化不足，是诺基亚手机衰落的第三个重要原因。在诺基亚的发展史上并不缺少革命性的想法，在移动领域同样如此，诺基亚研发部门是该公司成功的关键，其所做的一切都是为了手机业务，但由于管理层缺乏远见和执行力，研发部门提出的一些革命性的想法最后都被束之高阁，未能及时变成产品并推向市场。比如 Nokia Communicator，该设备于 1996 年推出，能够支持应用下载，但诺基亚并未将这一功能利用好。诺基亚当时认为，只有少数用户才会喜欢下载应用，但这显然是一个巨大错误，苹果的成功就是最好的证明。再比如智能手机，诺基亚早就看到了智能手机的重要性，推出了Sysbian系统，并采用了触摸式用户界面，但最后却将其发展成只能通过键盘使用的操作系统。诺基亚也意识到手机游戏具有非凡的发展潜力，并试图通过N-Gage占领游戏市场，但此战略也因执行失误而失败，即便是该公司最后才投入的移动服务目前也遭遇执行不力的困境。①

10. 三星互联网迟缓危机

三星集团是韩国最大的企业集团，曾被商务周刊评为“世界上发展最快的高科技品牌”，旗下三星电子成立于1969年，是对中国投资最大的韩资企业之一，也是三星集团在中国的最大业务。2013年之前，在智能手机市场，三星是唯一可以与苹果抗衡的厂商。在高端机中，用户一般只在两种选择间为难：苹果的最新款iPhone、三星的最新款Galaxy。尤其2012年，三星Galaxy S3发布50天销量突破百万，5个月则达到3 000万销量，日均销售19万部，奠定了三星在智能手机厂商中的领导者地位。2012年11月，三星又推出另一款开创了智能机大屏时代的智能平板手机Galaxy Note，只一个月时间，全球出货量就突破100万部，三星也开始了双机型走天下的时代。

时过境迁，随着一批智能手机用户抛弃三星，三星的业绩严重下滑。据IDC数据显示，三星2014年第一季度全球智能手机市场份额由2013年同期的31.9%下降到30.2%，是自2009年第四季度以来的首次下降。更重要的是，在三星的主要市场之一中国大陆，其下滑程度已经到了危险的境地——2013年，三星智能机占中国市场份额的22%左右，但到2014年5月份，这一数字已变为16.5%，而同时，联想、小米市场份额超过10%。三星在安卓市场一枝独秀的局面很快也将不复存在。2014年第二季度情况更糟，根据三星发布的财报显示，其营收514亿美元，同比下滑约10%，利润约71亿美元，同比

① 《诺基亚衰落的三大原因》，http://finance.takungpao.com/tech/q/2013/0903/1880022.html.

下滑约25%。值得注意的是,三星已经连续三个季度利润下滑。第三方数据显示,三星的智能设备出货量也出现了2009年以来的第一次下滑。①

诚然,三星销售额和利润下滑与手机业务的颓废有直接关系,比如其手机的质量问题,2013年10月曾被央视连续3次曝光,包括预装软件通过正常途径无法删除、多媒体内存卡存在缺陷导致频繁死机、屏幕维修暴利、在华售后维修实行“中外双重标准”等。同期,有关调研数据显示,三星手机以37.6%的比例位列“存在质量问题的手机品牌”之首。

但在互联网营销上的错误,是三星走衰的更重要原因。在小米科技CEO雷军的带领下,不论规模大小,各个手机厂商都走向了“互联网营销”的道路。即使是体积庞大的联想,都宣称要做“会跳舞的大象”。然而,在这样的氛围中,三星却依旧保持自己“高贵冷艳”的态度,仍然在电视等媒介投入巨额资金宣传自己的旗舰手机,“互联网营销”压根未进入三星的“法眼”。

三星所犯的另一个重大错误是错失了中国市场上4G红利。虽然三星是仅落后于LG的第二家在中国推出4G手机的厂商,三星高层也认为4G将成为三星电子增长的主要驱动力,但三星明显没有太大动作。随着中国大陆4G时代大幕的开启,联想、华为、中兴、小米、OPPO等多家国产厂商都开始在4G终端发力,其中酷派更是在市场中遥遥领先,2014年5月占据了国内4G手机市场23.1%的份额。相比之下,三星则反应颇为迟缓,至2014年5月底仅推出5款价格昂贵的旗舰级4G手机,其中4款价格均在4 000~5 000元之间,且3G和4G手机同时开卖,显示出三星对中国4G手机市场的发展速度信心不足。而且其4G产品对3G款型依赖性较强,未进行创新性的突破。目前,国内三家运营商,尤其是中国移动,对4G手机投入了大额的补贴。在运营商高调发展4G的诉求下,2014年内4G手机很长一段时间都将是卖方市场,三星在中低端产品线的缺位必将错失大好机遇。尤其国内手机厂商为了在4G时代抢占高地,纷纷拿出了惯用的“价格杀手锏”,推出多款千元手机,更是冲得三星难以站稳脚跟。

创新乏力同样也无助三星的继续辉煌。三星模式曾经成功的根源在于对全产业链的布局,其最大优势是掌握了一条近乎完整的手机制造产业链,从设

① 朱晓培,《三星危机》,《财经天下》,2014年7月28日。

计到制造，全部能自己完成，不仅节省成本，也使其能早于竞争对手使用自己集团生产的更先进的元件。可惜三星的这些优势在其旗舰产品上并没有多大体现，目前 Galaxy S5 售价为 5299 元，竞争力不足。之后，三星在产品上创新更加乏力，每年新推出的旗舰机型只是在上一年产品的基础上做一些后盖、屏幕大小和处理器上的“微创新”。这在“土豪金”（iPhone 5S 率先采用的金色）、“月牙边”（VIVO 最新款的底边弧形设计）、“钢板”（小米 4 主打）等各种新式设计的挑战下，已经对越来越多的用户失去了吸引力。

三、多 管 齐 下

近年来国内手机这个通信行业的基本现象是，基本上每四年产生一个高峰，没有任何一个在高峰期的企业能够跨越两个高峰，很少有企业能跨过三个高峰而生存下来。细分来看，2002 年催生中国手机行业的高潮，当时诞生三个国产品牌波导、夏华、TCL，并在 2005 年进入低谷；然后迎来第二波高峰，诞生一家公司天语，天语模式在两年后很快消失；第三个高峰 2010 年到 2012 年高峰，产生金立和 OPPO 公司，仅次于诺基亚和三星公司。第四个高峰将在 2014 年到 2015 年进入新的高峰，以小米为代表的手机公司将达到峰点。前三个周期没有产业技术的显著改变，没有出现 iPhone 这种颠覆性的生态系统，所以诺基亚在全球领先近十个年头，厂家有更替，但是商业模式雷同。而第五波手机周期的代表将是 O2O，谁能把 O2O 做好谁就能赢，这个黄金期应该是在 2017 年和 2018 年，手机厂商还有三到四年时间去布这个局，能否把这个局布好，是未来能否在激烈的竞争中胜出的关键。①

1. 创新是关键

通信电子业从早期较为稀缺的电报电话发展到今天广为普及的通信服务，从单一话音业务发展到多媒体通信和综合信息服务，从窄带到宽带，从低

① 杨启敏，《金立手机：渠道红利消失之后的 O2O 营销》，http：//www. chinaadren. com/html/file/2014 - 4 - 8/201448151305. html.

速传输发展到高速传输，无一不是技术创新在其中发挥了不可替代的作用。在企业环节同样如此，技术创新及其成果转化对企业在通信电子业站稳脚跟有着至关重要的作用，而不重视、不能有效创新，则将直接制约着企业的发展壮大。比如在移动领域的诺基亚，其曾经也有许多创新的想法，比如该公司最先推出拍照手机、音乐手机，并提出了应用、平板电脑等最新移动概念。但遗憾的是，虽然诺基亚看到了未来的发展趋势，但却并未能把握住机会，始终未能消除手机功能第一的想法，这导致其忽略了那些极具价值的新想法，从而影响了其市场能力。

2. 直面终端

传统的营销模式一般采取的是 B2B，即 Business to Business，也就是生产厂商对运营商的方式，生产厂商将产品交由销售代理商。这种模式是双刃剑，虽然能把产品迅速分发出去，成本回收快，但却使厂商无法接触终端用户，缺少了交流与沟通，消费者的需求很难迅速反馈到生产商，严重影响了产品的及时更新换代，尤其随着现今消费者对手机需求内容更新极快，消费者的需求无法很快被满足则意味着产品难以在市场立足。另一方面，在 B2B 的模式下，利润分配问题难以平衡，渠道逐层分利，消费者单机到手价格从 1 000 元翻到 2 000元的情况时有发生。更大的问题在于库存的麻烦，从全国总经销到地方代理商层层压货，比如发出去 100 台机子，可能终端仅卖出去 10 台，这样不可避免地带来渠道隐忧，如果厂商不管，出现经销商甩货卖的情况，必定会把整个价格弄乱，加之手机本身就更新换代快，更容易造成经销商低价甩卖。最终落到大批低廉出货的情况，以后就很难再有人敢拿你的产品售卖了。因此，直面终端消费者的营销方式颇为值得尝试，比如中兴努比亚手机的 B2C 做法，直接在大城市铺设产品旗舰店，设置全国直营和加盟网点，所有网点都由产品源发地直接供货，做到线上线下同价、城市之间同价的扁平式管理，而不是通过各地销售代理商一层一层往下走的传统 B2B 模式。

3. 从粉丝入手挖掘市场

对于通信电子产品来说，粉丝团有着不一样的意义和价值，换句话说，粉丝团既容易迅速形成、横空出世，也能够很快解体、烟消云散，套用一句话说就是“这是一个最好的时代，也是一个最坏的时代”。如何打造并运用好自己的粉丝团体，对通信电子产品的市场有着无与伦比的重要性。

先要打造粉丝团，可以根据自己的产品特点，先锁定一个小圈子，搞定一批铁杆粉丝，包括自己的亲友、同事等，以此为基础逐步积累粉丝。比如小米手机把用户定位于发烧友极客的圈子，乐视电视则将用户定位于追求生活品质的达人。锁定粉丝团之后，接着就是寻找目标人群喜欢聚集的平台比如微博微信等，以此作为扩展粉丝团的重要阵地。第二步，有了一定规模的粉丝之后，就可以根据其需求设计相关产品，在这个群体中进行小规模产品内测，认真研究其反馈意见建议，对产品进行完善。随后，举办产品发布会、新产品社会化营销与线下渠道发售，紧接着通过互联网软件把售出的这些产品联结起来，让这些产品以及背后的人变成一个社群或者体系，对此进行分析及数据挖掘，以确定群体的消费习惯与需求。以此为依托，反过来再更新产品和投入市场。

4. 有效区分客户群

任何通信产品都应有自己的独特定位，要有针对性地生产销售符合某一目标客户群体的产品，专业专研，精益求精，使自己在市场上无可替代。比如OPPO的产品规划都是以消费者类型来划分的，每年年初其都会针对每个系列的目标人群做相应的调研分析，如Find系列定位为“领先技术，全能旗舰”，面向的目标人群是偏理性的、追求品质和细节完美的年轻消费者；N系列则定位为“旋转镜头，创意拍摄”，面向的目标人群是年轻时尚、热爱生活、追求新鲜事物的潮流引领者；R系列则定位为“纤薄设计，至美外观”，面向的目标人群是青春活力、追求新奇和乐趣的年轻群体。需要提醒的是，要推出的每款手机的个性，应该是竞争激烈的手机市场所需要的独特标签。

再如京东的“精准营销”，这牵扯到大数据，其投入大批技术研发力量，可以做到非常准确地分析出客户的潜在需求、消费习惯和购买时机，甚至可以“量身定制”，为每一个用户都推出专属的营销方案。从某种角度上讲，精准营销会存在于每一个营销工具中，凭借自己掌握的有关消费者的各种海量数据，在各个层面提升转化率。

5. 切合消费者需求

对于一件消费品来说，每位用户都会有自己的个性化需求，要想让自己的产品卖得好就必须得弄明白谁是用户，用户真正的需求是什么，以及怎么去引爆他们的需求。这个需求不仅有特定社会、特定消费群体长时间以来形成的固定习惯性特征，对于当前的通信电子业来说更有其变化百端快速变换的不稳定性，能够适应甚至引领这个变化的往往能够笑到最后，否则很可能一蹶不振、落荒而逃。比如诺基亚失败的经历，平心而论，直到今天，诺基亚手机的稳定性和耐用性有口皆碑，但在需求日益多元化的今天，对于换代周期只有 18 个月的手机这类时尚电子产品，产品质量只是消费者选择产品考虑的因素之一、而不再是唯一标准，特别是对于那些更换手机更频繁的年轻用户，质量在其选择权重中可能还比不上外观、功能和价格，靠质量稳定这一卖点，诺基亚已经无法吸引最有活力的年轻用户。诺基亚手机的衰落即是漠视消费者需求的严重后果。再比如微软 Windows8 之所以失败，一个重要原因也是在研发过程中，公司与开发人员、用户和媒体沟通很少，也很少听取用户的反馈意见或者根据用户的实际需要重新设计产品。而实际上，Windows 过去的 XP、Win7 系统已经足以满足消费者的需求，而且 PC 市场已经走向衰落，用户没有必要去改变而选择 Win8。

相比之下，联想则在满足消费者需求方面做得很到位。愿意为用户的需求做出改变，这是联想的传统优势。对于用户的每一个独特需求，联想的投入都非常大，其一贯细致研究客户需求，并把握好创新和效率成本之间的平衡。这种做法也让联想收获颇丰，比如 2014 年，海底捞的部分门店放弃 iPad 而选择了乐 Pad，原因很简单：基于 iOS 的菜单系统太麻烦，而联想则愿意根据他们的需求做定制化开发。

6. 以体验争夺市场

互联网最显著的特点是更新快，低价竞争已不再管用。尤其智能机如果一再拉低价格下限对厂商来说无疑是自残，将大大压缩厂商的利润空间。从产品发展的角度看,市场竞争最终还是要回归到产品体验层面。随着移动通信网络的更新换代,终端产品、业务形态都会发生一些变化,在这个时候,消费者更为关心的往往不再是品牌,而是体验。国内厂商如果能抓住这个契机,硬件和软件双管齐下,积极创新,则很有可能在4G换机潮中占得先机,而这种可能的重中之重则是创新,应用、体验的创新。

7. 敏于行动

现在的手机产品更新换代极其之快,一旦有符合消费者需求的机型就应该立刻研究推出,迟缓则将坐失良机。反面的例子如三星在转型中的动作迟缓,接连丧失手机互联网中的大好时机。成功的例子如OPPO的4G战略,其所以能够夺得4G销量第一的宝座,重要的原因就是抓住了好的切换时机,战略调整及时,好的产品及时卡位。从2013年12月4日,中国发放4G牌照之日起,OPPO就决定停止所有3G新产品的研发,压缩3G产品的生产计划,减少通路库存,全面转型4G。决策之干脆、大胆超过了国内绝大多数同行厂商。所谓有舍才有得,发现机会立刻动手把握,是成功的重要基础。

8. 注重线下

虽然O2O模式如火如荼,争先瞄准线上开拓成了现在很多厂商的重点战略,但必须清楚的是,互联网模式发展到一定程度,一定要往线下走,比如售后、体验这样的功能服务,必须靠线下门店来解决。根据有关共识,“运营商渠道40%,传统渠道40%,线上20%”的四四二格局将会是稳定的格局。一方面,运营商有套餐支持,网店密布;另一方面,传统经销商的优势也在于渠道下沉;而电商的配送范围还需进一步向三四线城市及更后方扩展。随着线上“引流”成本的增加,电商效率将降低,而与此同时的线下渠道则将在竞争中不断提高战斗力。电商与传统企业会往中间靠,当两个模式的成本和效率接近时就形成平衡,这个平衡点“电商的占比很可能即是20%”。另一方面,对于消费者来说,他们不会严格界定选择线上还是线下,而只会选择他们方便、喜欢的方式去购买产品,这也对厂商提出了要求,即所有品牌最终必须实现线上线下同价。有关数据显示,即使在电子商务最发达的美国,线下消费的比例依旧高达92%。电商模式重营销轻售后、重推广轻体验的缺陷不容忽视，如果无法协调好产品、渠道、售后的关系，那么因品质和售后问题而导致的品牌信任危机必将带来致命的危险。像OPPO在注重线下这一块做得就非常好，其在利用互联网平台的基础上充分强化了自身的原有优势，这种不轻易跟随却能在在线渠道反客为主的思维模式，极有可能帮助OPPO在接下来的残酷市场竞争中赢得胜利。

注重线下还有一层含义，即渠道下沉。举个例子，比如京东的O2O战略，其很大的价值之一就是渠道下沉。第一轮他们选择的便利店连锁企业，除了北上广之外，东南西北各选了哈尔滨、乌鲁木齐、呼和浩特和南宁的一家便利店。京东甚至希望未来在O2O的体系中加入超市、建材连锁店、面包店等业态，正是希望在这些电商相对不发达的区域，把用户引到社区服务。

9. 维护客户关系

现在的很多传统企业，线上业务尚可追踪用户信息，线下业务则仍然维持着粗放式的管理，根本无法考证每天的客流量，用户都关注了哪些产品，哪些用户是老用户，哪些是新用户，以及如何对其开展促销等，这些信息一概没有，对于加盟店或者经销商门店，甚至连基础性的用户姓名、联系方式数据都无法保证真实性和可靠性。这样的做法显然十分不利于市场的拓展。

那么，传统的通信电子企业应该如何建立并精确地维系自己的用户圈呢？苹果的CRM做法可以借鉴，其实换个角度来说，苹果做的就是全渠道营销。国内传统通信电子企业在无力构筑自己强有力的体系情况下，实际上可以借助于目前业已成熟的体系，去打造全渠道的营销，也就是所谓的实体商务电子化。具体来说包括以下几个步骤：首先，实现全运营流程的互联网化，在线下的和最终消费者有接触的触点上，部署互联网入口，将线下业务转化成为线上业务，这是基础；其次，消费者体验再造，即将企业的线上线下资源平台化，也就是对于消费者而言是一个统一的接口，并简化消费流程；第三，建立起以消费者为中心的全营销体系，使企业与消费者更多互动，了解和满足消费者需求。

10. 活用互联网手段

拿未来互联网营销的重要方向——程序化营销来说。当系统有足够多的客户数据时，其可以通过在系统中设定条件，让系统代替营销人员去跟客户智能化地沟通。这其实就是我们经常提到的“人工智能”。实际中的例子如京东，其正在完善自己的机器人客服体系。在理想状况下，系统会自动学习每一个用户，然后非常智能地跟你对话，推送真正有价值的产品，真正实现让“广告成为内容”，去帮助用户解决问题。

传统企业还可以借助大数据对其供应链进行优化，比如可以根据区域市场需求和表现，调整仓储布局，使仓储能力和所辐射的区域高度契合，并帮助企业进行合理备货和补货。而在“最后一公里”的配送方面，也可以借助定位技术，为每一位配送员设计最优的配送路线，以最少的时间、最大的效率进行配送服务。通过对用户基本属性、购买能力、行为特征、社交网络、兴趣爱好等消费特征大数据分析，提前发现用户需求，开展主动服务。

第五章　家电业的风生水起

一、颠 覆 之 变

随着互联网经济时代的到来，目前的家电行业领域，电商平台迅速发展。一些大家电企业如美的、海信、创维、TCL、康佳等都纷纷在天猫、京东商城等开设了自己的旗舰店，而格兰仕、万家乐、华帝等早在几年前就以旗舰店、专营店、加盟店等方式悄然进入电商领域。从各大主流电商反馈的信息来看，目前家电网购的覆盖区域正从以北京、上海、广州为主的一线城市向二三线城市迅猛扩展。《2013上半年家电网购分析报告》显示，网购已成为消费者购买家电类产品时的重要选择，家电网购销售增幅远超过传统渠道。2013年上半年，我国B2C家电网购市场规模达530亿元，其中平板电视、冰箱、洗衣机、空调等四类家电产品网购交易额共计137亿元。报告预测，中国家电网购市场的规模将持续扩大，2015年，中国市场网购家电（不包含手机）的销量占整体家电销量的比例将达到15％。

互联网时代的到来彻底颠覆了家电业原有的产业发展形态，一种新的基于消费需求之上的发展生态已经形成。事实上，互联网时代带给家电业的最大变化不是产品形态与品类丰富度的变化，而是消费形态即市场需求的快速变革，随之而来的则是企业发展模式以及产业生态的快速变革。

其一，模式之变。与此前单向的“制造企业——渠道——消费者”的产业流程不同，互联网经济时代要求整个产业形成“消费者——制造企业——渠道——消费者”的双向产业流程，这意味着为了适应日趋个性化、碎片化的消费需求，企业必须颠覆原有的发展模式才能适应这一变化。也就是说，企业必须从两个维度进行变革，一是对消费需求的敏感度，即把握消费需求变动的能力；二是相对完善的工业创新体系，这是企业满足用户需求的基础保障。这两个维度相辅相成，决定着企业在全球市场竞争中的地位与话语权。发展模式的变革将带来产业格局的变化，从本质上说，当前全球经济环境包括全球经济形势的反复波动带来的都是消费需求的变动，只关注企业自身利益的时代已经过去，企业更应关注的是消费需求的变化以及综合消费福利。这就要求企业必须从以前的短缺时代的发展思维中迅速转变成过剩时代下的新的发展模式，而这一模式正是以对消费需求的把握与满足为基础的。①

其二，生产之变。互联网时代带给家电业的最大影响，其实就是推动整个产业从之前的大规模制造向大规模定制转型，在这一过程中，不断变化的消费需求起到了至关重要的作用。从本质上看，互联网时代实现了产业角色和流程的相对逆转，消费者从以前的被动接受者转变为需求的主动提出者。由此看来，追求从社会性角度创新产品与服务已经成为家电企业创新活动的新方向。互联网时代的产品创新兼具技术和消费两个方面，这种模式将掀起更大力度的产业洗牌。

其三，营销之变。进入互联网时代的中国网民数量和网购规模高速增长，网购渠道的高速增长也给整个家电业销售业态造成巨大压力，资料显示，以电视机销售为例，2012 年线下销售电视 4 025 万台，同比下降 3.8%，而线上销售为 200 万台，同比大幅提升。受线上渠道猛烈冲击的影响，线下的实体门店数量增长缓慢，销售额增长乏力，被迫开始探索从单一实体渠道向线上线下融合的变革之路。互联网让传统的家电零售渠道发生了翻天覆地的变化，未来的零售业态将从实体渠道向 O2O、O2M 及全渠道方式展开变革，家电行业作为零售业中触网较早的业态也不例外。

其四，渠道之变。随着家电产品向大屏、智能化方向发展，整体家电市场的产品均价呈小幅增长趋势。电商不再只是企业和清理库存的渠道，而是更多承担起品牌宣传与新产品推广的责任。随着 O2O 日益融合，电商渠道产品均价增长趋势愈加明显。互联网电商业务的冲击导致家电实体渠道价值度整

① 《互联网经济时代家电业传统发展模式已过时》，《经济参考报》，2011 年 7 月 26 日。

体下降，从渠道对家电市场的价值来看，社区店满足了消费者对购物体验、便利性即增值服务的需求，发展较为迅猛，但目前规模相对较小。O2O 模式不断深化发展而成为高潜渠道。同时，家电专卖店由于网点数量多、深耕三四级市场、贴近消费者、具有较高的用户黏性等特点而成为未来市场的优质渠道。这两大自控渠道的价值度相对较高。对于大连锁、区域连锁与百货渠道，由于受电商的冲击较为明显，这一渠道已经开始调整结构，积极拥抱互联网或构建电商平台，走虚实融合转型之路成为渠道转型的典范。超市渠道由于服务能力与用户黏性较差，缺乏竞争力，市场份额正被侵蚀，面临危机。这些渠道未来都将面临转型变革的命运。①

其五，智能之变。智能化拐点的出现，也拉开了家电业变天的前奏。让很多传统家电企业难以想象的是，现在很多人出差只要一部智能手机在手，吃、住、行所有事项几分钟就可以搞定。这种新消费行为的背后，是一系列革命性技术的支撑——大数据、云计算、云平台、智能感知、智能交互，等等。继手机、电视智能化之后，智能化的大浪开始汹涌澎湃地冲击白色家电这个看起来离智能化有点远的产业。智能化不会给传统家电行业留下任何一个死角。而对于所有家电企业来说，面对已经变天的家电行业唯一能做的，就是顺势而为——加速白色家电智能化转型。

二、百 家 “争 鸣”

1. 海尔“小微”再造与创新整合

海尔创立于 1984 年，经过近三十年创业创新，从一家资不抵债、濒临倒闭的集体小厂发展成为全球白色家电第一品牌。作为第一位跻身千亿俱乐部的家电巨头，海尔如今在制造业上的盈利能力却已被同属千亿阵营、员工密集型的格力、美的反超。青岛海尔 2013 年财报显示，2013 年公司实现收入 864.88 亿元，同比增长 8.30%；归属于母公司股东的净利润 41.68 亿元，同比增长

① 李韶文，《互联网促传统家电零售渠道大变》，《国际商报》，2014 年 3 月 6 日。

27.49%。海尔集团旗下另一家上市公司海尔电器年报则显示，2013 年销售额实现 622.63 亿元，净利润为 20.37 亿元。两家上市公司营收接近 1 500 亿元，净利润达到 62 亿元。相比之下，2013 年，美的集团营收 1 210 亿元，净利润 73 亿元；格力电器营收 1 200 亿元，净利润 108 亿元。海尔集团总营收远高于美的与格力，但净利润排在格力 108 亿元和美的 73 亿元之后。

从目前实际看，在空调上，海尔没有格力的专利技术与核心竞争力；在冰箱洗衣机领域，又被美的等其他家电企业抢去了不少份额；做手机，没有研发，没有技术积累，没有后续的推进，最后只能流于形式……如此，海尔现在就只剩下商流和物流了，制造业越来越受到忽视。海尔总是最先提出新的管理方法，但是却无法执行到位，根源在于海尔长久以来形成的“只唯上”的风气、领导的个人崇拜、人才激励机制，这都让海尔在面对新东西的时候跑在前面却最终被落在后面。这恐怕也是五年前海尔就提出要从制造型企业向服务型企业转变的问题之源，这说明海尔的制造能力会越来越淡化、弱化，甚至下游的一些工厂和生产线会卖掉，其产品则需要外包。据悉，目前海尔的彩电等业务已经交由外包生产。不可否认，海尔正经历着史上最为严峻的变革和挑战，不得不苦寻生机。转型互联网成为海尔的选择。

为了实现互联网转型，海尔主要做了如下工作。

其一，万人裁员，清除人员组织障碍。近两年，海尔不但对员工进行大裁员（2013 年裁员 1.6 万），对其中层也进行了“清洗”。海尔的这一行动一方面与中国制造业大举裁员的背景有关，将明显节约企业的人力成本。另一方面与当下的海尔部分中高层的经验主义往往阻碍企业的变革有关，这批中高层多是中老年人，对新思想、新思维接受能力比较差，缺乏开放、创新、先进的国际视野，习惯用经验主义来判断业务发展，而在海尔迈向互联网转型的今天，海尔更需要的是大量新生力量的支持。此外，原来海尔有个考核班子和很复杂的评价体系，而现在海尔采用的是用户直接评价，不再需要大量管理者。

其二，“小微”再造。2014 年年初，张瑞敏指出，现在的海尔不是给每个员工提供一个工作岗位，而是提供一个创业机会。按照规划，海尔开始推动企业 6 万多名员工创业，组成自主经营体，成立 2 000 多个“小微企业”即创业小组。相当于过去海尔是大商场，现在变成了农贸市场，里面有很多摊位，每个摊位都有一个小老板。不少职能部门的人员都被调去各个区域的小微公司，也就是从原来的管理人员变成了一线人员。这种“自主经营体”模式让海尔正常的企业经营受到很大冲击，内部很多员工对这种做法并不认同，纷纷辞职。同时，把整个公司拆分成几千个小微体，在简单化组织结构，增强决策与市场反应速度之余，如何管控好这么多组织也是一个难题。鼓励员工有创新的想法或项目，然后再进行成功投资，应该是海尔此次变革的思路之一，这让海尔看上去更像是一个创投平台。这意味着海尔将来要弱化制造能力，主攻研发平台和标准，目标是向苹果公司学习。这样的转型风险很大，一是海尔没有强大的研发能力和队伍，二是相比起西门子等高端品牌，海尔的品牌形象仍旧较为低端。海尔作为一家家电企业，它的“本”就是给消费者提供产品，“末”才是商业模式，目前海尔做法难免有“舍本逐末”之嫌。对于在创投领域没有什么技术积累，更没有经验的张瑞敏和海尔来说，这种转型也许是一种尝试。①

其三，从内部驱动到用户体验驱动。通过互联网为用户提供与海尔虚实互动的平台，通过海尔官网、Facebook 及海尔虚拟展厅等网络工具，吸引粉丝，在线体验、互动设计等，获取用户的碎片化需求和创意，并通过业务分析与优化技术，准确洞察市场和把握需求，使前台和用户的交互平台与企业后台的研发系统、营销系统、供应链系统能够形成无缝对接；并借助其 HOPE 开放式创新平台、模块化研发以及信息化的供应链，快速响应用户需求，实现零库存下的“即需即供”。与此同时，海尔电器作为主体日日顺以交互平台和配送平台推进平台型的商业生态网，通过打造营销网、虚网、物流网、服务网四网融合的竞争力，为用户“24 小时按约送达、送装一体”，提供虚实融合的最佳体验。四网融合的竞争优势为旗下的流通渠道“日日顺”吸引来了国内外著名家电品牌合作，开放的大件物流平台为全国 5 大电商以及家电家具企业提供服务。

其四，建立海尔员工社交化工作空间——信息交互平台。搭建企业级的信息交互社区，利用社会化网络服务实现跨部门的协作与共享。通过与云图、创意工场等系统的对接，将用户对海尔产品的创意与建议接入海尔内部，实现

① 后事之师，《海尔智能化转型“颠覆”还是“颠倒”》，http：//www. managershare. com/post/142472.

全流程用户交互体验闭环。所谓云图，是一种大数据云平台，可以搭建互联网海量用户需求数据通路，建立感知用户脉搏的雷达体系，实现互联网用户需求的全景展现，从而驱动全流程满足用户需求。①

2. 长虹的家庭互联与智能基因

长虹电子集团创立于 1958 年，前身国营长虹电器厂是我国“一五”时期 156 项重点工程之一。长虹从军工立业、彩电兴业，到目前发展成为集军工、消费电子、核心器件研发与制造为一体的综合型跨国集团，向具有全球竞争力的信息家电内容与服务提供商跨进。2014 年，长虹品牌价值超过千亿，达到 1 016.86 亿元。

为推进互联网转型，长虹第一项工作是，体制创新与对外合作“两手抓”。从 2004 年开始积极进行体制创新，推行内部创业计划；同时开展对外合作，弥补自身短板。长虹以“基金＋基地”方式，实施员工内部创业计划，设立长虹创投基金，极大地挖掘了其内部潜力。长虹创投规模不小于 2.5 亿元，其中长虹出资 5 000 万，来自国家发改委及四川省政府的配套引导资金 1 亿元，再向社会公开募集资金 1 亿元。实施以来成效明显，长虹集团首批申报的内部创业项目已达 19 个，涉及软件开发、移动互联网、基于 4G 的移动视频通讯云平台等。同时，长虹积极拓展外部资源，先后与 IBM、资本宽带密谋“大数据”，与未来电视、中国电信等在 TMT 等新兴产业领域展开合作，从而获得了丰富的外部资源，为家庭互联网布局奠定了基础。②

其二，打造云平台，加强联盟合作。为最大限度降低并控制互联网转型带来的风险，长虹成立与互联网业务相关的机构，按照信息产业和传统产业的产业结构，有针对性地实施转型升级——建设云平台，搭建互联网运营平台及营销信息化平台、电商服务平台。强化现有终端产品的智能化，拓展新型智能终端，推出系列智能产品，并不断加强终端的协同，形成系统解决方案。在发挥公司硬件资源优势的同时，加强联盟运作，积极寻求软件、网络方面的合作，构

---

① 两化融合管理体系联合工作组秘书处，《海尔网络化战略下的 IT 转型》，http://www.cspiii.com/yj/al/2014-05-28-1039.html.

② 段红彪，《长虹凭强大产业能力转型互联网》，中国新闻网，2014 年 5 月 30 日。

建开放的家庭互联网平台，以开发的心态吸引硬件厂家、软件第三方开发力量、互联网内容提供商以及参与价值创造的消费者来共同打造家庭互联网的生态。

其三，布局家庭互联网。目前由家电企业定义的家庭互联网正在悄然兴起，在2013年10月科博会举行当天，中国第四个国家数字家庭应用示范产业基地正式在绵阳挂牌，作为这一基地的牵头单位，在基地首批应用示范项目中，四川长虹通过构建集芯片设计制造、软件开发、整机研发制造、系统集成、内容服务于一体的产业链，将致力于市民卡、e物业服务、智能教育、农副产品供销新模式、数字家庭智能信息终端及系统研发、智能电视软件平台、智能白电、智能外设配套等项目的研发。目前，长虹成功推出CHiQ电视、冰箱、空调，初步实现从终端向“终端＋数据＋服务”转型，成功布局家庭互联网。长虹以一套完整的技术架构和生态系统实现多终端协同、便捷交互、广泛连接，为消费者创造越来越自在、越来越舒适、越来越简单的家庭生活。①

其四，强化“智能基因”。在传统家电企业向互联网企业转型的变革浪潮中，是否提前培育智能基因是成败的关键。而长虹则自2004年以来即开始着力培育信息电子领域的共性和基础技术，目前已形成以软件（操作系统）＋硬件（芯片）＋服务（大数据）为代表，定义信息家电的核心要素（技术、管理模式、人才储备等），和面向大数据时代的智能基因，为推动长虹向互联网转型，催生智能家电创造了良好的基础。2013年10月，长虹提出家庭互联网战略，其“终端＋数据＋内容＋服务”的新商业模式颠覆传统，引领了行业转型方向。正是以此为基础，依托多年在硬件、软件、产业链方面积累的智能基因，长虹智能战略快速落地，其推出的CHiQ系列产品使得公司的新商业模式获得成功。以CHiQ为代表的长虹智能终端正在“硬件＋软件＋服务”上体现出智能基因的价值，让企业形成硬件、软件、服务商的差异化竞争优势，催生信息家电，以领跑者优势推动家电行业IT化，为消费者创造交互、连接、协同的差异化智能体验，从而具有巨大的社会和经济效益。②

① 《长虹“家庭互联网”落地》，《金融投资报》，2013年10月16日。

② 数字家庭频道，《长虹智能基因出硕果》，http://dh.yesky.com/432/36875432.shtm.

3. TCL 的“双＋”战略与组织再造

TCL 集团创立于 1981 年，是全球性规模经营的消费类电子集团之一，已形成以王牌彩电为代表的家电、通讯、信息、电工等四大产品系列，2012 年成为全球仅次于三星、LG 和 SONY 的第四大电视制造商。2014 年 2 月，TCL 集团交出了一份靓丽的财务报表，净利润同比增长 126.7%，达到 28.9 亿元。其中略显尴尬的是，TCL 的主业之一，多媒体集团出现了小幅亏损。在这种背景下，TCL 开始了一场号称史上最大规模的战略调整，提出了向互联网转型，即专注于“智能＋互联网，产品＋服务”的“双＋”战略。这给 TCL 集团带来了丰厚的效益和利润回报。具体来说，TCL 互联网转型的做法主要有：

其一，“双＋”战略布局。产能过剩、互联网企业“跨界”给包括 TCL 在内的传统家电企业带来压力。2014 年年初，TCL 提出“智能＋互联网”、“产品＋服务”的互联网转型“双＋”战略。战略实施半年来收效明显，仅仅 2014 年上半年，TCL 集团的净利润增幅已超过 50%。而下半年将加速实施战略转型，其智能电视将推出“全球播”服务，电视游戏平台也会有迭代；通讯业务，则会发布云服务产品；互联网金融服务下半年也将落地；智能家庭第四季发布具体产品；线上线下渠道融合的 O2O 系统 11 月上线。最终实现“从终端到系统，从产品到服务，从线下到云端，2014 年把‘双＋’战略的基础框架搭建完毕。”①

其二，组织和文化再造。如何在传统彩电、手机的“硬件”业务基础上，发展新的应用、服务业务，是 TCL 转型的重点，这离不开组织和文化的再造。为此，TCL 多媒体已新成立互联网事业部，拓展内容、服务业务，2014 年不断推出新的产品和服务，陆续推出微信电视、教育平台、生活平台等。TCL 的组织文化再造有着深刻的思考和实用价值，比如其组织架构转变成立的移动互联网事业部就有三个功能：首先帮助现有智能手机业务，在营销、客服上创造一个好环境，带入电子商务时代，与用户沟通；其次，创造出一些新应用，与硬件结合；第三，TCL 通讯不只做智能手机、平板电脑，未来还会做可穿戴产品，这个部门还负责建设一个开放的云平台，使将来的新产品都可以被服务，而且可

① 王珍，《TCL 提速互联网转型》，《第一财经日报》，2014 年 8 月 5 日。

以互联互通。目前TCL集团的O2O公司已经完成组织结构重构,2014年11月开始运作。其业务的商业模式是:实现物流和售后的整合,通过虚拟网、实体网、物流网、服务网的搭建,为用户提供"社交化、本地化、移动化"的服务。

其三,抢夺入口与经营用户并举。按照TCL的规划,五年内成为智能电视、智能手机全球前三;积累1亿家庭用户+1亿移动用户;来自产品与服务的利润贡献各占50%。从现有市场来看,TCL的利润几乎全部由产品构成,这意味着未来TCL业务要发生很大变化,这对于TCL现有的产品和服务都将提出不同层次的诉求。其中,TCL通讯会以云战略来配合转型,而TCL多媒体则会选择娱乐化的方针。具体到产品层面,TCL未来将有四大品类组成:智能健康电器,智能电视及机顶盒;智能家居及家庭云;智能移动终端及可穿戴设备。服务层面,将针对用户的服务聚集于四大业务群:内容、应用服务、O2O和金融服务。其中应用服务指的是欢网科技、OTT业务和全球播业务,而金融服务则指的是财务公司、银联支付、小额信贷、第三方支付和消费信贷;O2O主要是涉及线上线下的整合,业务集中在客音服务、速必达、酷友、地面体验店与专卖店;内容则是mMAX、TCL文化传播、游戏、网络孔子学院和奥鹏教育。①

其四,着力移动互联网与电视结合。TCL密切关注移动互联网的飞速发展,探讨电视与移动互联网紧密结合的各种可能,比如其曾经推出的跨界产品iCE SCREEN就是一个移动互联网与电视结合的很好示例,iCE SCREEN没有电视接口,但是又具备移动互联网终端的功能,它重新定义了一个消费市场,更好地体现出了TCL的差异化优势。另外,TCL还将推出互联网与电视结合的新一代产品,能够在操控体验、智能云应用、系统硬件方面为消费者带来完全不同的体验。②

其五,打造粉丝经济。针对用户平台的打造,成立"铁粉"平台。用户可借此参与TCL的产品设计、研发、测试、评价全流程。TCL将建立用户数据库,挖掘用户价值,为用户提供超预期的体验。到2014年一季度TCL欢网科技

---

① 锐观察,《解密TCL转型:企业如何互联网化》,http://www.cio.com.cn/eyan/247993.html.

② 孙鸿凌,《TCL互联网转型路在何方》,中国电子报、电子信息产业网,2013年3月5日。

已拥有将近 500 万智能电视用户，并通过与爱奇艺、华数、百视通等合作为众多的 TCL 智能终端用户提供服务。而“TCLoud”则已拥有近 200 万国内客户，并将和国内运营商和服务商合作，为每年增加的数千万智能移动终端用户提供服务。TCL 投资的奥鹏教育，正在为 400 万学生提供远程网络学历教育服务，在线大学教育用户数量位居国内第一。新成立的 TCL 文化传媒公司，主要通过影视投资、媒体运营和特许商品的经营，并借助 TCL 好莱坞大剧院和好莱坞影视资源，实现为用户提供多样化的内容体验。①

TCL 的互联网转型为其发展带来了新生。

4. 美的物流解决“最后一公里”

2014 年 3 月启动“智慧家居”战略转型之后的美的积极推动线上线下的渠道融合，实现从线上的电商平台到线下的旗舰店、服务中心等原本零散资源的对接。美的集团控股的安得物流作为连接线上与线下、打通企业与用户的“骨干脉络”价值显得至关重要。②

其一，整合旗下所有事业部电商平台，为解决“最后一公里”提供基础保障。2014 年 3 月，美的集团成立集团层面的电商公司；4 月，美的天猫官方旗舰店开张，美的全品类产品统一在该电商平台销售，同时，美的粉丝社区推出；5 月，美的官网全面对接爱美的(iMidea)商城，移动端也发布上线；6 月，美的官网会员中心、售后服务升级、旗舰店 O2O 应用完成开发，正式服务美的用户。2014 年美的集团重点发展旗舰店功能“四位一体”，包括线下销售、线上销售的送货、售后服务和会员服务，每个旗舰店有一个大屏，顾客想要的东西如果店里没有，可上网买；店里提供不到的服务，也可以由统一的后台提供，以互联网来扩充旗舰店的产品和服务。预计 2016 年美的旗舰店将达到 4 000 家，最终形成全国、区域连锁以及电商、旗舰店“三大核心渠道体系”，完成对用户需求的全方位覆盖。无论是线上的美的电商旗舰店，还是线下的美的旗舰店、售后服务中心，都是美的面向用户的平台和资源。

---

① 傅豪，《TCL 集团推 O2O 加码互联网转型》，《中国证券报》，2014 年 4 月 10 日。

② 《美的布局 O2O 物流解决“最后一公里”》，《经济参考报》，2014 年 7 月 21 日。

其二，安得物流强力支撑“智慧家居”战略。为实现美的“智慧家居”战略布局，强化与美的集团“最后一公里”对接，安得物流将大力发展32个分公司间1 000条省际运输干线，并发展各省省内2 000条配送支线。2014年下半年到2015年，安得物流将实现O2O服务的全面布局，在三四级市场，覆盖全国1 800多个县，打通“最后一公里”。到2017年，在全国形成7个一级分拨中心、24个二级分拨中心，覆盖全国80%的乡镇。在最后一公里的配送环节，安得物流将投资50亿元在全国自建综合配送中心，预计2015年底完工自建仓总面积200万m^2，主要分布在上海、南京、合肥、沈阳、天津、郑州、重庆等地，同时，在其他地区还将进一步整合社会资源，形成80个区域仓储和4 500家物流供应商，打造丰富的“干线＋支线＋交叉配货＋仓储网络”的综合运营体系。也就是说，在美的集团的立体渠道布局体系中，安得物流将承担起“打通最后一公里，无缝连接用户需求”的重要职能，成为美的在互联网时代横向整合资源的战略一极，并将为美的集团整体营收增长带来“厚积薄发”的持续动力。

5. 康佳的“新常态”转型

康佳集团成立于1980年，是中国改革开放后诞生的第一家中外合资电子企业，主要从事彩色电视机、手机、白色家电、生活电器、LED、机顶盒及相关产品研发、制造与销售，同时开展精密模具、变压器及手机电池等配套业务，是中国领先的电子信息企业，海外业务也已拓展到100多个国家和地区。随着电视进入互联网时代，彩电行业的商业模式也在新的环境中变化着。2014年，国家领导人提出的适应中国经济发展“新常态”理论在各个行业引起反响。在国产彩电行业内，康佳集团首先发声，表示彩电行业实际上也踏入“新常态”发展阶段。如何在“新常态”中准确定位，并适应这种变革，成为彩电企业应该思考的问题。康佳集团正是在这种“新常态”中寻找着机会。

其一，“解构”：以互联网思维迎接时代变革。随着互联网时代的到来，彩电行业面临着群雄逐鹿的挑战。对此，康佳的理念是要“挑战自我，勇于创新”。按照康佳的思路，变革的成功必须来自企业内部。这就好比一个鸡蛋，从外部去打破它，则会成为别人盘中的食物；从内部打破，就获得新的生命。以此为基础，康佳认为，从功能电视向接入互联网的智能电视演进，应该成为电视行业的"新常态"。在硬件上,传统电视的演进趋势是超大、超清、超薄、全色彩、全色域;在功能上,电视已转变为在互联网上可以自由行走的平台;而在应用上,电视则可以不断满足消费者的娱乐、购物、游戏、医疗,教育、广告等多层次的需求。①

其二,"重构":打造智能电视互联网运营平台。如何吸收互联网思想,带来新的产品与新的营销模式,是当前传统彩电行业面临的重要课题。2014年3月,康佳提出互联网转型战略,致力于以"易平台+易终端"打造中国首个智能电视互联网运营平台,以互联网平台与优质终端发展彩电。在打造"易平台"的过程中,康佳人以开放的心态与优酷、腾讯等互联网公司合作,合纵连横,博采众长,让平台更具开放性和包容性。康佳的这种融入互联网的思维和模式,成为中国首个智能电视互联网运营平台。而在"易终端"上,康佳的判断是,未来的第一屏是电视,吸引用户的产品必定是好的产品,而好的产品必须人性化,简单易用,交互良好,内容丰富,让用户喜欢用、乐于用,这样才会将娱乐、休闲时间放在电视上。

其三,"转型":产品与品牌年轻娱乐化。康佳的互联网转型并没有一味抛弃传统商业模式,而是进行产品与品牌的升级及年轻娱乐化。比如康佳的易TV精品电视,凭借其专业智能电视系统,更符合用户的操控习惯与使用体验,不断优化和迭代,从而真正满足了用户需求。在品牌升级中,康佳逐步推进品牌年轻化、时尚化、娱乐化,"娱乐"的因素必不可少,将娱乐理念注入康佳,比如邀请范冰冰成为康佳电视代言人更是如此。

可以说,在彩电行业"新常态"的发展阶段中,以康佳为代表的彩电行业积极拓展互联网思维,从彩电的特性出发,适应互联网时代的"新常态",在解构、重构、转型的过程中主动拥抱互联网,为用户带来了更好的产品与体验,从而也取得了自己的新成功。

6. 格力拓展产品与渠道

格力集团成立于1991年,是目前全球最大的集研发、生产、销售于一体的

① 林文,《康佳:适应"新常态"转型互联网》,《中国贸易报》,2014年10月23日。

专业化空调企业，拥有3万家实体店、7万员工、1 000多亿元年销售额。格力电器2013年业绩快报显示，年度实现营业收入1 200亿元人民币，增长19.9%，归属上市公司股东净利润为108亿元，增长46.5%。同时，2013年是格力成立20多年来收益最好的一年，利润过百亿，税收过百亿，提前两年完成预定目标。高处不胜寒，格力下一步迈向何方，同样让业界关注。2014年号称“传统产业电商化爆发元年”，移动互联网时代的线上线下战争，智能家居和物联网对家电产品的重构，以及空调技术的高速发展与更新换代，在让格力固有渠道战略受到前所未有挑战的同时，也迫使其思考能否多元化经营的问题。为此，格力也开始了互联网急速转型。

其一，渠道拓展之变。互联网带来的变化，让渠道变革和布局成为格力不能回避的现实。2014年2月，格力开始了与国美的合作尝试，被业界认为双方开启一个新的合作时代，据悉签约金额突破百亿。与此同时，在2013央视年度经济人物颁奖现场，阿里巴巴集团董事局主席马云亲自向仍在考虑如何“下注”的格力当家人董明珠伸出了橄榄枝，格力搭上了阿里的顺风车，现在的格力天猫旗舰店建在浙江，就是希望与淘宝总部在地理位置上接近，方便沟通。可见格力对电商平台的重视。低调运营了一年的格力天猫旗舰店，收益斐然。不过，只是通过合作布局互联网并不符合格力的思路，格力向移动互联网渗透的意图已经显现，2015年3月4日，格力的官方电商平台“格力商城”正式上线，格力在渠道拓展方面的全面“触网”也由此可见一斑。

其二，产品多元化之变。早在两三年前，格力的产品转型计划已经呼之欲出：即打造全球最好的家电产品，不仅是空调，还包括冰箱、洗衣机、电视机等一系列产品，帮助消费者实现一站式购买全球最好家电的目标。按照这个设计，格力作为全球最好的空调品牌，要将这种品牌优势延伸到旗下所有家电产品。于是，类似苹果商店的大型体验馆成为格力发展的新模式。2013年5月，全国首家“格力制冷科技体验馆”落户长沙。不仅如此，北京格力专卖店开始了新一轮升级，所卖产品已远远超出空调领域，摇身一变成为“顶级家电产品均可入驻的平台化销售终端”。

其三，股权结构之变。2014年2月，格力集团宣称将转让其49%的股份。这意味着格力集团虽然仍为格力电器第一大股东，但股权占比被摊薄，股权结构的变化引发的很可能是企业管理及战略方面的调整。随之而来的是格力的紧锣密鼓的新调整：3 月 7 日，格力电器发布磁悬浮变频离心机，当天董明珠增持公司股票 5 500 股，这是其担任高管以来首次增持；10 日，其又继续增持 100 股格力电器股票，这被猜测为格力高管增持的前奏。格力的股权转让，可能会优化公司的治理结构，而其股权和治理结构的调整，将会是其转型升级的必要铺垫。①

其四，布局电商，打造 O2O 产业链。格力的线下资源是其最重要的生命力，从 1997 年开始，格力采用和渠道商合资构建线下专卖店的方式，让渠道商的利益和格力捆绑在一起，实现渠道商利益最大化，这种多方共有的线下渠道，让格力的线下渠道更有动力。随着电商的不断冲击，格力 2014 年开启双十一之争，标志着其开启了线上销售渠道，最重要的是有机会借此打造 O2O 产业链。格力在继续强化天猫、京东等电视的销售能力的同时，还在开展着家电服务。通过线上下单寻求服务的方式，由当地的线下团队快速响应，打造线上联动线下的产业链，从而使得格力的产品销售和产品服务得到大程度拓展，这些动作都帮助格力树立了新的竞争优势。②

7. 创维的娱乐营销

创维集团成立于 1988 年，立足中国面向世界，以“专注健康科技”为理念，从不闪屏技术到健康云电视，再到天赐 4K 电视，一直引领着健康家电的潮流，为消费者带来超高质量的影音享受。在互联网时代到来之时，创维探索出了一条独具特色的营销之路，可谓是独辟蹊径。

其一，社会化互动：以娱乐引导消费者。冠名爱奇艺热门魔术节目《大魔术师》，在节目“辣评”环节中植入创维最新主推产品——互联网极客 GLED 电视 G8200——超高配置、快捷操作和极致娱乐体感的产品属性。同时通过娱乐化的内容，不断聚集网络声量，进一步推高节目人气，实现品牌产品与节目的双向促进。根据节目影响，创维随后推出的超快感型格指数“看你型不型”

---

① 《格力空调谋求急速转型》，http：//www. ocn. com. cn/info/201403/gelikongtiao170939. shtml.

② 《格力电商布局　打造格力 O2O 产业链》，http：//www. micronet. com. cn/mobi/News/1891. html.

的测试轻 App,以及节目、产品、互动合一的 minisite 进一步扩大了创维的内容影响力。对于“超快感”一词,创维实际上有着对目标消费者的深刻洞察。随着变迁,80 后一代逐渐成为社会主流消费群体,但是 80 后绝不是单调如一的,因此创维进一步发散了“超快感”的态度内涵,从超强毅力、愉快生活、知性内涵三个维度,设定了硬派酷客、关键人物、乐天达人等九大型格,全方位地命中各类 80 后自我定义,并最终吸引 80 后主动参与和分享“超快感型格测试”,形成广泛共鸣的传播,扩大创维品牌与产品的价值影响力。

其二,外围造势:以娱乐提升格局。如果说社会化互动是娱乐营销中聚集网络人气的核心武器,那么创维在央视《大魔术师》节目前后所进行的外围造势,即是对整体攻势火力的有效补充。通过对节目热点的挖掘,延伸明星娱乐价值,形成极具娱乐性的内容素材,全方位扩大传播声量;从文化、行业与企业战略深度出发,彰显互联网时代下创维的转型,形成一线明星热点、一线节目声势、一线品牌赞助商的营销格局。《大魔术师》作为央视主推的综艺节目,以独特的魔法题材,在广大魔术爱好者和明星粉丝间掀起了话题的高潮。同时借助央视平台优势,每期邀请一位重磅嘉宾,让十二期《大魔术师》星光熠熠。以此,创维拉升了冠名《大魔术师》以来整体营销的层次,将自身的娱乐营销格局推向了新高度。

其三,渠道贯通:互联网时代的传播脉络。在互联网时代,内容决定了影响力,但同时内容必须借助合适的信息传播渠道,在围绕《大魔术师》进行社会化互动以及外围造势的过程中,创维搭建出了完整而系统的信息通道,即“贴吧/论坛+精准广告+新闻 App+品牌房间+微信公众号集合”的媒介体系,实现了其冠名节目《大魔术师》相关信息在互联网时代的畅通到达。同时,采用了大数据信息的挖掘,充分对消费者属性进行界定和选择,在娱乐营销《大魔术师》过程中精准传达。数码爱好者、年轻化群体、娱乐八卦者,切合受众特点和触媒习惯,则采用大数据技术,配合恰当的新闻 App,和科技、数码、时尚类微信公众号选择,准确、有效地传达了创维互联网极客 GLED 电视 G8200 的产品价值。还瞄准了有着品牌年轻化迫切需求的年轻消费者群体,选择聚焦年轻一代的豆瓣小站,开设了品牌房间,集中式地展现了品牌、产品,以及

《大魔术师》节目相关信息。而在豆瓣小站开设品牌房间的，还有大众甲壳虫、VANS潮流服装等知名一线年轻品牌，为形成潮流、活力的全新品牌形象提供了帮助。

从独家网络冠名《大魔术师》节目，以及随后“超快感型格”、“极客互联网电视”等一系列缜密周到的传播布局，可以看出就互联网思维的品牌、产品导向，以及更为宏大的企业整体互联网转型，创维迈出了成功的第一步。而节目前后整体性的娱乐营销，所凸显出的年轻、娱乐特征，也让创维这个老牌电视巨头，显得更加年轻化和智慧化。

8. 海信的互动式广告与联谊

海信集团成立于1996年，主要投资家电、通讯、信息等产业，目前在南非、匈牙利、法国等拥有生产基地，在美国、欧洲、澳洲等地设有销售机构，产品远销欧洲、美洲、大洋洲、东南亚等100多个国家和地区。作为互联网产业转型的先行军，海信电器2013年取得了国内国外双赢的佳绩。据有关统计，截至2013年12月份，海信智能电视的累计零售量和零售额占有率分别达到18.53%、17.52%，居国内首位；海信智能电视的零售量同比增长了120.39%以上，超过了56.84%的行业平均增幅。在全球市场上则完成了对日资品牌的完美超越，据Displaysearch数据，2013年前3季度，海信自主品牌Hisense的零售量份额达到4.49%，一举超越东芝(4.47%)、松下(4.33%)和夏普(3.66%)等日资强势品牌，跃居全球前五位。2013年，海信全面发力国际市场，在中南美地区销售收入翻番，在亚太地区销量增长近两倍，在澳洲市场占有率跻身前五，在南非海信电视超越三星位居榜首，在北美地区，海信自主品牌收入达92.7%，成为一个完全的自主品牌。①

海信的互联网转型，其一，试水央视广告新玩法，开启电视广告O2O模式。2014年4月，海信在央视投下重金，开启名为“我的声音上央视”的广告联动活动，只要关注海信微信号“hisense1969”，上传一声“Hisense”，就有机会领取至少5元的红包奖励。这种方式创造性地把电视广告资源变“播放”为“互

① 董文杰，《转型互联网 海信电器领跑国内外市场》，《中国证券报》，2014年1月28日。

动”，吸引了众多围观。海信的这项活动，旨在把央视购买的黄金时段广告资源拿出来更大程度地利用，以把自己的声音播给全中国人听为吸引点，吸引消费者通过自媒体渠道叫响海信品牌。该活动同时还结合了当下最流行的微信红包，用每天大量的红包对消费者进行更“简单粗暴的利诱”。“仅仅需要很低的附加成本投入，就可以实现大于原来广告效果的营销价值。”这种做法，把每段广告的一秒钟拿出来交给消费者，不仅可以在吸引消费者线下抢这一秒钟的时候形成二次传播，同时消费者声音真正出现在广告上的时候，还会让来自草根的“声音”在专业的“广告声音”中脱颖而出，更加吸引观众的注意力，形成三段传播。“你叫我的名字，我帮你买广告！”通过这个活动，海信貌似在说着这么一句博人眼球的广告词，但这个广告词的背后，其实折射出了一个全新的模式，这个模式不仅诠释了“电视广告不一定只是纯用来播放”，还可以为它套上一个“电视广告 O2O”的帽子。①

其二，与互联网巨头联谊营销。作为耕耘电视产业数十年的领跑者，海信对电视用户更了解，产品也更贴近大众用户需求。2014 年 1 月，海信电器打造的新一代高清网络机顶盒 VIDAA BOX 正式上市。与其他电视巨头与互联网企业合作模式不同，海信电器借此打造了一个“海信做产品，搜狐帮推广，易迅做销售”的新互联网联谊模式。海信新一代高清网络机顶盒 VIDAA BOX 开始在易迅网以 299 元的“互联网价格”独家发售，新品发售采用硬件收费，内容免费的模式。海信牵手搜狐和易迅的初衷，是随着互联网消费的崛起，互联网企业在内容和营销的灵活度上有很多值得学习之处，VIDAA BOX 的推动需要借助搜狐和易迅的助力，三方联手，更容易打造共赢的市场蓝图。VIDAA 系统一直是国内技术水平最好的智能电视操作系统，即使在全球也领先；作为年度销售最为火爆的明星产品，VIDAA 的极简操作系统、38 处微创新和海量的内容资源，获得了消费者的追捧。截至 2013 年 11 月份，VIDAA TV 日均在线人数 15 万以上，用户活跃率平均保持在 80%以上，远高于行业平均水平。②

---

① 《海信试水央视广告新玩法 开启电视广告 O2O 模式》，http：//www. citnews. com. cn/biz/201404/212636. html.

② 《海信转型：借机顶盒联谊互联网巨头》，http：//tech. china. com/jiadian/news/11025684/20140115/18290652. html.

其实，早在 2012 年 5 月，海信集团就利用智能电视大赛吸引风投与开发者，联合天使投资，提出 1 亿元基金和引入 10 亿元风投计划，用来鼓励开发者在海信智能电视平台上开发应用，用“硬件搭台、软件唱戏”来实现智能手机的发展，通过电视来和用户进行互动，把握软件和服务的未来赢利点。①

其三，以用户体验促进营销。海信电器于 2013 年 4 月推出了操控快捷的 VIDAA TV，以“四键直达”、“瀑布式换台”等简单易用的操控方式开创了客厅电视的新高度，不断提升着“用户体验”。根据 2013 年度的统计数据，海信液晶电视的线下零售量和零售额占有率分别达到 15.85%和 15.69%，双双高居榜首；海信平板电视的线上零售量和零售额占有率分别达到 15.84%和 15.44%，也居于市场首位。依靠线下和线上的强势走势，海信连续 10 年高居中国平板电视市场的第一位。

可以说海信的用户体验、与其他企业联谊等发展模式，加速了产品的互联网化，值得正在转型中的传统企业借鉴。

9. 格兰仕产业电商与技工护航

格兰仕集团成立于 1978 年，是一家定位于“百年企业 世界品牌”的世界级企业，微波炉、空调、小家电是其三大支柱产业，已在全国各地设立 60 多家销售分公司和营销中心，在香港、首尔、北美等地都设有分支机构。大胆拥抱电商是格兰仕互联网转型的重要策略，目前电商通路已经是格兰仕激活客户终端的高效渠道。从 2013 年 4 月开始，格兰仕空调的线上交易量每月增长 300%～400%，其 7 月的销量在天猫、易讯、京东三大电商平台名列空调类第一。格兰仕拥抱电商主要体现在以下四个方面。

其一，联姻天猫电器城创新 O2O，以“产业电商”促营销。在 2014 年元宵佳节兼西方情人节前一天，格兰仕天猫电器城在杭州高调联姻，伴随“格兰仕空调冰洗官方旗舰店”在天猫电器城全新上线，联合向市场推出定制家电新品——“U’Love 唯爱”空调、冰箱和洗衣机。“唯爱”系列新品具有强烈的互联

① 《海信转型移动互联　智能电视应用大赛启动》，http：//news. imobile. com. cn/articles/2012/0529/105856. shtm.

网基因：象征甜蜜爱情的巧克力色，煽情的发布仪式，颜色上定位小众的消费人群……传统厂商拥抱电子商务已成为趋势，而格兰仕所做的并不仅仅是拥抱，更是从产品、制造、通路、平台和服务方面的整合，形成了具有鲜明特点的基于全产业链配套优势的产业电商模式。

为强化产业电商的发展，格兰仕整合线上线下优势，创新驱动O2O。格兰仕意识到，网络消费不仅要求高性价比的产品，更要求高质量的消费体验。包括“U'Love唯爱”在内，格兰仕空调冰洗官方旗舰店上销售的产品，均采用O2O服务商安装并服务。这些O2O服务商为各地区的线下专业家电销售及服务商，将形成射线形服务网络，打通“最后一公里”，让商品以最快的速度送到消费者手中。在启动产业电商战略、全面拥抱电商的进程中，格兰仕在家电网购热潮中成了一匹让同行惊叹的黑马。①

其二，“价格屠夫”的互联网思维。极致性价比不是互联网思维，却是格兰仕与互联网最相通的特点。格兰仕2013年推出的999元革命性滚筒洗衣机长期位列天猫、京东等电商平台的单品销量冠军。因为低价产品很容易变成消费参照物。现在，999元滚筒洗衣机的容量、快洗时间、热洗温度，都成了“小白用户”选购产品的比对内容。999元产品为什么不卖1499元？这可以给经销商更高毛利。卖货人需要大操作空间，买货人需要高性价比，双方利益怎么平衡？在格兰仕看来，价格总要回归价值，而用户可以只为需要功能买单，要去掉不必要的成本，比如过分的广告成本、无用的功能、多余的装饰。格兰仕更强调消费“降级论”，主张高端产品、高端技术的大众化，然后在稳定可靠基础上，赢得用户肯定。“以市场消费为导向，追求最优性价比。”而且，现在低价已经有了不同的支撑要素，比如基于数据分析的产品设计，能够更好满足消费者诉求；基于大数据，更能有效降低成本；电商平台的用户反馈，则可以倒逼传统营销模式和售后服务体系的改革。极致性价比是要超出用户想象，“需求抓得准、自己逼得狠”。前者强调用户，后者强调产品性能的极限和节约成本的极限。“规模导向”，低价其实是成熟技术规模化应用的成果分享。早期格兰

① 《格兰仕联姻天猫电器城创新O2O，再造“产业电商”新价值》，http：//finance.chinanews.com/it/2014/02-14/5839591.shtml.

仕微波炉逐次降低成本，价格定在成本之上、行业均价之下。一次次价格战之后，价格平衡点以下的企业逐批被淘汰，微波炉集中度不断提高。在大数据应用、模块化生产背景下的产业链整合，将继续让格兰仕保持成本优势，而 C2B (Customer to Business)模式下的柔性生产会是未来格兰仕调整的新课题。①

其三，技工化护航互联网转型。随着人们对家居生活环境新的要求，高效、节能、环保、健康的空调产品逐渐受到青睐，技术革新为空调更新换代注入了强劲动力，促进了空调产业的消费升级。格兰仕在广东顺德和中山建有亚洲最具标准的空调洗衣机生产基地和国际标准化的节能工业园，拥有冰箱、空调、洗衣机等的核心配套生产能力。格兰仕是制造企业，生产简单、实用、性能稳定的产品是最终宗旨，以高性价比、高品质、高性能的空调来迅速催热电商市场。目前高能效变频空调已经成为空调市场主流。格兰仕从直流变频空调到精准控温±0.1℃、0.1 Hz 低频率运行全直流变频空调，利用自身优势推动高效、节能、环保的高端产品的普及。放弃高利润追求，利用高端平价产品引流，将消费者牵引到高端空调产品上。2014 年其推出的“U 越”系列的 1.5P 全直流变频空调，包含了 99.9%去除 PM2.5、最高限度保护臭氧浓度、1 W 低功耗待机和 0.1 Hz 低频运行等强大功能，赢得了消费者好评。为实现工艺的贯彻与承接，提高产品质量，率先实行“全员技工化”。同时引进了欧洲国家的先进生产设备，使员工素质技能和设备先进性同步提升，为全白电标准化生产提供保障。②

其四，与菜鸟物流合作以降低成本。传统厂商拥抱电子商务已成行业趋势。2014 年 2 月，格兰仕天猫联姻，推出“U'Love”唯爱空调、冰箱和洗衣机。格兰仕认为，消费者已参与到工厂的产品生产过程中，而其唯爱系列产品就是根据网络消费者的反馈需求和天猫的数据分析定制的。格兰仕的 O2O 将线下的商务机会与互联网结合，让互联网成为线下交易的前台，大家电需要较高的配送成本，并且需要安装等售后咨询服务。因此，格兰仕的 O2O 不仅选择和菜鸟物流合作，而且在产品的安装和售后环节，联合自己的售后服务网点做

---

① 《格兰仕“价格屠夫”的互联网思维》，http://www.tui18.com/a/201409/1375307.shtml.

② 子宸，《格兰仕的互联网思维》，《中国商界》，2013 年 12 月第 12 期。

好服务。早期菜鸟物流可能也有覆盖不到的地方，因此需要格兰仕O2O服务商配送。① 这一系列动作，让格兰仕得到了质的提升。

三、用 户 为 本

互联网思维是以用户为主的思维，在家电领域更是如此，互联网思维的精髓是借助互联网平台打破信息瓶颈，实现以用户需求为导向的发展思维。消费者从之前对产品的被动接受者，变为对需求的提出者。家电企业应该牢牢抓住这个转变，牢牢抓住消费者需求这个核心。

1. 以用户需求为核心

长虹电器能深受欢迎，很大原因就是坚持以人为中心，从以人为核心需求出发，重新定义电视、冰箱等智能终端的功能和商业模式，产生一套全新的理念和技术架构；寻求新转型，以技术为主体，让技术能够真正融入到人们的生活中去。比如，作为家庭互联网的市场化落地产品，长虹CHiQ电视从为用户提供极致体验角度，重新定义智能电视新标准，实现了手机对电视的无缝对接。美菱CHiQ智能冰箱，攻破了冰箱智能化的核心技术难题——云图像识别，把握住了"以人为中心"运用智能化的技术解决消费者的智能化网络化产品和服务需求。CHiQ空调以"软件＋模式"替代"硬件＋功能"重新定义空调，拥有人体温感知、人体数量识别、动态分区控制、儿童睡眠监护、联网自动运行、人机距离识别(GPS)、空气监测净化等六大核心功能，还可以实现微博/语音控制、空气净化、智能送风。再如海尔的博观冰箱，其精心打造的Smart Window智慧窗，当人走近后其"人感互动"模块就会发生功效，冷藏室内光源会在一秒钟内逐渐变亮，最后变成透明状态的智慧窗，让里面的食物和格局一目了然；美菱推出的智能冰箱产品则可借助内部的摄像头和手机App识别冰箱中摆放的食品种类，并根据食品保质期调整冰箱内的温度，借助云平台还可

① 《格兰仕联手菜鸟物流布局O2O，未来欲做免费产品》，http://www.ce.cn/cysc/zgjd/kx/201402/14/t20140214_2299305.shtml.

通过 App 提醒用户哪些食品即将过期。形成了以用户需求研发产品的新模式，根据用户需求开发设计产品，这即是互联网思维对家电企业设计理念的颠覆与重构。

2. 打造自己的“拳头产品”

目前我国家电产品发展存在的最大问题就是应用趋于同质化，在各种家电早已进入“寻常百姓家”的今天，家电厂商在探索新模式、新技术的同时，只有在内容服务方面，真正形成自己的“拳头产品”和独特的商业模式，才能真正在竞争中脱颖而出。举个例子，比如 TCL 首次将电视 QQ2.0 搭载在电视领域，这是一次有益尝试，也是 TCL 构建云生活生态圈的成功实践。不过家电产品更新换代快，电视 QQ2.0 也并非一款具有突破性创新的应用，任何产品未来都存在同质化风险，家电厂商必须下功夫时刻注意打造好自己的“拳头产品”。

3. 产品供应的信息化网

在产品供应的信息化方面可参考海尔的做法，其建立了端到端的供应链信息化平台，对订单全流程进行优化，通过时时的信息共享及全流程订单可视，数据分析提前预警，提升生产效率，避免生产损失。研发、营销、供应链三方协同，快速响应用户需求，实现零库存下的“即需即供”。海尔在大数据平台建设方面，已建立云识云图、虚实互动平台等大数据云平台，企业内各业务流程节点通过大数据平台全方位了解用户需求，通过互动转化为各业务节点执行的工作。海尔还建立了集订单信息流、物流、资金流“三流合一”的 BI、GVS、LES、PLM、CRM、B2B、B2C 等系统，实现了全集团业务统一营销、采购、结算，并利用全球供应链资源搭建起全球采购配送网络，辅以支持流程和管理流程，实现企业内外信息系统的集成和并发同步执行，实现内外协同——端到端流程可视化、从提供产品到提供服务，形成核心价值链的整合和高效运作模式。

4. 人单合一模式

在“人单合一”模式方面可借鉴海尔的“自主经营体”方式，使企业充满激情与创造力，让员工在为用户创造价值的同时实现自身的价值。这种“人单合一”模式，既体现了中国管理变革的传统，即企业对市场的适应(如模拟市场、成本否决等)，又体现了互联网时代特征，即不是以简单组织适应简单市场，而是以复杂组织适应复杂市场。由此，企业组织架构从“正三角”颠覆为“倒三角”，实现组织的扁平化，即形成以自主经营体为基本创新单元的动态网状组织，组织中的每个节点接受用户驱动而非领导驱动，通过开放地连接外部资源来满足用户需求。

5. 强化后台建设

后台建设在各个电商都被广为看中。例如，美的的物流基础比其他公司好，在全中国主要城市都有大型仓库。未来美的的目标是，所有产品无论在哪里，都有统一的仓储管理。比如说在北京，过去是空调一个库，冰箱一个库，洗衣机一个库，小家电一个库，各管各的，现在全部是一个库。这个库不一定是地理上的概念，可能分布在北京几个地方，但管理上是一个，由第三方统一管理。这样调配、配送就方便了，“最后一公里”则可以交给社会资源做。美的要做的是把信息系统、结算系统、物流系统打通。

很多电商的物流体系也已初步形成，如京东、天猫都形成了完善的物流体系。而社会专业快递体系更是借势发展，在南京三茅巷已经形成快递一条街，在广州自发形成了石牌西路的快递一条街，在重庆柳荫街向东至北城天街也成为快递云集的地方。并且在“双十一”前，传统快递企业顺丰、圆通、韵达、中通、天天快递公司，从国庆过后就开始加紧招聘人员。

6. 解决“最后一公里”

比如，美的的安得物流对其最终的产品配送发挥了极其重要的作用，其不仅现在拥有强大的覆盖城乡的物流网络，还计划在 2014 年下半年到 2015 年物流布局覆盖全国近 2 000 个县，到 2017 年覆盖全国 80%的乡镇，打通“最后一公里”；在最后一公里的配送环节，投资 50 亿在全国自建综合配送中心，到 2015 年底完工自建仓总面积 200 万 m^2。最终，通过安得物流正在建立和完善的物流配送网络，与美的旗舰店、专卖店、售后网点等营销服务资源进行全面整合和对接，在运营体系上打通“线上、线下”流通渠道，构筑面向用户的高效快捷交互平台；在商业模式上完成从硬件盈利向内容、增值服务等盈利跨越；在用户需求对接上完成从产品的被动服务向主动为人提供服务转变。

7. 深度合作

对家电厂商而言，与产业链各方深度合作是家电业转型升级的重要方向。在智能时代，只有最大化地整合操作系统供应商、内容供应商、互联网供应商和 App 应用开发者等更多上下游产业，才能整合彼此的优势资源，提供更好的服务。比如海信牵手搜狐和易迅，就是看到随着互联网消费的崛起，互联网企业在内容和营销的灵活度上有很多值得学习之处，VIDAA BOX 的推动需要借助搜狐和易迅的助力，三方联手，更容易打造共赢的市场蓝图。

8. 强化智能基因

在传统家电企业向互联网企业转型的变革浪潮中，是否提前培育智能基因是成败的关键因素。在互联网时代，传统家电企业面临的最大挑战，不是软件冲击硬件，而是企业传统的制造驱动发展思维，遭遇互联网时代的需求创新驱动的挑战，这将彻底颠覆传统家电的游戏规则和产业优势。比如 TCL 的组织再造，就是推动高管跟上转变的步伐，一方面是从传统思维向互联网思维的观念转变，强化智能基因，另一方面则是公司组织架构的调整、资源的整合、KPI 的重新制订等；使得高管经常需要在未来与时下的发展中做出均衡选择，不仅要考虑保证现有产品的利润，还要把眼光放长远去审视有增长潜力的业务。

9. 瞄准乡村市场

广大农村拥有大把消化家电的空间，但要把目标瞄向农村市场，这需要有较强的三四线与广布农村的销售网点。当然，这也可以通过与拥有这些先天条件的厂商合作完成。如阿里巴巴与海尔集团战略合作，联手打造家电及大件商品的物流配送、安装服务等整套体系及标准，从而扩大电器城品类，弥补天猫电器城的大家电配送短板。该体系对全社会开放。这个做法就是有海尔电器广阔的物流乡村布局作依托，海尔电器旗下的日日顺物流在全国拥有 9 个发运基地，90 个物流配送中心，仓储面积达 200 万 m^2 以上。同时已建立 7 600 多家县级专卖店，约 26 000 个乡镇专卖店，19 万个村级联络站。并在全国 2 800 多个县建立了物流配送站和 17 000 多家服务商网点，具有明显的“最后一公里”优势。

10. 区别式营销

比如高端产品，与相对低端的产品相比，高端产品有三点需要把握。第一，高端产品特别依赖于产品的体验，比如彩电目前最高端的产品是 OLED，但是消费者只有把 OLED 与 LED 产品做了现场的对比，OLED 产品的优势才会展露无遗；第二，高端产品对物流和售后服务要求高，不是一般的社会快递商可以承担，对到货的时间要求也更短，高端产品技术含量较高，不论是售后的安装还是调试，对服务人员的技术要求很高；第三，单纯的线上销售不适宜高端产品，需要线上线下的互动配合。掌握了这几点，才能说是对高端产品有了基本把握。

11. 娱乐营销

创维的娱乐营销具有较强的借鉴性。其从魔术文化渊源，以及当前电视业软硬件整合的趋势出发，独家网络冠名爱奇艺《大魔术师》进行娱乐营销。虽然网友已经发现节目辣评环节中的超快感先生一定与创维存在着联系，但由于超快感先生的辣评始终聚焦在节目，言语有趣，节目分析干货满满，没有丝毫推销架势，所以网友并没有急于揭穿，而是饶有兴趣地持续关注着这位超快感先生，创维的这种营销并未被认为是赤裸裸令人生厌的商业推销。这种营销可谓巧妙风趣而别开生面，在电视行业中也是率先而为，这对于中国电视业尝试用互联网思维去体贴消费者需求，也有极好的示范意义。另外还可学学海信的互动式广告做法，把广告当成一种资源，让普通消费者进行植入式体验，这也可算是一种另类的“O2O”模式。从销售称雄的传统营销时代，到进入体验为王的互联网营销时代，“O2O”成为传统品牌在互联网时代的破围利器，海信的电视广告营销新方式也是成功的。

12. 发力产业电商

家电巨头在电商领域往往不能够大展手脚，究其原因在于其庞大的传统渠道系统受到电商冲击，而平衡线上线下的利益冲突并非易事。越是前期在传统渠道成功的企业，越是避讳电商渠道的高速发展，像格力等空调巨头因为对线下专卖店渠道过于依赖，而在互联网销售时代早期对新兴电商渠道不够重视，担心会触动传统渠道商的利益而错失大好商机。

而对互联网线上销售认可较早的格兰仕则是较为成功的正面案例，其做法是做“产业电商”：围绕消费者立足整个产业链，电商不是单纯的开放平台，而是链条中的一环。在格兰仕的渠道定义中，传统渠道和电商渠道不是彼此分一杯羹，也不是把传统渠道的存量转化一部分到线上去，而是要把线上、线下的增量都要做出来，其核心思想是把蛋糕做大。2013 年，格兰仕集团将“产业电商”提上战略日程。据介绍，格兰仕的“产业电商”是以全产业链的深度配套、研发、生产、营销和服务为后盾的。在互联网浪潮时代，格兰仕利用自身的制造优势，紧紧围绕消费升级需求来驱动，集结产业链的相关单元，将产品、平台、消费者串联起来，形成一个良性的互联网产业及消费生态圈。事实上，消费者已经参与到格兰仕工厂的产品生产过程中，如“唯爱”系列产品就是基于格兰仕 999 革命滚筒洗衣机、“土豪金”空调洗衣机在网络销售过程中，网络消费者所反馈的需求和天猫电器城的数据分析而定制的。以格兰仕所代表的工业精神和以天猫电器城为代表的互联网精神的深度融合，是家电产业升级、创新价值的主流方向。

第六章　金融业的龙争虎斗

一、狼 烟 四 起

自从2013年6月余额宝点燃了互联网金融这个概念后，各种各样的互联网金融平台拔地而起，P2P、众筹、理财产品层出不穷。仿佛一夜间，互联网金融热潮席卷而来，特别是移动支付、云计算、社交网络等新兴技术与传统金融业深度融合，催生出形态各异的互联网金融模式，搅动传统金融行业“一池春水”，在网上银行、消费金融、电商支付业务、众筹融资等方面均取得很大发展。

网上银行交易方面，艾瑞发布的报告显示，2013年中国商业银行电子银行交易笔数超1 000亿，电子银行交易笔数替代率达79.0%，股份制商业银行替代率高于国有商业银行，网上银行交易规模超900万亿元。消费金融市场方面，2013年中国消费信贷规模13万亿元，同比增长24.7%，处于快速发展阶段。艾瑞咨询预计，2014年至2017年中国消费信贷规模仍将维持20%以上的复合增长率，预计2017年将超过27万亿元，比2007年增长7.4倍。金融理财产品方面，2013年中国网民金融理财产品投资中，70.8%有过投资行为。其中，股票是最主要的投资品种，占28.8%，银行理财产品占28.1%。和2012年相比，出现了两项新兴金融理财投资方式，分别是：P2P网贷，占比为4.9%，众筹投资，占比为3.8%。其他互联网金融业务也正在不断完善与优化，电商、银行不断推出新型理财投资产品。融资平台方面，P2P持续火热。据中国电子商务研究中心监测数据显示，目前我国P2P投资平台的数量已超过2 000家，2014年上半年，全国P2P网贷成交额964.46亿元，超过了2013年全年成交额(892.53亿元)；同时也良莠不齐、风险频生。据网贷之家监测数据显示，2014 年 5 月，我国新增 29 家 P2P 网贷平台，同时当月有 8 家平台跑路或关闭，1 至 5 月，全国新增网贷平台 220 家，同时也已有 45 家 P2P 平台跑路。

面对互联网金融以及互联网企业咄咄逼人的发展趋势，银行表面上波澜不惊，但内心并不平静，传统金融中的银行正在纷纷研究相应对策。相较于银行而言，互联网金融存在三大优势：一是平台优势，互联网是当下许多年轻人生活的一个主要内容，这使银行面临如何吸收新客户的问题；二是效率优势和信息优势，在互联网时代，产品更容易获取，销售更加快捷，营销更加有针对性，定价更加合理。对获取消息的加工、处理方面，互联网公司比银行更厉害。互联网金融在刚开始就能提供银行不能做的或提供不了的服务，依托成本上、大数据分析上的信息优势给银行带来冲击，同时也存在互补性的竞合关系，因为互联网金融满足了市场部分需求。

基金公司的业务模式在利率市场化和泛资产管理时代、互联网金融三重背景下，则显现出自身的错配，而互联网企业用户至上的理念、市场化的竞争与目前的市场机制都让其形成一种以客户为中心赖以生存的价值观，这对传统金融业具有较大挑战。虽然面临互联网金融的热潮，在金融各个子行业中最积极、最不淡定的是基金公司，但在拥抱互联网金融的过程中，基金行业人员以互联网的思维、技术和价值观来改造传统业务体系时，面临很大障碍。

对于证券业来说，不仅互联网金融的到来使券商佣金进一步下降，甚至有可能下降到零佣金，而且券商内部板块经纪业务会受到最直接最明显的冲击，一旦牌照直接放开，有相当一部分证券公司的经纪业务收入会大幅下降，最主要的原因是成本过高，随着互联网金融的发展，全能型券商数量会大幅下降，过分依赖经纪业务的券商会受到明显影响，专业化经营压力将进一步增大。①

二、群 雄 逐 鹿

1. 招行四招布局

招商银行成于 1987 年 4 月 8 日，由香港招商局集团有限公司创办，是中

---

① 中国资本市场学院，《互联网金融热潮的冲击与挑战》，http：//www. ccmi. edu. cn/2013/1202/10966033.

国内地规模第六大的银行、香港中资金融股的“八行五保”之一。资本净额超过2 900亿、资产总额超过4.4万亿。招商银行发展目标是成为中国领先的零售银行，在投身互联网金融方面非常具有前瞻性，1999年9月已启动中国首家网上银行一网通，成为众多企业和电子商务网站广泛使用的网上支付工具，促进了中国电子商务的发展。

招商银行在互联网浪潮下的转型可以归类为四个方面：升级、合作、学习、创新。这四个方面对招商银行业务既深入提升，又相互补充。

其一，以升级创造优质体验。集中在“四系”升级，即“快捷系”、“新潮系”、“专属系”和“贴心系”四大板块。第一，“快捷系”的升级，使招商银行完成了“网点预约服务”、“网上银行自助填单”和“3G项目”等3大服务升级。第二，“新潮系”的升级，使招商银行的“手机钱包”通过移动支付让消费买单轻松简单，“一网通网盾”安全软件能识别绝大部分的假网站和伪冒邮件，防范钓鱼网站、钓鱼邮件对客户账户的欺骗和攻击。第三，“专属系”升级，是招行“因您而变”理念的极致服务之一，超级网上企业银行“SUPER-BANK”依托网络化金融服务实现企业信息化、集约化财资管理需求，网上企业银行“U-BANK8”专门为小企业打造，在商务交易、在线融资、供应链金融三大业务模块之外还提供了资金增值服务模块的专业智能服务。第四，“贴心系”的升级，以“理财夜市”为代表，是为照顾白天忙于工作的上班族而开设，在晚间8点至12点滚动发行，客户通过网银办理就可以轻松选择理财产品。

其二，以合作把握发展先机。互联网浪潮催生了很多行业的领先者和强者，如互联网业务领域的阿里巴巴、智能手机领域的iPhone、移动设备操作系统领域的Android、社交软件领域的腾讯等，招商银行则瞄准这些强者，在多个领域展开积极合作，全方位发出进攻，在产品服务的营销、推广和提升以及客户关系的维系上都起到了巨大作用。如以微信营销和维护客户关系，先后推出以“小招”为名的智能微客服平台和首家微信银行，从单一信用卡服务拓展为集借记卡、信用卡业务为一体的综合服务平台。比如，与阿里巴巴合作发展，招商银行与阿里巴巴早在2005年便进行战略合作，为其提供票据通、网上国内信用证、多模式集团现金管理等多种国内领先的金融服务，并协助其建立安全、高效、便捷的资金结算网络。再比如，帮助iPhone、Android提升系统，首创移动金融生活门户概念，提出“移动金融生活一站式开放平台”的手机银行设计理念，携手推出手机银行，具有界面美观、功能丰富、安全易用等特点，而且除现金业务以外的所有业务均可办理，为用户带来前所未有的操作体验。除此之外，QQ、微博、中国移动、中国联通、HTC、MSN、OPPO、人人网等也是招商银行的合作伙伴。强强联合为招商银行带来了更多网络上的发展机会。

其三，以学习掌握发展动力。招商银行2010年推出零售银行新服务品牌“i理财”，成为国内首家网络互动银行，目标直指在互联网时代不断壮大的、对网络营销有较强的适应性和依赖性的“宅族群体”。“i理财”打造了淘宝式金融超市的全新模式，引入互联网成熟的社区商业模式，借鉴了支付宝平台。

其四，以创新寻求新的突破。招商银行2013年推出专门面向中小企业客户的互联网金融服务平台——小企业E家，遵循“平等、开放、协作、分享”的互联网精神，充分调动和整合多方互联网资源打造的开放式、综合化的新型金融服务平台。在充分发挥招商银行网上企业银行既有优势基础上，围绕中小企业“存、贷、汇”等基本金融需求，创新开发企业在线信用评级、网贷易、惠结算、我要理财等互联网金融产品，对接银行中后台信贷管理系统、客户关系管理系统，形成从客户接触、跟进营销、商机发掘、产品销售到在线业务办理的全链条“O2O”(Online to Offline)经营模式。同时，小企业E家整合研发了E+账户、商机平台、企业云服务、在线财务管理等创新的互联网应用。①

总体来看，招商银行通过持续金融创新及其优质客户服务，发展成为中国最具品牌影响力的商业银行之一。在各项业务方面，如个人储蓄存款、消费贷款、资产托管、离岸金融等，招行在股份制银行中均处于领先地位。

2. 工行做好第一大零售体

作为中国第一大零售银行的中国工商银行，各项业务一直发展迅猛。面对当前互联网的冲击，传统商业银行发展的模式面临新的拐点，如何顺应互联网金融趋势，积极推进转变经营模式，继续保持领先优势是其重要课题，而推

① 《招商银行互联网转型案例分析》，http://3y.uu456.com/bp-b0c101aq0s087632311212d8-1.html.

进大数据技术发展和加快信息化银行建设成为其应对新的竞争对手挑战的根本途径。①

其一，把客户需求、客户体验当成核心工作。工行拥有业内不容置疑的客户优势：4 亿多个人客户、400 多万家企业客户，电子银行业务占比已达 80%，网上银行客户 1.6 亿户。为更好地满足客户需求，工行将自己的融资中介功能、支付中介功能紧密结合起来，整合企业客户的资金流、物流和信息流，借鉴积极创新的互联网精神、开发共享的平台化运营、大数据挖掘分析方法、高度注重客户体验的理念，积极开展业务模式与产品创新，启动信息化银行建设，以大数据技术应用为抓手，深度融合互联网技术与金融业务，努力为客户提供更优质的产品和服务。从客户角度出发，优化完善金融产品、服务模式、作业流程和风险监控。以保证账户安全为前提，简化用户操作；充分运用网站、移动客户端、微博微信及社交网站等互联网平台开展全方位营销，实现与客户之间的开放交互式对接。

其二，实施产品创新和服务创新战略。在支付领域，开发丰富的集线上线下支付功能于一体、适应各类额度支付需求的产品，线上线下协同发展，完善安全性与便利性的关系，以保障支付安全为基础，提高小额支付的便利性。在融资领域，开发基于客户消费行为的线上线下融资产品。在电子商务领域，发挥在客户、品牌、技术方面的资源优势以及在支付、融资等领域的专业优势，打造集互联网商品销售、支付、融资等为一体的综合化电子商务平台，其电子商务平台“融 e 购”也正式对外开放。

其三，再造渠道体系。通过新建改造营业网点和加大资源投入，形成“私人银行中心—财富管理中心—贵宾理财中心—理财网点—金融便利店”等多种业态构成的服务机构体系。同时，整体规划各类渠道建设，充分发挥线上线下全渠道优势，构建客户任意一点可接入、银行线上线下能互通、全程响应、体验一致的一体化渠道体系，筑牢支付、融资和信息三大中介的优势地位。同时，为推动客户金融交易向线上迁移，工行建立网上受理或预约、柜面办理的新模式，分流卡账开立、个人资信证明等占用柜面资源较多的业务，推动客户

① 《工行王希全：第一大零售银行如何向互联网转型》，《理财周报》，2013 年 12 月 30 日。

通过电子银行渠道办理业务。针对物理网点，工行“从‘坐商’向‘行商’、从交易核算向营销服务转型”。加快建设网点管理平台，实现对全部营业网点多维度分析和监测，促进网点提能增效；推进网点标准化和智能化建设，灵活设置高低柜口和科学调配劳动组合。

以往的成功经验为工行更好地做好全国第一大零售银行提供了基础，全面强化多类型、多形式资产业务管理的“大资管”战略将继续成为其金融棋局的重点。如此，以其固有的在理财、托管、养老金等方面的业务优势为依托，集力发挥其投行、租赁、基金、保险等各子公司功能，将加速建设跨领域、一体化、辐射境内外的新型业务运营体系、为客户提供更多便利的同时，更为工行创造更多效益和价值。

3. 引领新兴金融的建行

中国建设银行成立于 1954 年 10 月 1 日，在内地设有分支机构约 15 000 家，2014 福布斯全球企业 2 000 强榜单上，建行蝉联全球第二大企业。在互联网与金融融合发展的今天，商业银行是最早将互联网技术应用于金融服务领域的企业，加之其强大的客户基础、深厚的发展底蕴以及良好的风险控制，发展互联网金融具有得天独厚的优势。近年来，建行高度重视和积极应对互联网金融的挑战，稳步推进互联网技术与金融业务的深度融合，在互联网金融发展方面开展了有益的实践和创新。

其一，打造“善融商务”平台。2012 年，建行率先推出自主打造的电子商务金融服务平台——“善融商务”。与传统电商平台仅提供电商交易服务不同，“善融商务”立足金融服务，旨在为客户搭建“亦商亦融、买卖轻松”的交易环境，为客户提供从资金结算到信贷融资的全方位金融服务。平台成立以来深受用户欢迎，目前注册会员已突破 300 万，交易额 300 亿元，融资规模百亿，已支持万家传统企业涉足电子商务领域，为数百家中小企业提供了融资服务。

其二，电子银行创新。目前建行电子银行业务凭借创新的客户端服务和良好的金融交易体验，一直处于同业领先地位。网上银行客户 1.4 亿户，位居同业第二；手机银行客户近 1.1 亿户，位居同业第一；“小微”推广仅两个月，客户累计进线数已达 500 万人次。在产品功能方面，微信银行充分运用智能机器人技术提升智能客服能力，应答准确率达到90%以上；手机银行，建行是第一家推出手机到手机转账“摇一摇”系列功能的银行，轻轻摇晃手机，客户就不仅能搜索到附近的营业网点、自助银行、ATM机，还能查询账户余额、黄金及外汇行情等。

其三，电子支付业务。建行率先推出账号支付、快捷付等电子支付产品，效果很好。在主要支付机构支付宝、银联在线等的用户数、交易量、支付份额均处于首位，客户满意度也一直位居行业前列；在广受关注的12306中国铁路客户服务中心，支付份额持续领跑同业。

其四，打造“E商贸通”。这是建行为大型商贸电子交易市场及其所属中小企业会员提供电子商务资金结算、清算、监管等的综合性金融服务平台，率先实现支持交易市场在银行为会员开立独立指定账户，对会员资金直接管理。并实行当日实时、当日多场、隔日和透支等多种清算模式，比同业实现领先发展，满足不同客户个性化需求。目前建行接入了368家“E商贸通”商户，其中包括一大批行业龙头客户。

其五，实现电子政务的“网上招投标”。把政府招标投标过程的各个角色连接起来，通过互联网实现招投标整个过程，通过企业网银支付缴纳投标保证金和标书费用，为招投标客户提供电子支付、保证金管理等服务，实现资金与信息同步，这是建行企业网银支付面向电子政务领域的重要应用。目前“网上招投标”为公共资源交易、工程建设招投标、土地拍卖、政府采购等政府招投标类客户服务的同时，也为大型企业采购、拍卖机构、医院药品采购等细分市场客户提供了大量服务。通过产品、服务和渠道等创新，为客户提供个性化、综合化的金融服务，在同业中领先，赢得客户认可。①

其六，发力移动金融。建行“2011～2015年规划”明确提出“智慧、泛在、跨界”的发展方向。2013年，移动金融风生水起，成为银行业新的业务增长点，各大银行也展开了一场没有硝烟的市场争夺战；2013年年底，建行推出移动互联时代的新利器——微信银行，打造集微金融、悦生活、信用卡三大业务于一体

① 张建国，《推进互联网时代银行转型》，http://www.ccb.com/cn/ccbtoday/news/20140404_1396592504.html.

的综合性平台，兼具金融服务和在线客服功能。微信银行以自然语言处理及人机交互等多种人工智能技术为基础，通过拟人化方式与网络用户进行实时交互沟通，体力超强，可保证 24 小时全天候在线，实时回复。

其七，防范互联网金融风险。风险控制是各家银行关注的焦点，建行高度重视，率先在业内推出电子银行业务风险监控平台，建立起跨渠道的电子银行外部欺诈监控体系，建立起高效、可靠的“风险引擎”，可对个人网上银行、企业网上银行、手机银行、网上支付等电子渠道的交易全面监控，实现涵盖电子银行各个业务环节的全流程风险监控。在事前客户操作风险防范方面，全面推广二代网银盾，通过交易信息反显和按键确认的方式保障客户交易安全，同时通过短信验证码、客户预留信息、密码安全控件等措施进一步增强交易安全。在事中监控方面，对于发现的高风险交易，由专业的风险监控团队 24 小时进行人工分析、外呼核实、黑名单阻断等处理。通过强大的电子银行业务风险监控平台，将电子银行安全策略从单纯依靠事前防范全面转移到事前防范、事中监控、事后处理并重，确保客户资金安全，增强了电子银行的核心竞争力。①

建行对“以客户为中心”的服务理念的不断深化，对基于互联网金融业务实践的持续创新，不仅培育了互联网金融良好的生态，而且引领了新兴金融和建行自身的稳健发展。

4. 农行五大在线服务体系

作为新中国成立的第一家国有商业银行，中国农业银行拥有众多辉煌的桂冠。2012 年，在美国《财富》杂志全球 500 强排名中，农行位列第 84 位；在英国《银行家》杂志全球银行 1 000 强排名中，按 2011 年税前利润计，农行则位列第 5 位。在互联网金融发展的大趋势下，银行要深度整合互联网技术与传统核心业务，以应对互联网金融引发的变革。为加快互联网转型，农行致力于打造网络金融、语音金融、移动金融、自助金融、电商金融等五大在线金融服务体系。

其一，五大在线金融服务体系齐头并进。网络金融方面，农行主攻应用最

① 《建设银行互联网金融战略成效初显》，《21 世纪经济报道》，2014 年 4 月 22 日。

新互联网技术，强化网络金融建设，丰富网上银行功能应用，改善客户体验。创新个人网银外汇业务功能，推出了香港分行的个人网银。持续优化升级涵盖智信、智锐、智博、智翼等四个版本的企业网银体系。完善理财、外汇交易、供应链融资等多项功能，为中小微型、大型企业集团提供差异化服务。推进门户网站群建设，不断改善视觉应用和互动效果。配合海外分行拓展完成子站点的有效覆盖，扩大门户网站影响力。语音金融方面，制定全行一体化客服体系建设规划，加快"新一代"客服系统平台建设，升级改造客户服务系统，推进电话银行外呼业务试点建设。移动金融方面，推出"掌尚e达"全系列掌上银行产品线和客户端系列；引入理财业务产品，完善掌上银行的版本体系和自身功能，丰富增值服务；推进电子银行全渠道协同融合，探索服务"三农"的新模式，推进农村地区手机支付试点工作。自助金融方面，加强自助设备统一平台系统建设，自助设备管理及监控系统和智付通系统推广迈开步伐，实现了全部现金类自助设备金融IC卡受理环境改造。加大自助设备投放力度，扩大了乡镇网点覆盖，助力"惠农通"工程建设。电子商务方面，试点运行电子商务销售支付平台，推广网上K码和跨行支付产品；依托B2C、B2B、基金直销、网上交易市场等多平台产品支付体系，提供"手机WAP支付"、"电话钱包支付"等多种支付方式。

其二，加强信息化建设。整合服务渠道体系，致力于构建统一的"大渠道"经营格局，推动渠道经营由独立分散向统筹融合转型，实现金融数据及信息的实时无缝接入和网络各渠道的定制共享，为客户带来一点接入、全程响应的渠道服务。加快统一产品开发标准，构建各渠道自由接入、功能模块灵活拼装、开发接口对外开放的电子"积木"银行平台，打造及时响应业务需求、适应多变商业环境的动态IT架构，实现海量数据的精准分析和客户行为模式的敏锐感知和智能响应。以核心银行系统的建设为基础，提升以客户为中心的数据获取、处理与智能分析能力，新锐洞察客户交易行为的变化，以此为基础，完善客户分层营销和产品研发体制，实现客户的个性化服务和终身价值及银行的双赢。①

---

① 蒋湘辉，《中国农业银行打造五大在线金融服务体系》，http：//soft. zdnet. com. cn/software_zone/2013/0407/2152935. shtml.

其三，打造金融产品矩阵。构建新型商业模式，规划建设新一代电子商务金融服务平台，加强与商户深度合作和业务联盟，聚合信息、支付服务提供商及电子商务企业等，为客户提供基于供应链延伸服务的新型网络金融商业生态服务，以及信息发布、在线销售、支付结算及融资贷款等全方位一站式金融解决方案。2014 年，着力打造“一大平台＋四类应用”的互联网金融产品矩阵，将移动、理财、支付、安全等四类应用集中于一个金融开放平台。

将来，农行将构建自己的互联网金融蓝图，在 O2O 领域，重点建立自己的移动性开放平台，以账户和移动支付为切入点，围绕客户的线上线下生活场景，打造移动社交、商务或生活应用入口，吸引第三方公司嵌入农行金融服务的应用范围；在 B2C 领域，结合移动终端，打造集农产品直销、农资采购、农民生活服务为一体的电子化社区；在 B2B 领域，改造现有电商服务平台，由封闭变为开放，为产业链和商业链客户提供定制化的电商金融服务，更好满足客户需求；在数据应用领域，打造大数据服务平台，成立管理信息中心；在物理网点建设上，重点推动网点二次转型，逐步将网点从产品、服务及利润中心转型为信息和管理渠道的交汇点，成为数据挖掘的信息来源中心。①

互联网金融时代，在商业银行迎来经营模式转型重要战略契机的大背景下，农行积极应对互联网金融挑战，推动了在经营理念、管理流程、运营模式和 IT 架构等领域的全面调整与整合，以互联网企业的思维方式和理念，融入了新技术、新生活和新商业模式，成为国内商业银行的领先者。

5. 中信银行的零售转型

中信银行公司金融业务在同业中处于相对领先水平，具备较强市场竞争力。作为国内最早开展供应链金融业务的银行之一，中信银行已形成供应链金融业务集中化、专业化的管理体制，搭建了电子供应链金融系统，打造了线上供应链金融平台，客户电子化服务水平显著提升；中信银行托管业务保持高速增长，2014 年上半年，银行资产总额 4. 31 万亿元，比 2013 年年末增长

① 苗燕，《农行勾画互联网金融蓝图》，http：//news. cnstock. com/news/sns_jr/201403/2962525. htm.

18.4%。资产托管规模3.36万亿元，比2013年年末增长64%，规模增量和增速均位列全行业第一，在电商证券投资基金、证券公司资产管理计划托管和地方商行理财托管等细分领域居行业领先地位。在移动互联网及大数据时代其信用卡业务的新经营模式下，信用卡交易量2 647.80亿元，同比增长31.85%；实现信用卡业务收入60.11亿元，同比增长55.49%。截至2014年上半年，中信银行信用卡已累计发卡2 246万张。围绕"金融网络化"和"网络金融化"发展网络银行业务，个人网银客户数共计1 187万户，同比增长34.5%；个人移动端用户数（包括个人手机银行客户数和异度支付App用户数）共计913万户，同比增长3.1倍。在网络支付方面，中信银行推出异度支付手机客户端，截至2014年上半年已上线16种应用，涉及票务、缴罚款、保险、充值等13个门类，异度支付客户数达418.43万户。在网络融资方面，中信银行对POS商户网贷持续进行优化和迭代升级，网络贷款业务稳步增长，2014年上半年，网络贷款累计放款47.3亿元，从2013年上线以来累计放款63亿元。①

面对互联网金融时代的到来，中信银行开展了业务转型。其主要动作，首先，建零售银行旗舰店，寻求大零售转型。这里有着令人尴尬的背景：尽管中信银行近年来不断深入推进网点销售化转型和财富管理体系建设，但其一直以来的转型未获市场认可，被市场贴上大型客户、对公银行的标签。一个尴尬的现实是，2013年报显示中信零售银行业务税前利润贡献占比仅为3.3%，还不到其银行业务占比69.7%的零头。2012年，中信银行首次提出建设零售银行旗舰店，作为改善零售业务的战略布局。新型旗舰网点落成的同时，中信银行将开展多年的财富管理业务重新包装为"幸福财富"的品牌。中信银行的思路是，旗舰网点和财富管理业务的发展息息相关，都是推进零售业务转型的关键布局。中信银行的零售业务转型，明确以中高端个人客户为营销重点，以家庭财富实际控制人为营销主要目标，以女性香卡、信福年华卡、出国金融等"两卡一金"为特色产品，这必须通过网点建设和升级加以体现。中信银行从2014年开始在全国重点城市分行进行战略布局，计划在三年内每家分行都建设至

① 种卿，《中信银行战略转型取得新进展》，《山东商报》，2014年9月3日。

少一家旗舰网点，北上广深等重点地区可根据市场情况建立两到三家。

其二，网点销售化。中信银行的原本想法是，加大电子渠道建设能减少对物理网点的依赖。但从目前看，网点建到哪，业务才能扩张到哪。对于中信银行而言，零售业务一直是短板，所以其选择了扩大网点、零售业务经营下沉以及加强零售渠道建设等。今后新建网点将参考广州旗舰网点，其被视为全行网点建设的示范样本，涵盖了17个完整的业务及功能模块，包括自助体验、网络银行、财富管理与私人银行、保管箱和非银行业务展示等。而新建网点按照自身需求选取适量功能模块，被赋予改变旧有网点产能较低的使命，以旗舰网点为契机将网点由交易结算中心转变为销售服务中心，全面提升网点产能，一个明显的变化是置身于旗舰店中，便能明显感受到网点销售化的色彩。旗舰网点打破了原有的服务模式，以主动获取产品信息以至对其产生兴趣代替了强迫性地推销，而在环境上，旗舰网点也营造了让客户停留更久的氛围：除了办理业务的柜台，还设有书店和面包店，如此轻松舒适的状态让人更有耐心完成银行业务。不过，成本过高是类似网点能否大范围铺开的难题，中信银行必须闯过这道难关。①

其三，帮助客户理财的薪金煲。2014年5月，中信银行重磅推出薪金煲业务。与之前各类互联网“宝宝”不同，客户通过中信银行全国网点或网上银行签约开通“薪金煲”业务，选择关联“信诚薪金宝”、“嘉实薪金宝”、“华夏薪金宝”或“南方薪金宝”四只货币基金中的任意一只，设定卡内最低余额之后，超出部分将自动申购上述货币基金，实现余额理财。而在需要现金时，客户无需做赎回操作，可直接实现ATM取现、POS机刷卡消费和转账等功能。也就是说，中信银行薪金煲业务可以实现全自动理财及支付功能。对于客户而言，基金份额可以支付和取现，这使得客户不用再担心资金赎回的时间问题，而且省了繁琐的赎回操作，兼顾了收益和便利性，收益稳定，深得客户认同。截至2014年8月，中信银行薪金煲业务规模已过百亿，签约客户约30万户，签约客户管理资产总额超过600亿元；旗下拥有嘉实、信诚、华夏、南方四只货币基

① 陈秀月，《网点变装攻财富管理 中信银行寻求大零售转型》，http://www.eeo.com.cn/2014/0415/259182.shtml.

金。在市场引发巨大反响。①

可以说,中信银行通过推进零售渠道建设和整合,深化零售网点转型,加快"金融网络化"和"网络金融化"结合发展,开展产品创新和精于市场营销,打造了独具特色和竞争力的零售银行经营管理体系。

6. 浦发银行的小微金融

小微金融一直是浦发银行的业务重点之一。早在2005年,浦发银行就在总行成立了中小客户部;2009年,又正式成立具有独立持牌机构的中小企业业务经营中心;2012年,再次明确将中小微业务作为浦发银行全行五大重点战略突破领域之一。面对互联网金融的冲击,浦发银行更加专注小微金融服务,把往往被大行忽略的众多小微企业当作"宝",2014年浦发银行将小微企业业务与个人经营性贷款业务整合,纳入零售业务板块,要求全行按照作为小微企业全程合作银行的发展定位,加大服务小微企业的力度。②

下面,我们来看看浦发银行是如何借互联网思维创新小微金融的。

首先,以互联网思维创新对小微金融服务。随着移动互联、大数据等新兴技术的不断成熟和普及应用,小微电商迅速崛起,成为中国经济发展的重要力量。在此背景下,浦发银行紧抓为小微企业服务的契机,利用大数据技术,创新推出互联网金融专属服务模式"电商通"、"网贷通",在探索网络金融服务、丰富创新小微金融服务模式方面迈出坚实步伐。2013年,浦发银行创新推出针对小微电商的专属服务模式——"电商通"。这是浦发银行为具有一定电子商务从业经验且资信良好的电子商务企业打造的一个全新的融资服务平台,专门解决电子商务小型、微型企业普遍存在的融资难问题,成效明显,并且还对电子商务企业的融资模式带来深刻变革。

2014年,随着业务不断整合,浦发银行推出"网贷通"业务,通过与电商、供应链核心企业、第三方收单机构等具有交易数据信息的平台机构合作,搭建以客户交易行为数据为驱动,打造出自动审批、在线放款、触发式贷后监测管理

---

① 陈鑫,《中信银行"五箭齐发"零售转型新经营模式》,http://www.cb.com.cn/finance/2014_0913/1083479.html.

② 杨群,《浦发银行:创新求解小微金融之难》,《解放日报》,2014年9月4日。

的业务流程和小额零售贷款的集约化经营模式，对个人小微客户的首款互联网融资产品发挥了很好的引领作用。随着互联网金融的迅速崛起，以及市场动态的具体特征，浦发信贷工厂及时加大创新力度。2014 年，推出全新的移动营销平台，将客户经理的客户服务移动化，使自己服务小微客户的能力得到进一步提升。今后，浦发信贷工厂在进一步优化升级的基础上，融入浦发大零售整合的范围，不断整合与融合各类小微业务，大力支持小微客户金融服务业务。

第二，实施资源向小微企业倾斜的战略。近年来浦发银行持续加大对中小及小微金融服务的资源支持力度，如信贷计划单列、考核政策倾斜、加大人力资源投入等，积极为小微金融提供各种服务支持。浦发银行对支持小微金融有专业的机制支持，对小微专营机构进行了专业化经营设计：总行及几十家分行都有独立的小企业金融服务中心，在中心内部还把营销、企划、授信管理等都整合在一个平台内，以保证经营职能“全嵌入”。尤其是把授信管理职能嵌入小企业金融服务中心内，使服务小微金融工作更加便利有效。在信贷资源支持方面，浦发银行一直加强工作力度，如从 2010 年起，在信贷规模较为紧张的情况下，其实施了对小微业务实行信贷资源计划单列政策，从而能保证足够的信贷规模用于支持小微业务发展。在财务资源支持方面，同样从 2010 年以来，一直坚持对小微业务进行考核激励倾斜。同时，浦发银行还把分行小微业务的发展情况纳入了对其的考核指标。这些支持政策，确保了浦发银行资源向小微企业倾斜。

第三，以“吉祥三宝”破解中小微企业融资难。浦发银行注意到，一般来说中小微企业往往具有“三有”“三无”的特点，即：有专利技术、有政策支持、有合同订单“三有”，但无充足的抵质押物、无有效的外部担保、无规范的财务制度“三无”，同时其融资需求往往具有“短、频、急”特征。对此，2012 年年初，浦发银行专门推出“吉祥三宝”批量开发模式，以“搭建多方共赢金融平台、提供成长全程金融服务”为理念，以多方携手为核心，以建立开放性多边携手的合作平台为基础，以商业银行、担保公司、开发园区、交易市场、核心企业、政府财政和政策支持、VC、PE 等各类第三方平台携手合作为具体方案架构，设计出切合中小微企业需要的融资方案，结合政府支持，把所有愿意加入合作框架的第三方机构的信息资源、资金能力、政策优势整合起来，共同协助中小企业获取资金支持。包括对中小微企业服务的三大领域：针对园区的“银元宝”模式，针对交易市场、流通领域的“银通宝”模式，针对供应链上下游的“银链宝”模式。从实践看，“吉祥三宝”模式实现了优势互补和资源共享，较好地实现了商业银行中小企业业务成本、收益和风险控制的有机平衡，为中小企业融资提供了高效便捷的新途径。

可以说，浦发银行多年来在致力于为中小微企业融资方面，逐步实现客户面下沉，以互联网思维和资源政策倾斜为主体积极为中小微企业融资提供便利，不仅实现了银行应该履行的社会责任，为中小微企业顺利成长提供了加强保障，同时也实现了自身的可持续发展，充分彰显了浦发银行的睿智。

7. 先行者国金证券

国金证券于1990年经中国人民银行批准成立，是国内第一批从事证券经营的专业证券公司之一，创新能力较强，具有规范类资格，也是中国证监会批准的七家合规试点证券公司之一。其成立以来一直保持了良好的业绩，但2013年业绩不振，当年收入增长仅0.83%，低于行业平均增速。2014年，公司与腾讯开展网络经纪合作，未来市场份额有望进一步提升。①

国金证券是券商的先行者，是首家拥抱互联网的证券企业。其在互联网转型方面颇为积极。首先，率先与腾讯网开展了排他性合作，这使得国金证券在互联网鲶鱼效应下抢占了先发优势，同时在与腾讯自选股和微信等其他平台上也具备了先发优势，这在互联网时代至关重要。国金证券由此也成为首家互联网券商，而腾讯也成为第一家与券商进行合作的企业。面对券商行业集中度低的现状，得益于腾讯的海量客户，这个合作对国金证券影响巨大。腾讯之所以选择国金，一是看中了其民营背景，更易于接受互联网概念，在股权上也更为灵活，二是其牌照齐全，各项券商业务及公募基金牌照齐全；三是国金证券的线下营业部较少，便于线上线下融合。而对于国金证券来说，如能有

---

① 缴文超，《国金证券：拥抱互联网坚定转型》，http://yanbao.stock.hexun.com/dzgg482716.shtml.

效导入腾讯六亿微信客户和千万自选股用户的巨大流量，对行业现有经纪业务格局将会是颠覆性影响。①

其次，突破佣金“生死线”。2013 年证券行业佣金率在万分之八左右，而国金证券前三季度的佣金率在万分之九左右。在佣金率问题上，此前华泰证券已经率先尝试网上开户的佣金率为万分之三，随着经纪业务的互联网化进程推进，价格战不可避免。随着与腾讯的合作，国金证券推出首只互联网金融产品，把佣金手续费下调至万分之二，投资者可以通过腾讯网进行开户。毫无疑问，“万二”的低佣金价格对行业的冲击比互联网形式带来的影响更加直接。据有关研究表明，对仅提供研究报告没有其他增值服务、以低佣金取胜的券商而言，相比国际上的情况，万分之二的佣金率也是偏高的；而对于提供附加值较高的券商来说，万分之二的佣金率显然偏低——大部分券商营业部的生死线就在万分之二、万分之三左右。据国内专门研究显示，万分之三佣金率是券商经纪业务的成本线。因此，国金证券大胆推出万分之二佣金率的举措，也带来了市场的积极态度，其股价一路上涨。②

第三，加快业务创新转型。自 2014 年年初携手腾讯在行业内率先推出互联网金融产品“佣金宝”以来，国金证券逐步确立了其加快业务创新寻求差异化竞争力的市场形象。作为净资本规模较小的中型券商，国金证券 2014 年首先尝试触网，以互联网金融产品“佣金宝”突破地域和营业部数量相对较少的局限，积极拓宽客户资源，并实现线上线下经纪业务协同发展。同时继续完善全国网点布局，持续增加对投资咨询、理财服务、融资融券等业务投入，收效明显。2014 年上半年，在行业内佣金收入普遍下滑的情况下，国金证券代理买卖证券业务的佣金净收入却增长了 11.83%。根据国金证券披露的 2014 年 8 月财务数据简报，其 2014 年 1 至 8 月已实现营业收入 142 443.07 万元，净利润达 45 821.05 万元，已达到其 2013 年全年净利润 31 691.14 万元的 144.58%。③

① 丁文韬、李欣，《国金证券：传统券商颠覆者——携手腾讯主动转型互联网》，http://stock.stockstar.com/JC2014021000001732.shtml.

② 杜卿卿、彭洁云，《国金突破佣金“生死线”，互联网加速券商分化》，《第一财经日报》，2014 年 2 月 18 日。

③ 田立民，《国金证券：业务创新转型提速 业绩大增》，http://finance.ifeng.com/a/20141014/13185175_0.shtml.

第四，重金筹谋“佣金宝2.0版”。作为与腾讯合作以来的首个成果，2014年2月，国金证券借助腾讯的技术平台率先推出万2.5费率的佣金宝产品，以低佣金率快速抢占市场。在市场交易量同比小幅下滑的背景下，截至2014年三季度末，国金证券股票市场份额大幅上升，已从2013年的0.17%提升至0.93%。同时经纪业务佣金收入5.9亿元，增长18%。但同时，国金证券的“互联网折扣经纪商”的做法，大打低佣金价格战的策略，被业界广为质疑。这促使国金证券推动佣金宝业务向纵深发展，开始筹划“佣金宝2.0版本”的全面升级，重点在完善交易、咨询、理财模块，先要把客户的交易体验做到极致。“佣金宝2.0”线上采用标准化的模式和收费标准，线下则将采用个性化、增值类的服务模式。比如除了线上开户之外，还可以进一步拓展网络经纪、线上理财，而线下业务将进一步变现流量，在融资融券、财富管理等方面尝试做更多的互动和完善。

第五，大数据调整营业部布局。在全力提升核心产品“佣金宝”的同时，国金证券根据线上客户的增量，重新调整了线上线下的经纪业务布局，使线上客户和线下营业部相匹配。目前在上市券商中，国金证券是营业部网点最少的。对此，国金证券一直在使用大数据对客户、营业部的分布进行分析，通过线上客户的来源地分析出哪些地区需要进行营业部的增设或减少。国金证券也据此对2014年营业部分布进行了调整。三家位于四川地区且布局过于集中的老营业部被裁撤，网点较少的沈阳、郑州等地增加设立C型营业部。据中国证券业协会网站显示，目前国金证券共有34家营业部；从最新发布的季报来看，国金证券2014年前三季度已实现手续费及佣金净收入10.55亿元，同比增长31.89%，其中经纪业务手续费净收入为5.85亿元，同比增幅17.93%。①

具有向互联网转型先行优势的国金证券，是最早落实向互联网券商转型的机构，其内部从股东、管理层到团队对互联网业务有着统一一致的认知，执行过程也更为快捷。可以说，这有助于国金证券在未来百家争鸣的互联网券商时代保持先机，如何使自己更好地转型互联网，国金证券尚需努力。

---

① 李雪，《国金证券重金筹谋佣金宝2.0版 大数据调整营业部布局》，http：//www.jiemian.com/article/206200.html.

8. 国泰君安证券打造“综合金融”

国泰君安证券组建于1999年，秉承以客户为中心的理念，扎根于国内资本市场，是国内最早开展各类创新业务的券商之一，经营业绩稳居业内前三，也是目前国内规模最大、经营范围最宽、机构分布最广的证券公司之一。面对互联网的冲击，国泰君安证券以“综合金融”思维与大数据建设为依托，积极开展互联网转型。

其一，金融商城上线，开始互联网布局。2013年5月，国泰君安证券改革原本负责经纪业务的零售客户部，分离并新设了网络金融部，专门负责线上平台的设计。11月，“君弘金融商城”上线，以一户通账户为基础，实现一个账户整合证券、资金、资管、基金、期货、港股乃至融资融券等业务功能，实现了账户的分层管理，并可进行期货及港股业务申请；融资融券、约定购回式证券交易等信用业务的办理渠道也对接到网上，客户可直接在线提出业务申请。这是国内券商转型和金融行业集体拥抱互联网的缩影，其意义是让国泰君安证券“站在互联网角度重新翻译金融服务和改造金融流程”，改变了以往证券公司的功能导向，交易、行情、资讯、投顾等各个模块的割裂化缺陷。金融商城的布局与国泰君安综合金融服务商的战略目标紧密相连，今后国泰君安证券还将围绕综合金融的目标，在线上线下互动方面做更多探索。①

其二，登陆央行支付系统，强化“综合金融”。整合业务牌照资源是国泰君安综合金融的一大目标，而2013年8月获批加入央行大额小额支付转账系统，则是其另一大举措。借此，金融商场的保证金账户可实现对外转账、消费功能，支持客户通过自己或他人的银行账户（包括非三方存管银行）向账户转入资金。这个做法使得券商消费支付功能基础建设进一步完善。国泰君安的设想是通过打造一个具有多种功能的超级账户，实现客户资金投资便利化。这在以前是只有储蓄账户才能实现的功能。对于券商来说，打通证券资金的消费支付功能有着极其重大的意义：从微观来说，可以增强客户黏性，在潜移

---

① 吕雯瑾，《国泰君安证券上线金融商城 互联网布局初落地》，http://finance.qq.com/a/20131203/012802.htm.

默化间改变客户理财习惯，使证券账户成为客户的理财“主阵地”；从宏观来说，具有向外支付功能的证券账户将使其内涵更加丰富，从而向全功能、综合化的方向进化。事实上，盘活备付金是国内不少其他券商的希望，但国泰君安是唯一接入央行系统的公司，其他公司多选择与第三方支付合作开展消费支付试点，如目前有华创、东海、安信、海通等证券公司陆续获得证监会无异议函开展此项试点。①

其三，启用行业首个高等级数据中心。2014 年 3 月，国泰君安证券启动了设立在张江的数据中心，成为国内券商行业中首家拥有高等级数据中心的证券公司。新建成的数据中心可满足国泰君安 5 年以上创新发展需求，有效支持公司长远发展，满足向综合理财服务和互联网金融等的转型和业务创新需求。从云计算、大数据、移动互联和社交网络等互联网金融技术特点看，国泰君安的数据中心面向公司综合金融发展战略的核心运营平台，充分考虑了对云计算资源池、大数据应用等方面的支撑。数据中心还面向云服务的高可用、大容量资源平台，包括空间、温度、信息点等资源，可通过自动化的环控、热场、楼宇自动化等智能系统实现无人综合管理。在设计、实施、运维管理方面，都对行业内外的中大型金融机构建设高等级数据中心具有极强的参考价值。②

事实上，主动拥抱大数据越来越被综合型证券公司青睐，这也基于券商业务属性天然适应大数据概念的特征。多年来证券公司的电算化系统已经积累了大量的标准数据，形成了丰厚的数据资产，以此为基础，随着数据中心的不断升级和完善，以国泰君安证券为代表的券商将和大数据综合金融成为共同体，踏上快速行驶的互联网列车。

9. 引领行业转型的华泰证券

华泰证券成立于 1990 年，是中国证监会首批批准的综合类券商，也是全国最早获得创新试点资格的券商之一，在 2007 年首次券商分类评级中被中国证监会评为 A 类 A 级，2008 年则获得 A 类 AA 级资格。互联网金融“大噬”

① 《国泰君安登陆央行支付系统 互联网金融“围猎”银行》，http://www.cnstock.com/v_fortune/sft_qszg/tqg_hydt/201308/2701970.htm.

② 浦弘毅，《国泰君安启用行业首个高等级数据中心》，《上海证券报》，2014 年 3 月 19 日。

下，华泰证券作为行业领军者，率先开始了对互联网金融这条“鲶鱼”的驯服，引领传统券商的行业转型。①

第一招，从业务为中心到客户为中心。证券行业先天具有垄断特性，一直都以业务为中心，对客户重视不够。而相反的，对互联网企业来说，客户永远是第一位。随着互联网与证券业的不断结合，券商行业被迫回归“以客户为中心”的圈子，开始适当性管理，精准定位客户需求，匹配合适的产品。这就意味着，谁能为客户提供最好的用户体验、最快了解客户需求、并提供适当的产品服务，谁就能取得优势、谁就能获得发展先机。华泰证券最近进行了理财基础辅导和实盘模拟资讯的大派送，参与免费派送的前提只需网上开户。网上开户、实盘选股、理财辅导，涵盖了从单一产品到全面理财、从基础引导到综合财富管理服务的逐步转变。目前华泰已为服务做铺垫，以投资顾问和资产管理为核心的财富管理业务正成为行业发展的新引擎，联手网易主推的“网上开户”变成投资者获得专业服务的入口。

第二招，从“单挑王”到“全能王”。2014 年 3 月华泰证券自建“涨乐网”电商平台，9 月推出网上开户业务，2014 年 4 月开始与网易合作，涵盖了互联网金融的几乎全部模式，在行业内先行一步。此外，还上线了新一代移动理财服务终端“涨乐财富通”，加强客户体验，加强移动终端布局。总体来看，华泰证券目前俨然一副“全能王”的业务布局。其实不论是“全能王”还是“单挑王”，券商在互联网金融布局中比较相似。如华泰与国金，都选择互联网平台公司作为业务拓展通道，都在广告资源、网络券商、在线理财等方面开展合作。不同的是，国金证券规模较小，旨在通过互联网实现战略转型；而华泰证券规模处于行业前列，客户数量超 600 万，超过国金证券的 20 倍，其目标是整合互联网平台和营业网点的服务资源，为客户提供全方位的综合财富管理服务。

第三招，从“交易通道”到“服务通道”。“佣金战没有前途”是证券业的共识。为应对日趋激烈的财富管理市场竞争，券商们纷纷谋求由“交易通道”向“服务通道”转型。华泰证券选择的“综合财富管理方向”，起到了对客户财富

① 《华泰证券试水互联网金融 引领行业转型》，http：//money.163.com/14/0514/15/9S7FPHUG00254IU1.html.

全面保护及对客户投资能力持续教育提高的职能，从对客户索取变成给予，从而建立券商与客户利益共赢的机制，比大多数券商现有经纪业务模式存在较强优势。另一方面，考虑到券商的资产管理业务与银行和保险等金融机构相比，在产品范围等方面并不占优势的特征，华泰证券综合考虑了客户在证券、保险等各方面的投资情况，为客户制定投资组合解决方案。

从长远来看，华泰证券的以客户为中心、强化服务的做法，将推动其对客户的价值挖掘由传统的显性价值挖掘转变到终身价值挖掘，推动业务由"佣金模式主导"向"佣金与费用模式并重"转化，从而有助于提高对高端客户个性化服务能力，在财富管理市场中的话语权、在综合金融服务竞争中的比较优势，避免了被边缘化的可能。

10. 人保的车联网布局

中国人民保险集团股份有限公司(中国人保)是一家综合性保险(金融)公司，世界五百强之一，是目前世界上最大的保险公司，在全球保险业中实力非常雄厚。目前旗下有人保财险、人保寿险、人保投资等十余家专业子公司，《财富》世界 500 强 2013 年排名第 256 位。互联网时代的到来，也使人保寿险集团承受着利润和收益增长的压力，总资产增速放缓，面临着较大的满期给付压力。①

面对互联网的冲击，人保集团积极开展业务转型。其一，车联网"桃园结义"。随着商业车险费率改革在即，车联网技术及 UBI 的定价方式将极大地影响目前的车险业态。2014 年 10 月，中国人民财产保险股份有限公司、广汇汽车服务股份有限公司与深圳广联赛讯有限公司，开展保险业、汽车流通业、车联网服务领域的三方战略合作签约仪式，开启国内车联网发展进程中范围最广、程度最深的跨界联合。以"汽车互联，有生态、有未来"为主题，以基于车联网的汽车服务为基础，以打造全新的汽车互联服务生态链、树立新的行业标准为目标，精确获得车主的行驶里程、驾驶模式、驾驶环境等信息，构建基于行为

① 王申璐,《人保寿险力求转型 集团布局海外投资》,http://finance.caixin.com/2014-08-25/100720987.html.

科学的安全评分体系，为车联网行业的发展探索各方加强合作的方式与途径，为行业寻找全新的发展契机，实现分工协作、优势互补、资源整合与价值共享，将为消费者带来更加优质、全面、差异化的个性化服务与更好的个体体验。①

其二，财产险加快乡镇网点建设与电网销售步伐。面对行业竞争的持续加剧，人保财险 2014 年以来积极推进销售体系升级，持续提升销售服务能力。截至 2014 年上半年，人保财险的乡镇级网点覆盖率已超过 90%，上半年农网平台非农险保费收入超 40 亿元。在网点产能不断提高的同时，还加快整合渠道优势，加强电网销售，上半年仅电网销售就实现保费收入 230.4 亿元，增长 24.2%。投资方面，人保财险上半年年化净投资收益率达 4.7%，上升 0.4 个百分点，总投资收益 55.8 亿元。

其三，人身险业务转型提质增速。根据市场环境变化积极推进销售体系升级，不断提升销售服务能力，进一步加大转型发展和专业化能力建设，优化结构，提升价值，不断强化电网销售等新渠道建设，在行业内持续保持明显优势。2014 年上半年人保寿险网销业务规模保费收入大幅增长 11 倍，带动了整体保费增长，实现规模保费 598.2 亿元，增长 23.3%。首年规模保费 551.6 亿元，连续五年保持行业第二。②

11. 太保的互联网变革

中国太平洋保险（集团）股份有限公司成立于 1991 年，以“做一家负责任的保险公司”为使命，以“诚信天下，稳健一生，追求卓越”为企业核心价值观，以“推动和实现可持续的价值增长”为经营理念，在互联网高速发展的今天，太平洋保险同样发起了一场针对互联网的转型变革。

其一，电商网站到 B2Bi 云平台的转变。2010 年 6 月太保寿险官网商城首期建设完成，率先实现网上实时出单，客户能够完整实现网上投保、网上支付、网上拿到电子保单、甚至网上退保退款。但做保险单一品类垂直销售网站前途有限，营收利润难以平衡成本，无法实现收支平衡和自负盈亏。太保在建设

① 赵广道，《人保财险布局车联网 谋划车险业务转型》，《中国保险报》，2014 年 10 月 18 日。
② 张兰，《人保集团“一体化”发展转型提速》，《金融时报》，2014 年 8 月 26 日。

网站的同时，将后台交易系统单独设计并最终构架部署成为 B2Bi 云平台(Business To Business Integration，太保寿险对五类 B2B 细分模式的统称)，也就是一个专门的保险分销业务平台，将网站与 B2Bi 交易平台进行分离。2011 年年初，平台首期建设完成，在业内率先实现互联网分销模式。从 2010 年下半年开始大量约访商户并开展商务谈判，到 2014 年年初累积有超过 400 多家合作伙伴。到 2013 年年末，当年保费收入近 2 亿元，历年累积客户资源超过1 500 万名。①

其二，布局企业级移动应用。随着互联网金融的升温，竞争也日趋白热化。太保建成并投产国内保险行业首家专业化移动应用实验室——这也是太保在企业级移动应用上的重要布局。包括五大典型场景：电子签名区、展厅概览区、模拟营销职场、模拟商业咖啡吧、模拟客户体验店，体验者可以通过“神行太保”PAD 和智能手机等移动设备亲手尝试应用各类移动 App 产品，现场体验太保应用移动互联新技术为客户带来的便捷服务，颠覆了传统保险“卖东西”的销售模式。②

其三，移动互联网新技术给客户带来实惠。太保集团移动投保在维护客户权益上的优势明显，登录时要求代理人身份认证、客户选择产品时对条款释义及分红预期标准化、交保费实时扣款等措施，根治了无证销售、选择性推销、夸大收益、私吞保费等保险推销“顽疾”。电子签名推动服务流程变革，“神行太保”在加载电子签名技术后，已使移动销售、移动服务、移动理赔等多个业务领域的作业方式和服务模式发生根本性变革，投保人能够全程参与业务受理过程，直接监督服务环节中的所有操作，服务流程也更加透明。此外，为适应网络和移动互联时代客户行为的变化，太保不断创新完善虚拟和实体界面，推动界面之间有效互动。线上，建立面向分散型客户的智能综合服务平台——在线商城，通过网上商城、E 保通移动 App 等自媒体建设、社交媒体应用，实现服务和产品的线上全流程；线下，有效整合资源，形成“一站式”产、寿综合服务

① 杨振华，《太平洋保险的互联网变革之路》，http：//www. ciotimes. com/cio_chanel/zt/89693. html.

② 杨倩雯，《太保着力互联网金融 布局企业级移动应用》，http：//www. yicai. com/news/2014/07/3987356. html.

门店，打造出一支高产能理财规划师队伍。线上线下融会贯通，形成高效便捷的服务和不断优化的客户体验。①

其四，成立业内首家智慧型示范门店。2014 年 10 月，在上海成立业内首家智慧型示范门店。积极引入太保集团最新转型成果，设置客户体验、坐享服务、自助服务、互动服务等服务功能分区，让客户享受坐享式服务、柜面服务的同时，体验到公司运用互联网新技术为客户量身定制的智慧型服务，保障保险消费者权益。其率先在“一个太保，综合服务平台”门店建设中，实现客户体验、界面管理、服务样式、人才培育等多维度管理创新，开启了落实保险业新“国十条”、实施“云服务战略”的新时代。②

其五，联手携程，App 上线航班延误险。2014 年 8 月，太保财产险上海分公司与携程旅行网联合推出的国内首款航班延误保险产品，正式在 App 移动终端上线销售。2010 年，在业内首创“航班延误保险”，这是专门为携程网度身订制的线上保险产品，采用电子保单方式，承保航班晚于原定到达时间 3 小时以上延误抵达原定目的地、航班被取消或起飞后发生返航、备降等。整个理赔流程首次采用主动理赔方式，只要被保险人乘坐的航班发生延误，系统会自动判别是否达到理赔标准，对符合标准的自动下发短信，通知被保险人进行索赔，理赔过程无需提供任何纸质材料，可使用语音电话、微信、邮件等功能完成理赔申请。③

由此可见，结合一系列新技术的应用，太保集团实施了深入的互联网转型，多维度推动了集团业务和服务模式的转型升级，满足了客户真实需求，促进了自身业务增长，降低了运营成本，提高了业绩水平。

12. 平安保险的互联网深度转型

中国平安保险（集团）股份有限公司（平安集团）成立于 1988 年，是中国第

① 《太平洋保险：移动互联新技术给客户带来实惠》，http：//insurance. hexun. com/2014 - 10 - 09/169150745. html.

② 《太平洋保险成立业内首家智慧型示范门店》，http：//insurance. hexun. com/2014 - 10 - 09/169157856. html.

③ 黄蕾，《太平洋保险联手携程 App 上线航班延误险》，http：//www. iyiou. com/p/13017.

一家股份制保险企业，目前已发展成为融保险、银行、投资等金融业务为一体的多元化的综合金融服务集团。平安保险的互联网转型主要从以下方面入手：

其一，“保险系”全面掌控平安投资板块，奠定转型组织基础。平安集团分为银行、保险、投资三大板块，投资板块主要包括平安信托、平安大华基金和平安证券等公司。平安集团的规划就是打通下辖所有金融机构的业务，2014 年 3 月的高管之间的轮岗也是为了发挥协同效应。2011 年成立的陆金所，管理层团队约三分之一由平安保险资深员工坐镇。目前，陆金所高管团队包括 13 人，其中平安保险出身的高管有 4 人。未来陆金所承担着孵化、整合平安集团各项业务的功能，由熟悉平安集团文化和业务的人物担任要职也是必然。不过，陆金所孵化的多家子公司普遍具有互联网特征，仅 2013 年年初新成立的平安好车依然由平安保险系掌舵，因为汽车是一个金融属性比较强的领域，车险又是平安原有的优势业务，布局这条产业链，需要保险专家人才把控。

其二，互联网金融板块收罗人才。除了投资板块，平安集团新布局的互联网金融板块也烙上保险色彩。这个板块处于大补血阶段，正在大量搜罗互联网金融人才。平安集团更大的野心在于构建一个互联网金融新帝国，并对原有业务进行互联网改造。目前平安集团已对核心子公司的高层布局进行互联网化转型。2013 年 12 月，平安健康险新任 CEO 挖来阿里巴巴集团副总裁、阿里云总经理王涛，这种在健康险业务上启用互联网高管的做法，意在突破传统的已经陷入“鸡肋”状态的健康险业务模式，最终会打造出一个“互联网化”的医疗、健康管理整合平台。科技方面更是从 2012 年即开始布下互联网重兵，当年 5 月即开始着手打造孵化互联网创新业务的平台，力图将万里通打造成中国最大的通用积分平台；同时开始筹建支付业务。[1]

其三，健康保险板块的网络平台。对于平安健康保险而言，安全快捷的交易平台是开展网上交易业务的重要保障。针对平安健康保险的系统需求，其网络平台完美贴合了“云”部署的大势。根据用户事先设定的多种触发阈值，自动调整触发 VMware vCenter，根据需求扩充或者减少应用使用的后台虚拟

① 《平安保险系全面掌舵投资板块 深度互联网转型》，《理财周报》，2014 年 3 月 24 日。

集群服务器数目，内外网负载均衡分开处理，极大地提高了内网的响应并增强外网访问的安全控制，实现真正意义上用户根据实际使用情况弹性按需部署的云计算方式。①

结合高科技的运用，平安集团的人才观和大手笔规划，为其发展开创出了一片新的天空。

13. 中金公司的互联网转型布局

中金公司，即“中国国际金融有限公司”，成立于 1995 年，是由国内外著名金融机构和公司基于战略合作关系共同投资组建的、国有控股的中国第一家中外合资的投资银行，主要从事证券发行、承销、交易、企业重组、兼并与收购、投资分析、风险投资、项目融资等业务，是资本市场上的主要金融中介。中金公司一直走“高大上”路线，目前开始抓紧布局互联网转型。

其一，转型互联网财富管理。中金公司一直关注互联网金融发展，2013 年 10 月开始考虑做互联网金融的定位和策略，2014 年春节之后明确定位并迅速推进。看到余额宝刺激了所有做金融、做电商以及做互联网的人重新审视传统做金融的方法，中金公司也在考虑自己的优势和不足。其在全国 18 个城市只有 19 个营业网点，完全是自己组建的，与其他券商动辄上百个营业网点相比几乎没有优势；但另一方面，互联网突破了地域的限制，这使得中金公司的劣势可能变成优势，因为不用承担过多运营网点的负担，转型互联网财富管理反而可能更容易。

2014 年 6 月，中金公司开通第一家财富管理网店——中金金网，并选择了最慎重的一种方式，依靠自身品牌优势推出互联网，把互联网金融纳入中金公司的子品牌。中金金网是中金公司借助互联网，为大众投资者打造的一个互联网财富管理平台，提供网上开户、交易、理财以及专业研报、财经资讯、投顾咨询等全方位的线上财富管理服务；同时利用中金公司多年服务高净值客户和机构投资者的专业财富管理业务经验，为大众投资者搭建全方位一站式财

① 《直面互联网冲击 平安健康保险转型有道》，http://finance.21cn.com/stock/express/a/2014/0702/11/27717218.shtml.

富管理服务平台。

由于互联网财富管理的风险不确定，中金公司最终依靠自己的品牌作为互联网业务的支撑，推出二级子域名。流量导入选择了门户网站搜狐作为首家战略合作伙伴，彼此借势拓展互联网财富管理市场。今后，中金公司还会继续寻找合适的流量资源，提高流量，这是到达投资者的途径。做互联网财富管理除了流量之外，最重要的还是流量转化率，这是流量变现金的能力。

从实际看，中金金网有两大基础功能，第一个功能还是券商基本的经纪业务，能实现网上开户和交易功能，股票交易功能是中金金网的基础功能，这里有中金观点、资讯和线下理财团队的研究资源，首次向大众投资者开放；第二功能是一个理财商城，一站式购买全市场精选的金融服务和产品商城，不仅有中金公司自己投资管理的产品，也有全市场精选的产品，包括境外产品的配置。

其二，开展互联网证券业务试点工作。对于互联网金融基础建设——账户与支付，中金公司一直积极争取互联网证券资格。2015 年 3 月，经中国证监会同意，包括中金公司在内的 20 家证券公司获准开展互联网证券业务试点。这使得中金公司可以通过搭建自主平台、与互联企业合作等多种方式开展互联网证券的业务试点，利用互联网等现代技术改变传统业务等，从而赢得新的发展机遇。比如其重心可能在沪港通、海外账户以后的交易，凭借与业内领先的金融软件和系统提供商的良好关系，为今后做基础建设提供获得收益的良机。在落实互联网金融战略之前，中金公司也是从金融互联网切入，私募工厂和凤凰网的中金财富管理精品店，即是现有财富管理业务与互联网结合的尝试。截至 2014 年 7 月中旬，中金公司私募工厂的初始规模已近 2 亿元，平均产品规模 1 200 万，已经有产品上线的私募机构 18 家，潜在的合作机构 46 家。①

在互联网金融与金融互联网加快融合发展的今天，中金公司的互联网战略既谨慎又层次分明，步步为营，为自己打造了稳健的根基。

① 田小蕾，《中金：正积极争取互联网证券资格》，《理财周报》，2014 年 7 月 13 日。

14. 华夏基金的互联网融合与博弈

互联网时代，颠覆来得如此之快。余额宝的横空入市打乱了基金公司的阵脚，一夜之间，电商被基金业提到前所未有的发展高度。就在余额宝一路狂奔之际，华夏等老牌基金公司也不甘示弱，其电商规模已突破千亿。华夏基金的电商用户交投活跃度也颇高，2013 年其电商交易量达 2 532 亿元。

在移动互联网领域，除微信理财通之外，华夏基金的 App(手机应用)活期通的交易量超过 300 亿元，举一家基金公司之力而言，活期通 App 的这一数字已是行业难得的突破。2013 华夏基金网上直销用户数较上年增长 800%，而 2014 年以来又再次创下新高。作为唯一与 BAT 均有合作的基金公司，华夏基金在阿里巴巴旗下淘宝店亦有斩获，2.4 万的开户数可圈可点。

其一，华夏基金的启蒙之作——活期通。余额宝面世之前，活期通无疑是人们最为熟知的现金理财工具品牌。2013 年 1 月 8 日，华夏基金召开媒体发布会，宣告旗下的现金理财账户工具活期通正式上线。活期通拥有一系列强大的功能，比如赎回实时到账，享受货币基金水平的收益，0 手续费异地跨行转账，自动还房贷、车贷等实用的现金理财模块。活期通的这些功能颠覆了市场对货币基金的认知，也许有人想过货币基金可以做到这些事情，但从未如此清晰过，且呈现到投资者面前。活期通的出现为基金行业电商直销业务的发展打开了一扇门，奠定了日后基金电商不断创新和突破的基础，活期通也因此成为行业范本和启蒙之作。

其二，面临颠覆——借力 BAT。继华夏基金活期通之后，其他基金公司的现金管理工具产品开始蠢蠢欲动，要么新设产品，要么在原有基础上优化升级，都在刻意形成活期通一样的子品牌。就在余额宝面世不久后，华夏基金迅速出手。2013 年 10 月份，百度宣布与华夏基金首家合作推出百赚，短短 2 小时百度平台的开户数量达到十几万人，这也代表华夏基金开启了阿里巴巴之外的互联网巨头合作模式，互联网金融的概念得到深化，战局开始形成。随后，华夏基金清晰地看到腾讯旗下的微信在移动互联网领域的无限潜力，2014 年 1 月 15 日晚，名为“理财通”的菜单在微信“我的银行卡”中正式与微信 6 亿用户见面。至此，投资者总算分享到这份跨年度的互联网理财大餐，微信理财通凭借用户基础和应用性也被市场定位为唯一可以匹敌余额宝的产品，更被贴上“二马 PK”的标签。出乎市场预料的是，华夏基金在此过程中凭借强大的 IT 后台自主研发能力，10 年的货币基金投资管理经验和卓越的品牌优势，率先完成与微信的产品对接工作，截至目前微信理财通中仍只能看到华夏财富宝货币基金的身影。

其三，展望未来，努力做卓越的产品提供商。基金公司毕竟不是互联网企业，在与互联网企业既融合又博弈的过程中，应该抓住产品提供商的本质定位，做好综合金融服务提供商。互联网带来的是渠道和通路，以及新的营销理念和产品基因，作为基金公司，本业是投资管理，价值是为投资者提供资产管理回报。2013 年只是互联网金融的开端，影响才刚刚开始，这一年互联网对于基金行业的影响更多在于销售、IT、运作、客服等中后台部门，未来这种影响会逐渐深入，可能会影响到投资、产品设计。基于这种思考，2014 年华夏基金在互联网直销方面不断改善，做好包括用户体验在内的互联网的客户服务是核心，用服务赢得客户，最终现实客户转化。从资产管理行业的产品提供商，转变为提供综合性金融理财服务的资产管理平台，华夏基金在与互联网企业的融合与博弈中想必会越走越远。①

15. 天弘基金创新先行

天弘基金管理有限公司成立于 2004 年，正好属于基金行业大发展时期。经过十年历程，目前已成为集聚强大股东资源、先进云计算技术、亿级用户、互联网精神等优势于一身的资产管理公司。借助与互联网的融合引领行业实现突围，服务上亿客户践行普惠金融，是天弘基金成功所在。

其一，开拓创新，敢做第一人。天弘基金自成立以来坚持“客户至上”的理念，不断推动业务创新。成功推出国内首只发起式基金、养老基金、A/B 分开募集的分级债基；之后，打造国内首只互联网基金“余额宝”、企业版互联网产品“星计划”；与天津银行合作推出“天天宝”智能银行卡等诸项成果，是天弘基金始终围绕客户开展的产品和业务创新。这也带动了其资产管理规模跨越式

① 《华夏基金转型：电商规模破千亿》，http：//fund. stcn. com/2014/0310/11233382. shtml.

增长，目前已达 5 000 多亿元，排名位列行业第一，而客户数量也最多。至 2014 年 9 月底，天弘基金旗下共有 16 只基金，品牌影响力位居行业前列。

2013 年随着互联网日益扩大的影响，资产管理行业也迎来新机遇，天弘基金率先实施互联网与金融跨界融合，与支付宝联合推出国内首只互联网基金“余额宝”，2013 年 6 月正式上线，爆发式增长，7 个月时间规模就达到了 2 500 亿元；至 2014 年 9 月底，规模更是翻了一番还多，达到 5 349 亿元，稳居国内最大、全球第四大的货币基金。在此影响下，其他基金公司纷纷加大对电商的重视，各类“宝宝”相继问世，2013 年下半年，全行业货币基金规模增加了 4 000 多亿元，至 2014 年 2 月突破万亿元，9 月底逼近 2 万亿元。

其二，全面强化互联网精神。天弘基金将互联网精神与基金的传统业务相融合，融入“客户至上”理念，以客户需求为经营导向，围绕客户组织业务。比如“余额宝”上线后，天弘基金开始不断升级系统功能、加强客户服务、提升投资管理水平，致力于打造“宝粉生态圈”，通过推出一系列的服务方式手段，如“宝粉云小二”、“微快乐播报”等，结合官方微信微博，打造立体的、有大量互动的、真正能够为亿级用户服务的生态圈。在投研体系方面，自 2011 年开始重塑投资理念，增设风险研究岗，扩充投研队伍，增强投研能力，大量运用前沿的互联网技术、大数据技术和互联网思维，更直接、更深度地渗透到各行业大数据体系，用互联网方式改造信息获取方式。

其三，强化互联网精神，全员持股激发活力。2014 年 5 月，天弘基金增资扩股方案获批，浙江阿里巴巴电子商务有限公司以 11.8 亿元认购 26 230 万元的注册资本出资额，公司注册资本由此前的 1.8 亿元增加至 5.14 亿元，成为注册资本金第二大基金公司。员工合伙企业持股比例 11%，首开基金业员工公开持股先河，增资扩股的一大亮点即是全员持股计划，不仅有利于激发全体员工的正能量，也成为行业一大创新。互联网精神也已深入天弘基金的公司文化，价值体系初步形成，即客户第一、团队合作、拥抱变化和诚信、激情、敬业。①

① 《天弘基金：十年铺就极致体验之路》，http：//finance.ifeng.com/a/20141104/13246262_0.shtml.

16. 农商行的互联网布局

不论从政策导向还是发展实际看，目前及今后小微企业贷款都有很大市场空间，这部分业务领域对金融机构是一块大蛋糕。大行主要对口大企业大集团，对小微企业贷款有诸多疏漏不及之处，以区域农商行等为代表的中小金融机构可借机打开和抢占市场。随着互联网时代的到来，如何使自己顺利实现互联网转型，也是农商行面临的重要任务。

这里在借鉴几个典型例子的基础上探讨具体的经验做法。

其一，以传统业务为基础。典型的例子如河南西峡农商行。走互联网金融的转型路子，不能完全抛弃自己的传统业务。河南西峡农商银行为将自身的业务做大做强，推行以“支行营销为主，总行推动为主”的营销模式，实行总支联动机制。突出业务部职能作用，强化客户经理队伍建设。强化同业存款，提高存贷市场份额。创新产品，完善功能，做实做强票据结算、代客理财、网上银行业务，开发信用卡综合授信支取功能。实现“全员营销、全产品计价”新模式，提供多样化的 VIP 增值服务，构建“潜力客户、中端客户、高端客户”差异化的分层服务体系，从而提高了客户的忠诚度。①

其二，打造互联网金融服务商。典型的例子是上海农商行，其持续推进网上银行、电话银行优化升级，搭建手机银行、短信通平台、网上商城、微信银行等，与第三方支付机构合作拓宽线上支付渠道，形成较完整的电子金融服务网络。2014 年，上海农商行着力推进网络金融部准事业部制改革，尽快搭建直销银行系统架构，建立面向电子银行全渠道的电子账户体系，提供网络金融应用和传统银行账户服务。以门户网站为主要载体，建设社区金融服务平台、“中小微农”企业电子商务服务平台，推出在线融资业务。同时做强传统特色电子银行业务，加强组合营销、交叉营销，完善电子金融整体解决方案。②

其三，强化核心竞争优势。典型的例子如天津农商行。其从打造核心竞争力入手，坚持强基础、调结构、促发展、增实力，加大产品创新力度，先后开发

① 《河南西峡农商行转型发展的战略思考》，http：//www.rhfa.cn/x/n20140724_3685.shtml.

② 《上海农商行切实转变经营模式》，http：//www.rhfa.cn/nongshangxing/n20140818_3980.shtml.

知识产权抵押、“微小随心贷”、“宝益得”系列理财、零辅币兑换等特色业务产品超过百种，形成完善的产品体系和链条。大力发展资金业务、投行业务、贸易融资以及网上银行、电子银行等业务，明显增强了产品的核心竞争力。同时加强营业网点建设，在全天津市已有的511个营业网点的基础上，又设立兴农贷款公司、微小贷专营中心、近千个金融服务站、一百多个社区便利店，形成遍布天津城乡的金融服务网络。①

对于规模相对较小的农信社、农商行，尤其是服务县域经济的农信社、农商行来说，有着天然的客户资源优势和网点优势，但必须获得充分的数据支撑。这方面，可以选择与成熟的电商平台合作的方式，由电商平台提供数据，或者与专业的数据提供商合作，数据来源、风险控制、准确性均由后者保证，银行通过提供金融服务作为切入口。还可以与本地核心企业或商品交易平台合作，从其中的ERP中获取交易数据。同时以网点为中心建立半径综合服务圈，充分发挥自己的地缘人缘优势，准确定位市场，开拓更大的发展空间。

三、淘 金 之 道

互联网金融的大幕已经拉开，这是一场金融变革的盛宴，也是一场金融变革的风暴。2013年可谓是中国的“互联网金融元年”，互联网金融的发展既给传统金融行业带来挑战和冲击，又蕴含着大量的机遇和空间。面对互联网金融的大潮席卷，传统金融业该如何应对呢？

1. 运作三大通路

总体来看，商业银行的互联网金融转型路径可归为三种。其一，借鉴以建行为代表的自建平台模式，其“善融商务”以“亦商亦融，买卖轻松”为出发点，面向广大企业和个人提供专业化的电子商务服务和金融支持服务。这个模式因不存在与其他平台的利益博弈，所以安全性比较高，银行对平台的控制力也

① 《天津农商银行成立以来的蜕变与成长》，http：//www.rhfa.cn/nongshangxing/n20140818_3979.shtml.

较强。其二，借鉴以招行为代表的平台合作模式，其 2013 年 7 月宣布升级微信平台，推出全新概念的首家“微信银行”，利用腾讯建立的微信平台，整合了包括集借记卡、信用卡业务为一体的全客群综合金融服务平台，可实现转账汇款、手机充值、预约办理等一系列服务。这个模式虽然安全性稍差，但能够在短时间内借助双方已有品牌和市场迅速扩大新业务的市场份额和影响力。其三，以自身为主体，通过收购现有互联网平台、融入自身业务来实现转型发展。这个模式和第一个相似，在安全性和控制力方面都比较理想。①

2. 完善客户信息系统

客户信息系统的建立健全对金融企业有着重要作用。金融企业可以整合形成单一的客户视图，从中获取较为全面的客户信息，并通过其与各类应用系统之间的整合，以及对客户信息的归集、整理、分析，发现客户之间的关联关系，进而提升营销服务水平。各类金融公司通过构建客户信息管理系统，达成“统一客户，统一账户、统一资产、统一服务、统一营销”的目标，从而能更好满足综合金融服务的业务需要。

3. 重视客户体验与产品创新

互联网金融的便捷和大众化成为更多人理财的首选，客户体验全新的金融服务而流向线上金融平台，商业银行应重视客户体验，打造以客户为中心的经营模式。在研发新产品初期应通过数据分析、抽样调查的方式将客户的偏好分类，有针对性地根据各个客户群体研发适合的理财产品，同时在不影响风险控制的前提下免去繁冗的处理环节。以小额贷款为例，互联网金融信贷平台为小微企业申请贷款从受理到发放只需要几天甚至当天就能实现，比传统商业银行需经历多个环节的手续复杂、效率低缓，明显增强了竞争力。一定要注重消费者的消费习惯与便利性，举个例子，在京东网上买个 200 元的台灯，公司都会实时通过信息告知消费者产品的运输进度，而在很多基金公司认购几百万的基金份额却往往连受理信息都要等很久，这是互联网行业与传统金

① 张剑光，《商业银行互联网金融路径》，《金融时报》，2013 年 9 月 23 日。

融行业最直观的差距所在，也是金融企业赢得竞争力要重点关注的——将服务消费者的理念做到极致。

4. 银行直销

银行企业可创新服务模式，加入直销银行业务行列。目前如民生银行、兴业银行、珠海华润银行等股份制银行的直销银行纷纷上线。可借鉴北京银行“线上互联网平台”和“线下直销门店”模式，线上服务由互联网综合营销平台、网上银行、手机银行等多种渠道构成；线下模式是建立便民直销店，设置远程签约机、存取款机、自助缴费终端等。①

5. 塑造 PB 一面旗帜

PB，即私人银行，是互联网银行平台的核心所在，是金融领域的淘宝店，互联网银行平台正是以 PB 模式为核心，基于数据挖掘、分析和管理构建的。所以，金融企业应最大限度争取客户，引导其自建私人银行，自由设计自己涉及的金融信息，如贷款金额、利息、还款周期等要素，打造具备个人特色的金融产品和金融服务并在自己银行发布，同时完善金融企业自身产品信息，使客户可通过搜索浏览各分行的不同产品信息，选择符合自身意愿的产品申请购买，坚持用户第一的理念，使其真正具备普惠金融特性。

6. 网络小贷的大数据

目前给小微企业的小额贷款业务日益增多，在一干金融机构发力小贷领域之际，阿里巴巴、京东、百度等网络巨头也开始进军小贷领域，小贷行业网络化在所难免。这个领域既是有着巨大商机的未来战场，又隐含着激烈的竞争、风险与不确定性，一场技术革命也将在此展开，尤其是大数据理念。有志于此的金融企业必须摒弃传统小贷的发展思维，借鉴成功的先行者。如美国知名银行 Capital One 即是大数据理念的践行者，数据的决策方式贯穿整个业务流

① 郭圻，《部分银行开推直销银行模式 积极布局互联网金融》，http://news.xinhuanet.com/fortune/2014-04/06/c_1110122353.htm.

程，从贷前、贷中及贷后管理各个环节着手，建立各种数据采集、数据分析模型，在此基础上，通过持续测试、不断调整、不断循环，发现逾期数据与客户参数的关联性、相关关系，根据相关性来调整进件标准、审核标准、风险定价。网络小贷公司可以通过数据分析小微企业信用，掌握和控制各个运营商的运营状态及财务状况，通过建立自己的支付终端服务来拥有较长账期的应付资金作为现金流，抛弃对担保、抵押等信贷手段的依赖。同时，结合网络技术，促使用户申贷、支用、还贷等均在网上完成，支持随借随还，建立良好信誉。

7. 掌控移动金融

互联网金融中大量采用搜索引擎、移动支付、云计算、社会化网络和数据挖掘等技术。这些技术给互联网金融带来了金融服务和产品创新、用户体验的改善，新的业务处理和经营管理模式，显著提升了金融体系的多样性。商业银行要进一步提升科技研发水平，积极推进数据整合，建立起人性化的客户管理和市场细分系统，提升商业银行的竞争优势。当前移动互联网已经成为互联网最显著的特征和趋势，在此基础上诞生的移动金融，正全面改变传统金融模式。商业银行应该通过异业联盟、异业合作、金融 App 和 App 平台等多种方式构建移动金融生态，为用户提供更好的金融体验。

8. 互联网平台的散与收

互联网平台模式改变了盈利的着眼点——由传统的产品服务提供者转为从产业需求与供给之间的连接点寻找盈利契机，仅仅提供产品和服务已不再是获利的关键，企业需要转变模式，从产品销售转向打造某种媒介角色的平台。可行的是建立良好的“生态系统”，让有利益相关性的诸多群体彼此交流互动，构筑开放的金融服务平台，连接四面八方的多边市场。这是“散”的思维——发散出去，打开市场。与此同时，借助已经搭成的四通八达的分散路径，收缩聚焦以发现真正属于自己的潜在市场，比如小微企业贷款和消费贷款，银行通过数据挖掘和分析，提前发现潜在客户及其潜在需求，开发满足客户需要的金融产品和服务，主动向客户提供信息和服务。这则是“收”的运作。

9. 破解金融服务中小微企业的“帕累托定律”

金融领域“帕累托定律”，即 80％的金融信贷资源，往往围绕着 20％的大企业大集团打转；而占总数 80％的小微企业，却总面临“融资难”、“融资贵”。要破解金融服务中小微企业的“帕累托定律”，可学习上海浦发银行的做法。其积极转变思路，把“二八定律”中曾经被忽略的那八成小微企业，当作“宝”。具体做法是，对小微专营机构进行专业化经营设计：纵向上，总行、36 家分行都有独立的小企业金融服务中心，2 家新建行也配套专门业务团队，做到分行层面专营机构全覆盖。横向上，在中心内部把营销、企划、授信管理整合在一个平台内，做到经营职能“全嵌入”。同时浦发银行还对小微业务实行信贷资源计划单列政策，以保证足够的信贷规模支持小微业务发展；坚持对小微业务进行考核激励倾斜；坚持将分行小微业务发展情况纳入考核指标。同时针对中小微企业无充足的抵质押物、无有效的外部担保、无规范的财务制度这“三无”，有专利技术、有政策支持、有合同订单这“三有”，以及融资需求“短、频、急”的特点，2012 年年初推出“吉祥三宝”批量开发模式，2014 年进一步完善形成“三宝两通”模式。针对高成长型企业，还推出整合培育的“投贷宝”模式等。这些做法不但拓展了客户，还提高了成本收益率，增强了风险预警与防范能力。

10. 发力网络信贷

网络信贷被银行视为解决小微金融问题的新工具，小微贷款的特点决定了其业务模式必须是“批量、批发”，才有可能降低银行的业务成本和风险，而这种业务模式正是互联网技术所擅长的。金融企业应推动传统信贷布局从线下往线上转移、优化及延伸。比如借鉴中信、光大、华夏等股份制银行线上贷款业务操作方式，加快推进银行业信贷产品的线上转移工作，运用现代信息科技手段加快推进原有信贷产品的“IT 固化”和“门户化”，嵌入简单、便捷的交互模块，随时接受线上客户申请，实现快速便捷自助申贷或者高效放贷。比如借鉴中信银行与银联商务共同推出的“POS 商户网络贷款”方式、北京银行在线产品“网速贷”方式等，加快银行业信贷产品的“互联网化”改造，实现“线上申贷、多元授信、线上抵押、线上审批、快速放款、按日计息、网上还款、循环使用”全流程线上运作，满足日益变化的客户需求和用户习惯。比如借鉴国开行的“金开贷”模式，推动“银行系 P2P”业务探索与发展，加快研究或引入 P2P 技术，结合银行业机构风险管控专业力量和优势资源，推动银行业自有 P2P 网贷平台建设，更好发展“普惠金融”。再比如借鉴工行“网贷通”方式，专门针对小微企业客户进行网络自助式循环贷款，借鉴中行“中银网络通宝”、建行在其小微企业信贷工厂中对网络信贷的做法等，加快金融企业更好地融合互联网，谋求更大发展。

11. 微信银行注重增值

微信旺盛的生命力，不仅为互联网金融领域的商业模式创新和技术创新提供了广阔空间，也为商业银行提供了众多切入机会，微信银行也由此诞生。除了要统一管理和加强引导与合作外，微信银行的关键在于服务的价值性及交互的便利性和趣味性，要注重“突出增值”策略。重点的增值服务主要有：一是在线客服，依托微信的文字、语音自助应答与识别系统，实现对客户问题的自动化初步解答，打通微信系统与银行客户服务系统，实现人工座席服务，借助客服开展客户满意度、产品满意度调查、产品功能需求调查等功能。二是贵宾服务预约，提供预约贵宾增值服务，如机场贵宾通道、高铁贵宾候车、健康管家、洗车等服务。三是优惠活动，依托微信强大的传播力量，开展各类优惠促销。四是金融资讯，集成金融资讯及专家点评，融入产品推介内容，培养客户定期浏览习惯，提供利率、汇率、产品价格等行情信息。五是网点定位，利用微信定位功能，推出查询周边网点及联系方式等服务。①

12. 券商洗牌

面对汹涌来袭的互联网金融浪潮，大小券商可以根据自己的特点选择适宜的路径。比如中小券商，可以选择与大券商或其他功能性平台合作，现实中可借鉴的案例很多，如中山证券、华龙证券、广州证券等与腾讯新上线的“企业

① 蒲欣、陈剑锋，《微信银行服务模式和发展策略研究》，《互联网金融》，2014 年 8 月 11 日。

QQ 证券互联网服务平台”合作，以 QQ 用户为目标客户，集证券开户、交易、营销客服等为一体。也可以联合互联网公司推出线上金融产品，如国金证券与腾讯合作推出“佣金宝”；与门户网站在经纪类业务上合作，如新浪与东海证券的合作，华泰证券则与网易的战略合作等。对于大券商来说，可以自己独立运作，提高服务品质和风险把控能力，以增加客户黏性，比如参考中金推出“中金金网”，除了能网上开户、交易和理财，还结合其自身丰富的线下资源，有专业团队筛选和推送即时资讯，并提供中金研究人员的市场分析等做法。另外，还可进军创新幅度更大的互联网金融领域，如借鉴广发证券旗下直投公司广发信德对深圳 P2P 平台“投哪儿网”的亿元战略投资做法，除了资金支持外，广发还为“投哪儿网”的人才引进和政府关系搭建提供支持，并与其分享投顾业务资源，从而开展合作发行用于投资 P2P 收益权的理财产品，同时可借鉴国元证券、东海证券等借用 Wind 资讯开展互联网金融创新的做法等。①

13. 借助便利店发展 O2O

目前在便利店里提供银行服务在全国尚不多见。而商业银行与便利店的合作模式在国外则非常普遍，尤其在日本几乎所有的便利店都支持存款、取款和缴纳各类费用，非常方便。比如总部设在日本东京的柒银行，已经在 7－11 便利店设置了一万多台取款机，成为东京布放取款机最多的银行，拉近了个人客户与银行的距离。从便利店发展趋势看，其融商品销售中心、社会服务中心、物流中心特点于一身，实际上是最接近消费者的业态，是真正的流量入口。以门店数占全上海便利店总数 1/6 的全家便利店来说，其落户上海十个年头，在上海的门店超过 750 家，每家便利店日均客流量 1 000 人次，一天的进店人数超过 75 万人次。②

国内商业银行在利率市场化、同业竞争日趋激烈、互联网企业不断侵蚀其传统的“存、贷、汇”业务领地等外部经营环境变化的冲击下，以往单一依靠线下物理网点数量规模的扩张来发展的“网点战术”和“人海战术”因经营成本

---

① 田运昌，《券业开启洗牌模式：透视券商互联网业务三大路径选择》，《证券日报》，2014 年 7 月 9 日。

② 陈颖，《银行发展 O2O 可借助便利店为入口》，《国际金融报》，2014 年 10 月 27 日。

高，从纯成本收益角度分析，已经不再是经济的业务渠道。网络和现代通信技术的普及和发展，又推动了银行线上新兴电子渠道建设，渠道转型迫在眉睫。

为此建议国内商业银行与便利店合作，布局三个功能模块。第一个模块，便利店作为商品销售中心，商业银行在便利店内布放移动金融体验机，使客户通过二维码支付、闪付、刷卡支付等，现场用非常有吸引力的优惠价格购买商品，该体验机可以作为银行金融产品、银行系电商平台、手机商城等销售渠道。第二个模块，便利店作为社会服务中心，商业银行在其中布放存取款一体机、多媒体自助服务设备等，方便客户完成存取款、转账、账户明细查询以及公用事业费缴交等操作。为定期收集客户对银行金融产品和服务的反馈意见，还可在便利店布放礼品机，通过设置用户调查问卷，获取用户基础数据和对特定产品与服务的意见反馈，从中分析客户偏好、理财习惯、产品喜好度等。第三个模块，便利店作为物流中心，成为 B2B 和 B2C 的物流站点，目前淘宝的天猫商城、一号店等大电商都在开展这种操作，商业银行可布放智能公共保管箱，免费为周边居民提供物品保管和快递接收服务，在智能公共保管箱的显示屏上可播放银行金融产品的电子海报、视频等，增加可能的创收渠道。

14. 瞄准综合金融服务

综合金融服务是证券业未来转型的主流方向之一，金融企业尤其是证券业的互联网探索应以此为演进方向。证券公司今后要开始运用互联网进行客户统一账户管理、客户交易订单管理、客户信息定制、信息消费、售后服务管理，并打通第三方支付工具、移动支付手段，结合电子商务平台进行产品购买和消费，借助虚拟营业部降低人力成本，并提供便捷体验。同时由网上营业厅、电子商城旗舰店、移动平台组成面向客户的统一营销服务体系，由营销服务策划、技术执行、综合管理（交易、第三方支付、账户、部门协同）、客服（客户数据分析、客户投诉、web 呼叫中心座席等），共享或专属设置 C 类营业部，共享公司的信息技术、清算和财务后台资源。

15. 强化跨界与融合发展

金融企业在拥抱互联网的基础上，应主动搭建合作平台、强化跨界合作，整合资源、创新服务、提升效率，推动传统金融和互联网金融融合发展。比如根据自身业务发展实际，有选择地与电子商务、金融门户、IT 科技、搜索引擎、大数据管理、云储存等互联网企业开展战略合作，掌控主导权，引入新技术、新模式，创新互联网金融新业态。比如将来通过移动设备进行移动支付将成为主流，瞄准这个趋势，加强与移动通讯企业合作，抢占移动支付先机以赢得发展优势。再比如探索实施并购、收购等方式，最短时间获取互联网金融建设资源和创新动力，吞并有市场前景和技术优势的互联网企业等潜在竞争对手，整合有利发展资源。

16. 打造大互联金融平台联盟

互联网银行平台同时也是纯粹的互联网金融平台，提供了大量有效的信息与支持服务，也培育起了互联网金融生态圈。在发展互联网金融业务方面，可以借鉴很多公司积极开展的战略联盟模式，比如华夏基金与百度合作推出“百发”、“百赚”，光大保德信基金与中国银联推出“天天富”等，依托互联网建立支付中介平台，开展与其他资质良好的金融机构、通信运营商、第三方支付公司、企业等广泛合作，从领域研究、人才培养、整合资源等全方位构建健康、平等、分享的互联网金融生态圈，大力推动互联网金融发展。

17. 破解小行之窘

对于农信社、农商行等小银行来说，开展互联网金融业务可以借鉴上海农商行等的经验，从以下入手：一是加强调研，把握市场动态，选择切入的合适时机。二是重点突破，找出自身优势，结合和分析运营数据，对风险、困难进行评估选定业务模式，从特定的具体的业务模式逐步落实相应的业务准备。三是完善自己的基础平台，积极规范外部接口，开展数据治理，围绕数据全生命周期推动平台建设。四是选择与其他银行合作的方式，发挥小法人大系统的优势，区域互补，在其他行无法或不能切入的点进行定位和精准服务。

18. 增强风险控制本领

风险控制是互联网金融的立身之本。高风险也是金融领域的固有特点，以 P2P 为例，根据网贷之家数据显示，截至 2014 年 10 月底，全国出现跑路、提现困难、诈骗、失联等问题 P2P 平台数量共计 106 家，其中浙江共有 15 家，占据总数的 14%。因此，不管是银行、证券、保险领域，还是第三方支付企业、P2P 机构，都要在互联网金融创新上认真探索，在向互联网金融大举进军的同时，谁风险控制做得好，谁就能掌握互联网金融业态的制高点。

第七章　旅游业风景这边独好

一、风景这边独好

传统的旅游，选择怎样的团队游，基本靠亲朋好友的推荐，口口相传。由于信息缺乏透明，每次旅行都像是“一锤子买卖”。而选择自驾出游，一本厚厚的地图必不可少。由于定位导航技术尚未普及，迷路、走错路是常事，万一油加少了，只能自认倒霉。

这一切，随着旅游业与互联网加速融合时代的到来，一切都发生了剧变。随着互联网旅游企业不断扩张，旅游业的游戏规则在不断地被重写，“在线旅游”迅速兴起，在线旅游网站上预订机票和酒店更加便捷：比如你可以首先通过途牛旅行网看旅游攻略，直接在携程、去哪儿或者航空公司的官方网站上订购机票，选择 Booking 定好酒店，可以在当地游玩时选择 TripAdvisor 查看当地最值得去的景点或者通过 Yelp 搜寻好吃的，也可以选择 Uber 等提前订车，全部行程几乎都可以通过互联网解决。也就是说，人们只要将产品预定、信息查询、服务评价等环节搬到线上，原本复杂的购买过程，敲几下手指便能完成。而这样的消费者群体正日益增多——根据中国互联网络信息中心统计数据显示，截至 2014 年 6 月，我国网民已达 6.32 亿人，其中手机网民达 5.27 亿人，在网上预订过机票、酒店、火车票或旅行行程的网民规模已达到 1.9 亿，网民使用在线旅行预订的比例已达 30%，使用手机预订的比例达到 14.3%。

这一切是因为旅游产品与互联网有着先天的契合度，“旅游产品大多没有存储与物流环节，搬到互联网上进行售卖再合适不过”。最早从线下搬到线上的是票务、酒店产品的订购，之后是旅游线路产品——这是互联网旅游业的两次跨越。被搬上网的还有数字化的攻略和游记。越来越多的消费者乐于将图片和文档存储在便携设备上，旅行中随时拿出翻阅。工作闲暇之时，背上行囊出发，在朋友圈分享各种攻略和景点信息，手机里则安装着多款旅游软件，对各色旅游产品如数家珍，"根据需求来做选择"。

而便捷的背后，则是信息与产品的极大丰富。比如，手机旅行软件"在路上"成立三年来，通过 UGC（用户生产内容）客户端已上传近亿张旅行中的图片或原创旅游攻略。而在途牛旅游网上，旅游产品总数已达 32 万种之多，旅游目的地遍布全球 70 多个国家，出发地超过 83 个城市，并且这一数据还在增加。过去一家旅行社在一个地区只需采购几款酒店产品；今天，他们与成百上千家酒店达成关联，以满足出行者个性化、碎片化需求。①

更重要的是，中国在线旅游这个蛋糕实在是太诱人了，据艾瑞咨询估计，到 2016 年中国旅游行业收入将达 3.76 万亿元。这意味着 2013 至 2016 年这个行业的复合增长率将是 9.7%。目前在线旅游占旅游行业市场份额仍然很低。据艾瑞咨询估计，在线旅游的收入 2016 年将达到 4 440 亿元，占旅游行业整体收入比例为 11.8%，2013 至 2016 年复合增长率为 26.7%。相比美国，中国在线旅游市场也显得非常吸引人。2012 年，中国旅游行业占 GDP 的比例约为 5%，而美国旅游行业占 GDP 为 10%，是中国两倍。虽然中国经济有下行压力、增速降缓，但中国旅游市场却在逆势增长，中国不断增加的中产阶层带来庞大旅游需求。

根据 PhoCusWright 的全球和亚太地区调查报告，中国也已经成为亚太地区最大的旅游市场。到 2015 年，中国在旅游预订量方面将维持超过 10%的增速。越来越多旅行者转向使用在线渠道来进行预订，在线休闲旅游和非集中管理的商务旅游的预订量增速是整体旅游市场的三倍。中国的在线旅游渗透率落后于日本、澳大利亚和新西兰。PhoCusWright 中国在线旅游市场概览报告（第六版）指出，2012～2015 年间，中国的在线旅游总预订量将翻倍增长，达到 300 亿美元以上。事实上在线旅游行业已经成了兵家必争之地，BAT 都已

① 王威，《互联网"改写"旅游业版图》，《人民日报》，2014 年 11 月 13 日。

经在积极布局。①

出境游市场同样甚有诱惑：根据中国旅游研究院公布的数据显示，2013年我国出境旅游人数9 800万人次，同比增长18%；出境旅游花费1 200亿美元，同比增长20%。中国未来可能需要20家以上的龙头公司集中在一起，才可以消化整个出境游市场。对于传统的旅行社行业来说，还有一个生存的时期，但不会太长，也许不会多于两年。因此，谁在一年半载或者两年当中能从思考、决策到成功实施，谁就能活着。

二、万 里 轻 舟

1. 途牛的异军突起

途牛旅游网成立于2007年，致力于提供旅游度假产品预订服务，及中文景点目录和旅游社区。早期的途牛旅游网以休闲旅游的旅游攻略社区和景点介绍为切入点，后因收益不足而转型做旅行社的预订平台，为线下旅行社在线上提供一个展示平台，从帮助旅行社销售出的产品中提成。随着OTA(Online Travel Agent，在线旅游社)市场的快速发展，越来越多的传统旅行社通过互联网平台销售业务，途牛的订单量也快速增长。

目前的中国互联网垄断格局日益突出，OTA界携程、艺龙和去哪儿三大巨头几乎垄断了在线旅游市场。作为上市企业的途牛，在市值上是一家小公司；随着驴妈妈、同程网、穷游等在线旅游公司的问世，途牛迅速脱颖而出，上市后市值翻番，股价更是在上市后的两个月内从发行价的9美元涨到18美元。途牛网在三巨头的夹缝中能够迅速成长是有其独到之处的。

途牛的第一个做法是其专注性，找准定位，看中细分市场，不和巨头抢生意。途牛一直只做线上旅游，不做机票和商旅。这一点携程远远不及，其致力于把供应商提供的机票、酒店放到线上平台销售，同时利用机票预订、酒店业务等优势发展自由行产品；相比之下，途牛将线下旅行社和供应商产品包装后

① 刘照慧，《携程收艺龙 在线旅游现XTAB格局》，民航资源网，2014年7月8日。

通过线上平台分销来赚取差价，借助自身优势利用主要业务主攻跟团游。这些做法使其与携程形成了差异化竞争。与酒店、机票相比，复杂的跟团游会提供给消费者更多的选择，从路线、时间、酒店等方向考虑会有很多细分机会，目前途牛在这方面的旅游产品已有 20 多万种就是鲜明的例子。

第二个做法是在细分市场大规模扩张，快速成立线下服务中心。把细分市场做深做大是途牛与巨头竞争的一大法则。途牛的做法是，先成立线下服务中心，对于高额的出境游来说，通过线下咨询大大增加品牌信任度；同时通过线下服务中心扩张来增加销售、市场等人员，以增加本地供货商的供给资源，扩大消费人群。其次，利用品牌广告快速扩张，途牛是第一个在地铁站打广告的互联网公司，同时利用央视和地方卫视的广告占领二三线城市。甚至在上市前夕，途牛重金签下 Kimi 和林志颖作为代言人，这对其在二三线城市的扩展帮助很大。

第三个做法，与巨头做朋友变竞争为合作。上市前两周，途牛旅游网同意携程购买 1 500 万美元的 A 类普通股，并获得途牛董事会的一个席位。之后双方达成约定不再打价格战，在资源方面争取更多合作。入股之后携程变成途牛的供应商之一，把独家的酒店接入途牛，途牛也帮助携程卖产品以缓解库存压力。此次合作，使双方结束了不必要的价格战，途牛可以专心发展自己的业务，而此前一度下滑的毛利率也有所好转。

第四个做法是做好服务，赢得好口碑。途牛在创办初期曾因缺乏资金而建造山寨的服务中心，随着游客多次投诉，途牛意识到好的服务的重要性，最终花费近两百万建造了新的呼叫中心，订单量随之提升 20%。在提高用户体验方面，途牛组建了 400 人规模的产品咨询团队，用户可随时随地电话咨询旅游线路并解决旅游中的麻烦。途牛还用其电商搭建点评体系来解决游客与供应商之间的分歧，从而给用户的专业形象更加深刻。①

第五个做法是率先登陆百度直达号，快速开展移动布局。百度直达号是商家在百度移动平台的官方服务账号，是商户连接用户与服务、线上与线下的又一便捷平台，是一种资源与产品的整合。2014 年 9 月，途牛旅游网成为百度

---

① 张琳，《途牛是如何在 OTA 激烈的竞争中格局中 IPO》，http://www.iyiou.com/p/14711.

直达号的首批成员之一，同时也是业内第一个登陆百度直达号的在线旅游电商，用户只需在手机百度/移动搜索中输入“@途牛旅游”即可直接进入途牛服务界面，实现出游产品的在线咨询与预订，体验一键直达的“快感”。除此之外，途牛还将借助长期以来对用户大数据挖掘与分析，通过智能发现，向潜在需求用户定期推送途牛活动资讯；而在用户体验方面，途牛还将针对用户实际需求，积极拓展“私人订制”个性化营销，促进多频次消费。①

移动互联网作为满足用户需求、带动旅游业全面升级的天然资本，正表现出越来越多的创新价值。而途牛所做的大胆探索和快速融合，将自身产品经营、服务优势与百度直达号的精准营销和数据化思维的结合，使途牛成为在线旅游业内的“标杆”。

2. 携程的技术与并购

携程创立于 1999 年，是中国领先的在线票务服务公司，总部设在上海。携程旅行网拥有国内外 60 万余家会员酒店，是中国领先的酒店预订服务中心，每月酒店预订量达到 500 余万间夜。目前在北京、广州、深圳、成都、杭州、青岛、沈阳等地设立分公司。携程旅行网成功整合了高科技产业与传统旅行业，向超过 9 000 万会员提供集酒店预订、机票预订、度假预订、商旅管理、特惠商户及旅游资讯在内的全方位旅行服务，被誉为互联网和传统旅游无缝结合的典范。根据其业绩公报，2014 年第二季度，其在住宿、交通、旅游度假和商旅业务方面的营业收入分别同比增长 47%、39%、10%和 37%。根据劲旅网统计 2014 年 9 月国内旅游类 App 运营商总下载量排名，携程旅行网位列第二位，其运营的四款 App（携程旅行、携程学生旅行、携程特价酒店、携程旅游）总下载量达 16 356.6 万件次，仅次于排名第一的“去哪儿网”（总下载量为 16 620.9 万件次）。

互联网技术改造与升级是携程业务发展的第一大秘密武器。首先是其网站改版，包括通过各种技术给访问页面提速等，经过一年多的改动，风格颇有

① 《首个在线旅游直达号上线 途牛网抢得先发》，http：//www.prnasia.com/story/105545 - 1.shtml.

亚马逊或 Ebay 的特点，与国内主要竞争对手的网站风格差异很大，吸引了不少消费者。其次是后台改进，携程平台资源通过 Open API 方式对外开放，让合作伙伴能用到携程的产品和资源，包括机票、酒店、租车、火车等，例如携程和去哪儿的合作、与搜索引擎的合作、与上下游旅游网站的合作等，通过合作，数以千计的分销商在分销携程的产品，这给携程的发展奠定了更好的根基。比如国外像 Ebay 这样的网站，卖家通过 API 方式成交的产品已经超过 60%～70%。第三个改进，是数据中心的提升，携程目前有好几个数据中心，不仅支持业务持续成长，还提供更可靠的网站可用性。2014 年三四月份，携程还建立了专门的数据团队，对大数据分析进行研究。并且，携程的目标是所有的产品线都要有开放 API 的技术能力，当需要提供给合作伙伴使用的时候，能立即打开。①

第二，海外并购与联姻发展高端旅游。2013 年携程发起数次融资，11 月，成立北美分公司，联合加拿大旅游机构以及航空公司等推出直航、滑雪等旅游产品。2014 年 1 月，完成对途风旅游网（ToursForFun. com）的战略投资，途风旅游正式成为旗下的又一独立品牌，此次投资可看作携程发力海外市场的一个里程碑，收购途风网是携程加快国际化步伐的重要一环。上述收购除了能给携程带来更全面的服务外，另一方面则是为了与同行进行差异化竞争。收购途风旅游网也是携程继战略投资台湾易游网、香港永安旅游之后，首次在亚洲以外地区进行境外旅游业务相关的投资并购，对携程的出境游业务是很大利好。携程的机票、酒店等资源也可以通过途风覆盖美洲华人市场。此外，携程通过新的国际化交叉合作开辟全新的客户旅游市场比如联姻奔驰开展高端旅游。②

第三，开设首家线下体验店。旅游行业非常适合做 O2O，因为其是线下体验的服务，不管消费者是在线购买还是从传统旅行社中选购，最后都会落地到线下去体验，毕竟传统体验店的细致服务和一对一的定制化内容是线上渠道所不能比拟的。这其中，打通线上线下资源最为关键。携程开通了线下体验

① 付江，《携程技术副总裁叶亚明：技术是业务发展背后的秘密武器》，http：//www. csdn. net/article/2013 - 12 - 24/2817909 - ctrip-vp-technology-interview.

② 夏冰，《携程战略投资途风网 布局境外旅游》，每日经济新闻，2014 年 1 月 16 日。

店，提供北京 200 多家旅行社的一万多条旅游产品，除了自有资源外，还将开放展示平台给供应商。为能更好地抵抗传统旅行社 offline to online 的线下优势，携程开设体验店之举可谓极具战略眼光。

第四，并购艺龙。携程并购艺龙，不仅仅是酒店市场份额第一这么单一的诉求，至少有以下三个目标：一是垄断 OTA 酒店预订市场，2012 年携程酒店间夜已达 2 800 万，艺龙为 1 600 万，2013 年携程 4 100 万，艺龙 2 600 万。如果携程艺龙合体，6 700 万的酒店间夜基本垄断了国内 OTA 酒店预订，这是一场能产生垄断的并购。二是抽身价格战，稳定大后方，与艺龙的价格战纠缠，对携程意义并不大，关键是需要稳定自己的大后方，也就是解决携程的间夜平均收入一直下降的不利局面。三是谋求海外布局与协同效应，携程以换股的形式收购艺龙，艺龙与携程是双赢的结果，携程获得海外布局的机会。①

在如今的在线旅游行业激烈竞争刚刚开启的情况下，未来的大整合、大改造大幕也将徐徐启动，互联网对旅游业的改造才刚刚开始，消费者关心的最好的服务、最好的体验、最优惠的价格，是所有企业应该关注的焦点，实现合作共赢，协同发展，是业内企业包括携程今后的重要任务。

3. 去哪儿的团购发力与云开放

去哪儿创立于 2005 年 2 月，是中国领先的旅游搜索引擎，目前全球最大的中文在线旅行网站，总部在北京。根据劲旅网统计 2014 年 9 月国内旅游类 App 运营商总下载量排名，去哪儿网名列第一位，其运营的六款 App（去哪儿旅行、去哪儿兜行、去哪儿酒店、去哪儿旅图、去哪儿攻略、去哪儿当地）总下载量达 16 620.9 万。作为一家创新的技术公司，去哪儿网致力于为中国旅游消费者提供全面、准确的旅游信息服务，为消费者提供机票、酒店、度假产品的实时搜索，以及旅游产品团购等，为旅游行业合作伙伴提供在线技术、移动技术解决方案。在互联网时代，去哪儿积极谋求转型。

其一，发力团购。早在 2011 年年初，去哪儿网就推出酒店团购业务，是第

① 刘照慧，《携程收艺龙　在线旅游现 XTAB 格局》，http://liuzhaohui.baijia.com/article/21452.

一家推出酒店团购模式的公司。与别的在线旅游网站不同，去哪儿网采取平台战略，覆盖了同程网、艺龙、大众点评、携程团购、美团等全部团购网站的报价。2014 年，去哪儿网开始重点发力酒店团购业务，2014 年年初正式启动新春酒店大促销，不仅北京、上海、广州、深圳等一线城市酒店在团购价的基础上“折上折”红包直减，石家庄、大同、太原、贵阳等二三线城市酒店也都在团购价的基础上，直减 5 元至 991 元不等，幅度高达 15%。①

其二，推云开放平台助力在线旅游开放战。2014 年 10 月，去哪儿正式推出云开放平台，面向全行业开放数据、资源、供应链、旅客及资本，覆盖全部业务。open. qunar. com 云开放平台官网正式启用，面向全行业招募在线旅游领域开发者。数据方面，全面开放海量用户行为数据及行业基础数据，帮助航空公司优化航线网络和运价调控，为供应商提供决策和服务支持，降低成本。接口方面，开放订单、政策、财务等管理类接口及其他业务接口，帮助提高效率。资源方面，客服、运营资源和技术等开放给所有使用者。对于云开放平台，其预期是快速聚集大批在线旅游供应商和开发者，提高整个行业的效率，创造消费者体验。②

同时，去哪儿还强推酒店 TTS(Total Solution)和向 OTA 转型。对于正在筹备上市的去哪儿来说，面临着不断加大的在线旅游市场竞争压力，必须拓展业务、提高营收以保持高速增长。去哪儿虽然在用户流量覆盖方面在行业领先，但在平台上的产品方面却没有太多话语权。在 TTS 之前，OTA 厂商将产品放在去哪儿网上，用户点击“预订”后跳转至 OTA 自己的网站完成支付等后续操作，这就相当于去哪儿在此中扮演的角色仅仅只是导购平台，收取点广告费而已。而如果商户使用 TTS，去哪儿则可以结合市场情况调整定价，这就有利于去哪儿在在线旅游市场中开展竞争。③

可以说，在线旅游市场竞争激烈的环境下，去哪儿选择开放自身庞大的在线旅游数据源、IT 技术与供应链，同时发挥团购的力量，激发了整个旅游市

① 陈镟、温存，《去哪儿网发力酒店团购业务 直销酒店现金降幅高达 15%》，http: //epaper. xkb. com. cn/view/908353.

② 《去哪儿推云开放平台助力在线旅游开放战》，http: //www. iyiou. com/p/14114.

③ 喻拓，《去哪儿强推酒店 TTS 的前因后果》，http: //www. traveldaily. cn/article/69025.

场，提高了效率，也盘活了在线旅游行业生态。

4. 同程的移动互联网变局

总部位于中国苏州工业园区的同程旅游成立于2004年，经过数年在旅游在线市场的成功运作，已成为国内一流的旅游电子商务平台之一，也是国内具备B2B和B2C双平台的大型旅游网站。公司现有员工1 500余人，业务涵盖酒店、机票、景点门票、自助旅游在线预订，旅游信息化、旅游软件开发、旅游目的地资讯及攻略等方面。创业的前几年，同程对自己的发展模式定位不是很清晰。这种状况一直延续到2008年，当年同程组建了SEO和SEM团队，之后开始逐渐明白要做什么，即专注于对于搜索引擎结果的"占领"。2014年以来，经历十年创业的同程旅游度过了非常惊心动魄的一段日子，最大危机感的就是"PC(个人电脑)将死"，这对于靠PC起家的同程来说是十分残忍的。

于是，同程开始了移动互联网创业变局。首先，转型移动端。2013年之后，整个旅游行业竞争日益激烈，同程更是屡遭打击：花大量心血研究出来的关键词被有实力的对手抢先投资；原本90%都来自搜索引擎的营业收入大幅受损。同样糟糕的是，经过与携程的一番门票"血战"，同程10天硬亏损400万。一番搏斗下来，同程意识到PC端的优势不再，真正抓住用户痛点的是移动端，也正是移动端解决了实际问题。于是，同程旅游开始了向移动端的战略转型。

第二步随之而来，转型移动战略、营销双管齐下。战略方面，同程的认识是在移动互联网时代"第二等于0"，只有第一才有价值。而在移动互联网时代，不仅要做到细分市场第一，还要快速横向拓展成为品类第一。因为对用户来说，由一个服务切换到另一项服务的成本很高，因此很少为了一个非常细的服务就去下一个App。这就涉及产品的营销策略，要想办法把弱的使用关系变强，让用户非用不可，还要把低频业务做成高频，毛利可以低一些，路却能越走越宽。比如同程推出"1块钱"门票的营销方案，包下整个景点的门票。同程的想法是，假设一个景点是100万，有10万人参观，分担每个用户的成本是10块钱；但如果量少，只去了1万人，每个人的成本就是100块。因此"1块钱玩天下景点”其实是增加用户黏性和忠诚度的最佳手段。事实证明这种做法确实让同程旅游 App 的整体表现有了一个好的开始。①

同时，同程机票入驻微信银行卡，OTA 抢占新入口。2014 年，同程旅游网的机票业务入驻微信银行卡，在微信“我的银行卡”上线“机票”业务，同程网成为微信接入的首家 OTA。同程微信机票预订服务最开始在广州、深圳两地上线，后续将拓展至全国。在购买时，通过提交机票订单信息，以微信支付，不到 2 分钟即可收到出票成功确认微信信息。微信机票还可通过关注同程旅游公众号获得航班值机提醒，包括航班动态、登机口信息、落地信息、行李盘信息等，实现机票购买的全闭环流程。按照同程网的考虑，同程机票与微信合作只是第一步，接下来同城网将会与微信进一步升级购票体验。如此，对于微信流量入口，将成为 OTA 新的必争之地。②

对于同程来说，互联网转型不仅能为其更快成长提供沃壤，也是其能在旅游领域分享更大蛋糕的重要保障。继续坚定地拥抱互联网，在旅游移动互联方面投入强大的决心、智慧和勇气，将助力其取得更大成功。

5. 艺龙的转型新生

艺龙于 1999 年 5 月，在美国德拉华州成立，最初定位为城市生活资讯网站。2000 年 4 月，并购百德勤及其电子商务网站，进军旅游服务行业，2001 年 5 月，艺龙转型并聚焦在线旅行预订服务行业。虽然其 2014 年经营状况不乐观：根据其 2014 财年第三季度财报显示，营收 3.235 亿元，比 2013 年同期增长 2%，而运营亏损则高达 7 950 万元，比 2013 年同期亏损扩大了 37.3%；而且其第四季度净营收预计则有可能是“同比下滑 20%”。但回过头看，在几年前，艺龙通过战略转型经历了一场新生，时至今日仍有借鉴意义。③

当时的艺龙制定了两个差异化竞争策略，一是向线上预订转移(而不是与

---

① 《同程 CEO 吴志祥在腾讯创业公开课：移动互联网创业变局》，http://www.cnetnews.com.cn/2014/0811/3029986.shtml.

② 徐国允，《同程机票入驻微信银行卡 OTA 抢占新入口》，http://www.cnetnews.com.cn/2014/0811/3029986.shtml.

③ 《艺龙是怎么复活的》，http://tech.ifeng.com/stock/detail_2012_07/25/16284817_0.shtml?_from_ralated.

携程拼呼叫中心业务);二是聚焦酒店预订业务(而不是同时发力酒店机票业务)。具体做法主要有:

其一,承认艺龙"老二"地位,放权给管理层。重新组建管理团队,请走原团队中不认同新战略的管理者,并大量引入认同新战略的职业经理人,让新管理团队成为决策核心。当时的9位副总裁里属于"元老级"的只有一位,另有两位是后来通过内部提升,其他6人都是"空降兵",由此组成了相对成熟的管理团队。

其二,战略上形成差异化,专攻在线酒店预订。携程是艺龙的一大敌手,其定位是"大而全一站式十项全能"。对此,艺龙确定实施差异化战略,艺龙决定做专业化,确立了"在线酒店"的战略定位:产品是酒店,营销模式是在线。为此,艺龙缩减产品线,砍掉度假和差旅服务,重心确定为酒店业务,而机票业务仅作为辅助产品。同时,拿掉所有线下派发会员卡等营销方式,全面转向在线营销。这个调整,使艺龙付出了继续亏损两年的代价来教育市场。2007年开始清除"派卡"业务,2008年继续坚持放弃线下预订。这个调整在几年后收到成效:2012年艺龙第一季度财报显示,其在全国同时在线团购酒店数量达2 500家,酒店团购售出房间数量是第二名的3倍;而到2012年6月,其酒店预订占销售收入比重达到76%,而携程只有21%。差异化战略取得明显成效。

其三,处理好股东关系。通过与Expedia网站的直连拥有的超过13万家国际酒店,艺龙盘活了全球酒店覆盖网络,覆盖酒店规模超过15万家。在寻找新的战略股东时,除了资金,更在乎对方的互联网用户资源。2010年9月,腾讯推出QQ旅游,提供机票预订和酒店预订,艺龙抓住时机将自己的酒店预订服务接入到QQ旅游中;2011年5月,把腾讯变成自己的第二大股东:腾讯斥资8 440万美元收购艺龙约16%的在外流通股,同时推进商务合作,开发在线旅行产品,获得腾讯当时近7亿的QQ用户资源。

其四,做纵向开放平台。2009年,艺龙收购中国旅游比价网站酷讯。2010年3月,艺龙与酷讯合作,允许共享其360度全景图。当时在国内的在线酒店产品中,拥有360度全景图的只有艺龙一家,能和艺龙共享酒店全景图的也仅酷讯一家。这个合作使艺龙可充分享有搜索引擎带来的流量,并导入自己的目标客户。2012年年初,京东商城的旅游频道上线,艺龙为其提供技术支持和二万多家合作酒店，通过京东平台获得酒店预订的佣金收入，双方按比例分成，艺龙占大头。艺龙的考虑是，开放是因为未来的互联网格局是两种平台交错：横向平台，如淘宝、百度和腾讯等；纵向平台。艺龙要做的就是后者。

目前，艺龙移动客户端累计下载量超过 3 500 万件次。艺龙还是业内率先推出特价酒店和团购产品的公司，其每天都有数千家酒店在“艺龙移动客户端”提供幅度高达 30%到 50%的额外折扣。目前艺龙正在研发相应的技术模块，期望通过移动互联网技术取代一些原来必需人工的服务，若研发成功则将为公司节约 25%的成本。同时，微信未来对酒店移动预订市场是个很大的变数，艺龙最近也正在加大在该领域的投入。①

6. 途家发力 O2O

途家网于 2011 年 12 月正式上线并与携程网战略合作，是一个高品质服务公寓预订平台，提供旅游地度假公寓的在线搜索、查询和交易服务。除了为旅行者提供优质的度假体验，还提供灵活的闲置资产托管增值服务。度假公寓采用酒店式管理和服务，创造集酒店、家庭为一体的住宿环境，强调居家体验、自在私密的特点，是一种新型的旅行住宿方式，适合全家出行、深度旅行和休闲养老。

途家的互联网转型依赖的是 O2O 思维，首先是推出“途径”App，开始 O2O 发力。2014 年 10 月，途家网推出“途径”App 及利于第三方商户做生意的平台合作政策。之所以做出这个决策，是因为随着国民旅游意识的增强，国内旅游业蓬勃发展，越来越多的游客追求个性化的体验，家庭游、自驾游、周边游等增长迅速，在住宿方式上更倾向选择性价比更高，具有家居氛围和个性配置的度假租赁住宿方式。非传统酒店住宿业态逐渐更迎合目前旅游市场的大趋势。

另一项重要内容是优化了 PC 网站平台和移动客户端的搜索和个性化标签，并逐步优化预订支付环节，游客登录后即可通过这些人性化的设置进行房

① 刘勇，《艺龙崔广福：亏损源自成本高企 正转型移动互联网》，http://finance.takungpao.com/tech/q/2013/1114/2039297_2.html.

源选择与快捷预订。据艾瑞咨询《2013 年中国服务式公寓用户研究报告》，途家网是度假租赁领域的用户首选平台。对该项业务，途家网将与商户合作共同开发，其想法是“度假租赁市场刚起步，只有与商户合作伙伴一起把蛋糕做大，这个行业才更有未来”。途家网的强化平台战略，无疑会助力其发展。①

三是途家房租的 O2O 闭环模式。途家的业务很简单：提供公寓、别墅的短租服务，以及部分房地产物业管家服务及托管。从表面看，途家网就是简单的一个房源搜索和预订的网站，相比很多旅游垂直网站，貌似不够全面。然而，途家模仿的是美国的在线短租网站 HomeAway 和 Airbnb，把线下的别墅和公寓放到网上与租客对接，通过收取广告费或交易佣金获得收入。途家的做法是专门引入从事度假公寓管理的斯维登（Sweetome）酒店管理集团，建立了一套标准操作程序（SOP）。房屋的来源，最初通过扫描小区的方式约谈，现在则通过各地分公司拓展和与开发商直接合作。途家的厉害之处是其魔鬼化的细节，从拓展房源时对普通业主和开发商的规范统一做法，到为客人从始至终的高品质服务，再到退房、相关产品开发与技术等方面的精心研究，途家的线上筛选、支付、线下房源拓展、客户深度服务均深获口碑，而且这样的服务是类似军事化管理一样，全国统一。②

途家的运营模式实际上是 O2O 闭环，这也是互联网基于传统旅游行业的一次创新。从表面上看途家赢得的是融资，背后则是基于自己行业服务深度、专业深度整合的底气，是对于房地产、旅游和互联网的成功跨界营销。

7. 自助游驴妈妈的无线端转型升级

“驴妈妈”旅游网创立于 2008 年，成立之初就以“自助游”为核心特色定位市场，发展至今已是国内领先的自助游资讯及预订平台，形成以打折门票、自由行、度假酒店为主体，同时兼顾跟团游、长途游、出境游、旅游团购等业务，为游客出行提供一站式旅游服务的综合在线旅游网。

在移动互联网已成在线旅游战略高地的今天，在线旅行社对门票及无线

① 张琳，《途家推“途径”，平台模式发力 O2O》，亿欧网，2014 年 10 月 17 日。

② 宁哲、王新宇，《途家与菜鸟模式：互联网颠覆传统商业可以这样玩》，http://www.smejs.com/chuangyepingtai/chuangyptwschuangy/6001466082.htm.

端的争夺今后将持续进行，无线端的产品创新也将成为争夺用户的杀手锏。对此，“驴妈妈”积极推进无线端策略，掌握转型主动权。

“驴妈妈”的转型策略，其一，全力以赴，在移动互联网 OTA 争取更多份额。“驴妈妈”意识到，互联网公司如果没有完成从 PC 端向 Mobile 端转型，这个公司就没有未来。从移动端的数据上看，以春节订单为例，目前无线的门票订单已占全部订单量的一半以上，对于周边游等组合产品的销售占比也已超过四成。“驴妈妈”对无线端的重视是不言而喻的。

其二，差异化竞争策略。随着旅游 OTA 竞争的日益激烈，在资金的追逐下门票业务也将成为“高门槛”游戏。“驴妈妈”作为景区门票和自助游等在线销售的开创者，采取了差异化竞争策略。比如在无线端侧重于三个方面：一是产品体验为王，注重提升在移动端产品的功能、交互和设计；二是在产品运营上摆脱过去的思维定式，真正从手机用户的需求出发，推荐真正合适和高性价比的产品；三是在产品推广上，“驴妈妈”在线下投入、社会化营销、流量互换合作等方面，都已有详细规划。

其三，移动端升级，打造极致 OTA 体验的客户端产品。“驴妈妈”V5 新版本的改版策略，主要基于过去以往的数据，以移动端的产品运营出发，打造极致 OTA 体验的客户端产品，围绕产品、服务、价格等核心优势，全面创新：一是在原有搜索的入口外，结合大数据强化产品推荐功能，让产品呈现千人千面的策略；二是无线端私人定制，特价游频道上线，推出在无线专享的特价游线路，最低折扣低至一折；三是采取多屏互动策略，利用价格杠杆，让更多 PC 端的用户转向移动端，集成二维码扫描功能，通过 App 扫描二维码在客户端完成预订购买支付，用户能获得更多的活动奖励，将 PC 端的用户引流到客户端；四是作为 2014 年巴西世界杯大中华地区唯一指定 OTA 合作商，推出“游巴西看世界杯，就找驴妈妈”的系列优惠活动，在 V5 版本注册，就会有机会获得价值 25 万元的巴西世界杯度假产品，其中包括世界杯决赛门票、来回机票、酒店和当地风景名胜游览等。①

---

① 《专访驴妈妈陈宏进：移动互联网成 OTA 战略高地 产品体验是王道》，http：//www. joyu. com/news. asp? id=953.

其四，无线预订新体验——“驴妈妈”iPad 版客户端发布。2013 年 10 月，“驴妈妈”发布 iPad 版 1.0 客户端，集目的地查询、产品预订及资讯分享等为一体，提供了基于门票、周边自由行、周边跟团游、长途游、出境游等多种类型产品的订购服务。客户端还开发了目的地搜索功能，用户可通过频道页面点选“景点/目的地”、“度假/目的地”，根据出游目的地搜索相关产品进行预订。另一个亮点是用户视觉体验的提升，针对苹果产品高清 Retina 屏显进行了深度优化，全面支持 2 048×1 536 像素分辨率，用户点击进入 iPad 界面则感受到来自高清像素冲击下的视觉享受，立体化、形象化的视觉突显。优惠让利活动频出，如度假产品更多返现，大量优惠门票、自由行线路等特惠活动。新客户端在功能上与 PC、手机端保持同步，并在“视觉＋触觉”上进行了一次完美升级，使游客旅游预订体验大幅提升。①

随着移动互联网业务的发展，通过无线客户端预订旅游产品将成为新的趋势。由此，“驴妈妈”的一系列端口转型升级策略对于进一步优化无线客户端的应用功能，完善产品体系，促进其更好地借助互联网转型发展，发挥了重要作用。

8. 欣欣的旅游业 B2B2C 生态圈

厦门“欣欣”专注于帮助旅游企业实现在线化，面向旅游行业提供旅游信息化解决方案。旗下主要运营旅游 B2C 平台系统“欣欣旅游”(www. cncn. com)、旅游 B2B 平台系统“欣旅通”(www. cncn. net)，以此打通旅游供应链。“欣欣”是旅游业阿里模式的复制者，以 B2C 开局，并以 B2B 放大经营和构建未来，以不做业务只做平台为经营底线，打通旅游业产业链，业务涉及传统旅游企业经营的每一个环节，并充分发挥技术公司优势，打造自有＋开放的旅游行业信息应用平台，目前“欣欣”不仅是国内最大的在线旅游超市，也是唯一实现集网上商铺、在线收客、同业采购分销于一体的 B2B2C 平台。

2014 年的旅游市场风起云涌，OTA 市场更是争夺激烈，同程、携程、“驴妈妈”等旅游电商对景区门票这一入口级产品激烈竞争，“1 元门票”已成“兵器

① 《无线预订新体验——驴妈妈 iPad 版客户端发布》，http: //www. eguan. cn/cache/tuijian_176900. html.

榜”第一名，一时间斗得不亦乐乎。与其他电商相反，“欣欣”旅游网未盲目介入价格战，而是重点发力“欣旅通”供销平台，打通供应商、分销商、消费者间的上下游环节，实现供需信息的交互服务，着力建立旅业B2B2C“生态圈”。

其具体做法，一是在B2B端搭建“欣旅通”旅游同业平台，为旅游从业者提供集营销、供销、应用、社交为一体的综合功能，依托B2C模式聚拢的6万多家旅行社会员进行渠道规整，形成国内最优质的旅行社分销资源，吸收200余家各地供应商签约入驻供销平台，并为供应商免费提供同业分销系统。同时，“欣旅通”建设了国内首家实名旅游同行社区，汇聚旅行社、景区、酒店、院校等9万多旅游从业者，为旅游从业者搭建社交平台，并能通过群发消息进行精准营销。此外，“欣欣”开发包括手机版网店、微同步、欣欣建站等20余个应用，为旅行社提供应用服务。在B2C端，“欣欣”通过“欣欣旅游网”协助旅行社开设不同等级网上门店，以及建设欣外网站、手机移动网店、微店等为传统旅行社提供B2C展示平台。“欣欣”通过向旅行社提供差异化的技术开发、增值服务、广告服务以及平台实现收益，并积累了大量的旅行社会员以及各类旅游产品，已建设成初具规模的在线旅游行业的“淘宝网”。

从2013年开始，自助游、半自助游、机票＋酒店等散客化、定制化的旅游方式逐渐成为市场主流。这使得对丰富多样的产品需求就变得比以往任何时候都要强烈。要找到丰富多样的产品，就要在全国范围内寻觅。在这样的背景下，“欣欣”旅游构建B2B2C生态平台可以说顺势而为，其B2B“欣旅通”的推出意味着将把整个旅游产业链串起来，渗透到整条供应链。

二是坚持平台的公正性，只做技术不参与交易。这是欣欣一贯坚持的原则。“欣旅通”是完全开放的平台，任何城市均可加盟。当同程等以前服务于旅行社的B2B网站开始做B2C市场、直接面对直客时，越来越多的旅行社开始加盟“欣欣”，“欣欣”旅游在价格和产品品类等方面的优势日益明显。

三是提供公平公正公开的信用保障。作为交易平台，“欣欣”充分发挥在业内良好的资金基础和诚信经营优势，为商户会员解决常见的三角债及同行同业坏账率问题，打造“欣旅通”同业信用体系，提供金融和信用担保交易，着力保障供销双方的利益。

四是加快B2B2C旅行社转型。与同类网站相比，“欣旅通”网是一个纯

B2B 技术平台，不涉及业务，信息服务费低，所拥有的数万家旅行社会员都是供应商的潜在同行客户，技术团队专业务实，动态库存与实时价格保证了业务处理的高效率。目前“欣欣”旅游网步入全面综合发展阶段，“欣欣”旅游 B2B2C 生态平台的建立，线上旅行社可以开展 B2B 和 B2C 两个功能，为最终打造旅行社工作平台、实现旅行社一体化营销奠定了坚实基础。①

其五，“欣内欣外”更名“欣欣建站”，助力旅行社互联网转型。这个更名是在 2014 年 9 月，“欣欣建站”是“欣欣”旅游专为中小旅行社量身打造的旅游电子商务建站服务，支持在线销售旅游线路、门票、酒店、签证、租车等多种旅游产品，功能齐全，产品、订单、内容、客户等管理，以及数据统计、在线支付、在线客服等，各项功能尽收其中，同时还拥有大量的第三方应用。“欣欣建站”更名的目的是向旅行社用户传达更精准的产品定位，助其互联网转型。②

其六，腾邦国际入股贯通 B2B2C 平台。随着 2014 年 10 月深圳腾邦国际斥资 1.95 亿元收购“欣欣”旅游网 65%股份，③腾邦国际将借助“欣欣”旅游注入互联网基因，进入大旅游生态圈，实现业务品类多元化；而“欣欣”旅游则将腾邦金融工具及机票资源融入，这意味着行业里将真正出现贯通 B2B2C 的一体化平台，而腾邦国际也将从根本上完成向互联网的商业转型，推动综合在线旅游的发展。④

可以说，“欣欣”旅游 B2B2C 生态平台，为分销商将来直接在“欣旅通”平台采购供应商产品，进而在“欣欣”旅游网完成销售，直接转型为线上零售商，提供了便利和可能。

9. 阿里筑梦在线旅游业

作为互联网行业的龙头老大，阿里巴巴几乎涉足了电子商务的全部领域，

---

① 《大象无形：欣欣旅游网打造旅游 B2B2C 平台》，《京华时报》，2014 年 10 月 23 日。

② 《欣内欣外更名欣欣建站 助力旅行社完成互联网转型》，http：//news. cncn. com/200808. html.

③ 《腾邦国际 1.95 亿元购入欣欣旅游 65%股份》，http：//www. traveldaily. cn/article/85627. html.

④ 《腾邦国际携欣欣旅游论剑在线旅游》，http：//www. ctcnn. com/html/2014 - 11 - 04/10154365. html.

零售、批发、房地产、本地生活、团购、旅行、外贸，等等。随着旅游O2O的兴起，阿里巴巴在旅游方面的布局开始不断完善，其所创造的全球最大IPO的热潮还未消散，就开始趁热打铁在如火如荼的中国在线旅游业开始投入一枚枚重磅炸弹。①

第一枚重弹，以淘宝旅行、航旅事业部、一淘网和旅游宝共同组建“淘宝自建系”。阿里旅游O2O布局从2010年5月就开始谋划，当时成立了“淘宝旅行”，以提供全面的旅游服务拉开帷幕，包括机票酒店客栈预订、旅游产品销售、签证办理、私人定制、目的地信息及游记分享等。不过，仅仅做一个平台远不是“淘宝旅行”的目标，通过打折、团购、支付宝交易、先行赔付、极速退款等方式，价格优惠，交易安全，更得益于诸多商家入驻而使其实现规模经济，旅游产品价格极具竞争力，完善的服务也赢得了广大消费者的信赖。2013年1月，阿里集团重组并成立航旅事业部；紧接着，7月，一淘网，这个有着淘宝丰富的商品资源并能为用户提供导购资讯、产品展示、评价参考、商品快速搜索等服务的平台，开始进军旅游垂直搜索领域，使得用户可便捷搜索旅行产品和服务；整整一年后，2014年7月，“淘宝旅行”和余额宝联合推出互联网金融产品“旅游宝”，面向在线旅游消费领域，将旅游产品预售和余额宝理财功能相结合，为阿里旅游O2O战略布局增添新力量，体现了对用户体验的重视。

第二枚重弹，以在路上、穷游网、百程旅行网和艺龙为核心，打造战略投资系。旅游App“在路上”的投资始于2013年3月，开始布局社交旅游平台，其是一款旅行记录分享应用，功能包含支持随时进行旅行记录、支持离线记录和后台存储以及多人共同完成游记、具有浓厚的社交色彩等五大模块。第二项投资，是2013年7月投向穷游网——目前中国最大的出境游交流社区——布局出境游社区，弥补阿里巴巴在旅游社交平台方面的短板，同时开始对出境游市场的布局。第三项，是2014年3月对百程旅行网近2 000万美元的战略投资，也是瞄向了出境旅行业务，显示了阿里巴巴对出境游市场的野心，也使其在旅游重要产业链的布局初步成形。之后，阿里巴巴旗下“淘宝旅行”还将入股艺龙，借助后者在酒店业务方面的优势完善自身的产业链，而艺龙母公司

① 王若林，《揭秘：阿里低调的旅游O2O布局》，http：//www.iyiou.com/p/13571.

Expedia 在国际市场的优势对阿里巴巴布局境外市场也将是重要的资源。至此，阿里巴巴在旅游 O2O 方面的战略全局框架基本完成。

第三枚重弹，入股石基。2014 年 9 月，阿里巴巴在中国在线旅游业再投重弹：宣布以 28.1 亿人民币投资“石基”（酒店信息服务商）并持有 15％股份。这笔重磅投资也创造了中国航空旅游及酒店业历史上最大的一单市场化投资。石基主要从事酒店信息管理系统软件的开发与销售、系统集成、技术服务业务，在中国五星级酒店业信息管理系统市场占有 90％以上的份额，并开始从传统软件供应商向服务平台运营转型。淘宝旅行将和石基在酒店系统直连、后付预订产品开发、会员服务平台接入、账单扫码支付等四个领域展开深度合作。酒店系统直连，将极大地降低酒店与渠道的对接成本；后付预订产品开发和账单扫码支付，让用户在淘宝旅行预订酒店后，到酒店前台无须刷预授权或交纳押金而直接办理入住，退房时也无须排队付款，交回房卡即可离店，房费将自动从用户的支付宝账户中扣除，从而解决了消费者到店入住和离店的体验问题；会员服务平台接入，淘宝和支付宝的会员可直接登录酒店会员系统，并在通过淘宝旅行预订和入住后享受酒店的双重积分，并可在各品牌间通换通兑，这将成为淘宝旅行对抗其他 OTA 的利器；淘点点与石基餐饮信息管理系统直连合作，则使得淘宝旅行能凭借石基在餐饮管理系统方面的资源，更加深度地涉足旅游全产业链。①

第四枚重弹，“旅行”升级，“去啊”脱壳。2014 年 10 月，阿里巴巴品牌体系再添新成员：“淘宝旅行”升级为全新独立品牌“去啊”，同样采取平台的方式重点关注消费者的度假出行需求，提供包括旅游产品预订在内的多种服务，重点以无线、服务、创新、平台作为四大战略，推动在线旅游行业从销售向服务升级，还将利用阿里巴巴现有业务，为消费者提供跨境支付、退改签、订单管理等服务。②

阿里巴巴的在线旅游业拥有极其丰富的产品内容和服务，显示出其积极开拓在线旅游市场的决心，不仅满足了消费者出行需求的渐趋多元化，还提供

① 李超，《联手石基 淘宝旅行如何筑梦？》，http：//www.traveldaily.cn/article/84944.html.
② 《阿里巴巴推出全新旅行品牌“去啊”》，http：//www.traveldaily.cn/article/85683.

了大量各具特色满足不同消费者的便捷服务，服务品质也在不断提升，通过让消费者享受放心、省心的旅程来提高市场认可度，打造自身靓丽品牌。

10. 旅游业的王者思维——并购

随着旅游业的逐步转型和变革，旅游行业步入蓬勃发展期，对于旅游企业来说，并购、收购成为最利于扩张和抢占市场的策略之一。目前一些大型旅游企业为了拓展海内外市场、吸引当地客源、整合当地旅游产业链，开始尝试以并购的形式来提升自身竞争力，甚至开始试水跨国并购。在新的《旅游法》出台后，中国组团客和散客的比例已从 7∶3 演变成 3∶7，无论对国内任何线下或线上旅游企业来说，谁抓住散客市场，谁就可能成为中国旅游业的新王者。何况，旅游企业的财务特点是资金流动快、占用少、应收账款少、回报率较高，也使得旅游企业非常适合开展并购行为，以此打造品牌、扩大盈利空间，这也正成为国内旅游企业的首选。当然，旅游企业实施并购行为，往往有着自身深远的考虑和未来布局，下面来看几个例子。

第一个例子，万达的“造血”并购。2014 年 9 月底，万达旅业并购浙江光大旅游，获得后者 70%股份，交易金额据估计约 2 亿元。紧接着，不到一个月时间，万达的收购战车又驶入江苏省三口连吃，南京原野国际旅行社、南京海外旅游、南京银燕航空国际旅游等三家旅游公司尽收帐下。这是万达近一年多来的十次出手，足迹遍布湖北、北京、江西、安徽、深圳、青岛、无锡、浙江、江苏。

分析发现，其实万达这十次快速“大采买”旅行社的选购标准并不高，而万达的对外宣传“将在 2016 年成为中国最大的旅行社集团”，显然是“醉翁之意不在酒”，其收购旅行社其实是急于在不远的将来，为自己“造血”。这一需求是由他们独特的上下游结构被迫造成的。从万达已经开业的武汉中央文化区、长白山国际度假区，到正在建设或准备开工的哈尔滨、南昌、桂林等 6 座文化旅游城，以及西双版纳国际度假区和青岛东方影都来看，大都内设文化、旅游、商业、酒店四大内容，投资额在 200 亿元到 500 亿元间，总投资超过 3 000 亿元。然而，这些项目彼此有着兄弟基因，胃口都十分惊人。所以万达必须既当爹又当妈：一边要孕育孩子，同时还要准备孩子的口粮，一边要大搞建设，同时还得确保新建的游乐园、酒店有足够的客源。因此万达的十次“大采购”

最直接的目的，就是为了在未来一到三年后，为自家投资成百上千亿元的游乐园、酒店和影视基地，从下游造血并为自己供血。他们所并购的旅行社，不仅要在本地区吸引客源和做地接，还得在万达旅行社品牌网络下联合作战，开展跨区域引流和送团。①

第二个例子，携程收购途风，切入和拓展市场。据携程网和途风网消息，2013 年 12 月，携程战略并购途风，这是 2013 年中国在线旅游行业最大一笔交易，也是中国在线旅游行业近年来仅次于百度收购“去哪儿”的第二大并购交易，仅次于香港永安旅游的第二大并购。途风网专注于运营北美旅游服务，创立于 2006 年，是最早专注美洲旅游的电子商务平台之一，辐射全球的国际优质旅游线路。

携程收购途风将加强前者在美国、加拿大等美洲旅游业务上的实力，完善出境游和国际旅游业务，今后在出境游、文化旅游、景区开发、新型酒店、移动应用等方面都将孕育更多商机，这为携程构建一站式旅游服务平台，进一步走向国际化提供了更坚实的基础条件。②

第三个例子，京东瞄准 HUBS1 酒店的 SaaS(SoftwaresaSevice，应用服务提供商)系统。作为中国电子商务的旗帜企业，京东对在线旅游市场一直虎视眈眈。继 2014 年年初收购著名酒店预订 App“今夜酒店特价”之后，目前在筹谋收购 HUBS1 的酒店 SaaS 系统。HUBS1 是为酒店业提供技术和服务解决方案的背后影子公司，其酒店预订系统连接了各大在线旅游电商和酒店平台，通过大数据采集、分析为酒店收益管理系统进行实时反馈，收益管理人员据此推送最优的客房组合和价格，向各大旅游分销平台提供信息。对于没有实物库存和物流配送的酒店航空业来说，这样一个 SaaS 系统就类似京东一直以来打造的行业领先的库存和物流管理体系。由此，京东试图收购 HUBS1 专业的 SaaS 酒店中央预订系统的目的就很清楚了，也就是致力于打造在旅游 O2O 的“库存和物流”管理体系，将京东的优秀基因复制到旅游 O2O 市场，让酒店

---

① 曾宪皓，《万达迫于造血连买 3 家南京旅行社》，http：//www. traveldaily. cn/article/85498. html.

② 《携程收购途风：在线旅游第 2 大并购　投中资本任独家财顾》，http：//capital. chinaventure. com. cn/11/172，99/1389840143. shtml.

有一个更加专业的直面用户的渠道，使用户在旅游上也能像享受京东商城购物一样享受京东的专业服务，从而整体提升京东的服务标准和水平。①

把线下线上打通，既是一个老话题，又随时面临新变化，随着移动互联网时代的到来，也不断遭遇各种机遇和挑战。在移动互联网横扫一切的大势下，在线旅游业走向移动化更是大势所趋，推动企业转型的手段比比皆是，并购重组提供了一条既容易又复杂的路径，为顺应和引领移动互联网带来的变化，推动企业更快更顺发展，提供了借鉴和参考。

三、旅 程 攻 略

正如上文提到的，在线旅游不仅是必然趋势，其市场更是一个远远没有饱和、尚未被完全开发的市场。在这个广大市场中成长的企业同样远未达到强大而不可及的程度，以目前在美国上市的四家主打在线旅游题材的中国公司，2003 年上市的携程、2004 年上市的艺龙，以及 2013 年上市的去哪儿和 2014 年刚刚上市的途牛来说，目前携程市值约为 75 亿美元、去哪儿市值 31 亿美元，四家加起来 120 亿美元左右。而仅据艾瑞预测 2017 年我国在线旅游预订市场就将达到 5 000 亿人民币的规模，也就是说上述四家总和也仅仅占了全部市场的 1/7。这意味着，在线旅游的市场红利还远没有吃尽，业内的当家大腕甚至还不到兵戎相见的时候，对于志在此业发展的人们来说，这里有着足够大的空间有待开发。

1. 线上线下五大模式齐发力

其一，与在线旅游网站合作。目前基本所有的大中型旅行社都有自建网站，业内企业可采取与之合作拓展空间的方式，如中国国旅的 O2O 转型即是与在线旅游网站悠哉旅游网合作展开的。2014 年 8 月双方牵手，中国国旅凭借丰富的线下经验和资源积累为合作提供线下支持，悠哉旅游网则通过引进中国国旅的优秀资源发挥线上营销优势，二者通过互补，为客户提供更加全

① 《京东或欲收购 HUBS1 的酒店 SaaS 系统》，http://www.iyiou.com/p/13621.

面、便捷的服务和体验。

其二，与攻略网站和大型 OTA 合作。可借鉴中旅总社的例子，其经营范围广泛，涵盖国内游、出境游、领事认证、票务代理以及出国中介等，提供的旅游形式包括周边游、自助游、主题游以及公司旅游等，不仅有自建网站星旅网，同时还与淘宝、去哪儿等电子商务平台合作，开设了淘宝旗舰店以及去哪网营业部。

其三，自建在线平台，同时以各大 OTA 为辅。如借鉴德国的凯撒旅游，自建了旅游平台，涵盖参团游、自由行、邮轮、签证、机票、欧铁等产品，网站界面按产品种类和目的地分类，清晰明了。而中青旅的遨游网则依靠中青旅的品牌和实力，以出境游为主，核心产品是百变自由行和参团产品，凭借中青旅坚实的线下基础，为客户提供自由灵活的旅游产品组合，为客户精心设计旅游线路，同时在旅游业开包机旅游之先河，提供邮轮旅游、欧洲精品等丰富的参团产品。此外还为去哪儿等大型 OTA 提供产品。

其四，全渠道策略。如借鉴北京众信国旅的做法，其致力于出境游业务，目前已成为中国出境游市场中最大的欧洲旅游产品批发商之一，在 O2O 转型线上拓展方面，采取了官网、官方微信、移动 App、各大 OTA 全面拓展的方式，通过线上平台对线下产业链进行整合和推广，推行全渠道策略。

其五，线下推行门店服务＋广泛的业务范围方式。除了拓展线上渠道外，线下渠道的加强和完善也是对抗 OTA 的利器。OTA 的优势在于线上整合营销等，对于线下等上游产业链 OTA 实则处于弱势。传统旅行社几十年积累的线下资源和经验并非一蹴而就，比如体验店的开设，一方面反映出 OTA 已经意识到线下资源的重要性，另一方面也体现出 OTA 大佬们和传统旅行社的线下之战已拉开帷幕。①

2. 入门之争——门票的商机

目前我国旅游景区约有 3 万家，门票市场总规模一年有 3 000 多亿元，但线上门票预订的渗透率还很小，所占规模不超过 5％，增长空间十分巨大，有赖

① 王若林，《传统旅行社 O2O 转型靠什么》，http：//www. iyiou. com/p/13547.

于通过更多 O2O 创新模式来拉动。具体做法，可以通过引入线上社交属性和网络保险，拓宽门票市场内涵。这方面，同程旅游已有尝试，可以借鉴，比如有票频道的社交模式，用户可以向好友送门票，陌生人之间也可以发起搭车、拼饭、认识好友等功能；还可参考同程和互联网保险公司众安在线的合作方式，用户因为天气原因而无法出行时，可以向用户返送补贴。

3. 自由行的周边产品开发

除了针对具体目的地为目标的旅游市场，对周边产品的开发也正上升为商机所在。对此可借鉴比如主打美国自助游市场的“我趣”旅行网的做法，其提供的产品包括美国酒店、自驾租车、接送服务、当地参团、个性特色玩法、签证、保险、电话卡等数万种产品，引入美国超级跑车、直升机俯瞰曼哈顿、宇航员培训、泳池派对和美食之旅等产品的预订服务。还有“微驴儿”则是通过后台系统去航空公司和 OTA 扒全网数据，进行分析和比较后试图为用户提供最具性价比的出行方案，包括提供目的地周边相关的拼接路线，以及机票酒店的预订和其他增值服务等。比如用户搜索清迈，“微驴儿”也会提供包括类似清迈＋普吉岛、清迈＋曼谷等线路中的各种廉价机票组合信息，通过针对性产品推荐刺激用户消费。

4. 反向定制

反向定制旅游产品，即在大数据分析的基础上，商家根据旅行者出行意愿数据或预订，针对目的地、旅行方式、出游时间、预算等偏好进行产品定制及预售，实际上是一种预售＋反向定制的 C2B 模式，实施反向定制的重要前提是庞大而活跃的用户基数。比如借鉴假日阳光环球在业务特点上突出产品动态自由组合、游客可以打包完成、一步定制的特色，在定制服务上包含导游、租车、酒店、景点、餐饮、航班甚至个性定制等全方位定制服务，私人旅游管家服务则包括私人导游、旅游租车、特色酒店、餐饮娱乐等服务。

5. 佣金的“空手道”

对于没有旅行社和旅游产品的企业来说，可以借鉴途牛的佣金之道。途牛是在线旅游预订平台，定位于大众旅游市场，其没有自己的旅行社和产品，而是和线下旅行社合作专注于产品的零售，每一笔途牛网的订单，都获得旅行社的返点。途牛网将国内众多的旅行社的旅游线路集中在一起分类管理，游客可以在途牛网访问、咨询和完成预订。而当游客与旅行社签订合同时，途牛网可以获得旅行社返还的3～7%的佣金。由于途牛开发出各大旅行社没有开发出的旅游线路市场，所以在这一块的获利比率相对较高。同时，海内外游轮票务销售、景点门票销售和酒店预订等也是其主要盈利来源。途牛的竞争优势在于，度假产品的标准化和自动化程度都较低，途牛进入市场较早，汇合了众多旅行社的旅游线路度假产品的报价和产品细节，降低用户决策的成本，同时以自身较庞大的客户群为资本向旅行社要更低的报价，来吸引用户。

当然，途牛网的成功在很大程度上是由于较早成立的携程和艺龙等网站在渠道、产品资源等方面取得了巨大优势，但其主要致力于酒店机票的预订服务，对旅游线路（度假商品）的预订很少，这为途牛的发展留下了机会。

6. 专注成就竞争力

在旅游行业的发展同样依赖于坚持和专注。现实中这方面的反面案例如同程，其产品品类多，现有机票、酒店、火车票、门票，旅游等，俨然一个小携程。但每个品类都浅尝辄止，缺乏战略纵深，不断进入新品类，导致其缺少沉淀和积累。在每一个领域内，都存在高中低消费需求层次划分，服务好差异化的层级需求是真正体现实力的地方，同程在每个领域的浅尝辄止导致其无法抓住中高端需求，只能在一个又一个品类的低端市场疲于奔命。

7. 分工与合作

市场细分永远是分工与合作的舞台，如何选择依赖于企业的自身优势与目标。旅游企业的合作，可参考欣欣的做法，其一贯坚持的原则特色是：坚持平台公正性，只做技术不参与交易，与旅行社的关系是合作，不碰业务，通过技术与资源整合全力帮助旅行社卖产品、做服务，从而闯出了自己的一片天地。还有的企业是全盘都争，有志于此的企业可研究比如"携程旅行"、"途牛"等的做法，既做生产，又做销售，与旅行社的关系更多是"颠覆"和"竞合"，或者说跟旅行社抢饭碗。这样做的好处是较高的毛利率掌控在自己手中,但弊端是产品线少,丰富度不够,并且该供销平台等的开放并非完全开放,而是有条件性选择资源互补性的公司合作,这就对企业发展有一定的制约。

8. 线上直销

线上直销一般是为避免与线下批发业务形成价格冲突,保障代理商利益,不断提升品牌在消费者间的认可程度,加强旅游网站、微信、淘宝等在线销售渠道的推广,通过网站举办的多种形式的特卖会、参加旅游产品交易会、与银行等机构深度合作进行产品联合促销活动、定期推出系列优惠产品等措施加强销售渠道建设。

9. 升级服务,瞄准消费者需求

随着旅游行业日益激烈的竞争,整个行业将进入服务升级期,消费者也开始出现分化,要满足不同消费者的旅游需求,需推出具有针对性的个性化旅游服务,这是企业提高竞争力的首要任务。可借鉴国内一些主流在线旅游公司的尝试,比如2014年5月携程旅行网正式在手机App和网站上线新的业务类型和移动互联网产品"周末游",提供全国60多个城市的20多万种产品组合与新玩法。又比如"去哪儿"和宝马合作,在2014年7月推出自驾游产品,以杭州线路为例,设立3天2晚的行程里包括了两个五星级酒店和3天的宝马驾车游,价格只需2 100元,而消费者还可以优惠价格在杭州地区租用宝马汽车,享受特有的自驾游乐趣。

还有用户的便利性同样值得重点关注,比如在"去啊"旅行的手机客户端,"行程服务平台"还集成了机票一键退改、自动值机、预定出租车等创新功能,将用户在旅程中需要的服务都集合在一起。

10. 发力酒店业务

观察国外在线旅游网站可以发现,酒店业务仍是旅游公司的主要增长点,其他业务是为了增强客户黏性,以更好地卖出酒店产品。在酒店业务上,无论中国还是外国,住宿都是需求很大的产品;而且,酒店市场非常分散,互联网企业能够发挥匹配供需的优势，所以和酒店合作范围广、程度深的公司在这一业务中将非常有优势。目前在中国与携程具有合作关系的酒店有 7 万家，整体佣金比例在 14%～15%。同时，酒店团购也已成为继美食、娱乐之后的第三大团购品类。有关数据显示，2013 年前 11 月内，酒店旅游已实现成交额 31.5 亿元，同比净增 16.5 亿元，增幅达 90.6%。除此之外，休闲旅游中的出境游和跟团游也是有利可图的市场所在，这是因为出境游和跟团游均涉及服务，不容易标准化。上述业务均是旅游企业可以重点操作的地方。

11. 线路拼接的奥妙

线路拼接，即按照某次旅行需求，设计线路和关注点，将各网站的旅游产品接入进来，比如机票、酒店、签证、保险等，以及机票酒店、自助游、跟团、目的地产品等，整合成一条性价比高的行程之旅。可借鉴“微驴儿”的例子，其流程是，当用户搜索丽江，“微驴儿”会给出这样的线路：丽江＋昆明，在这个线路中，就会有如何连接这两个目的地飞法的各个航空公司组合价格，点击预订的时候就可以跳转预订机票；在预订页面也会推荐丽江、昆明的相应酒店，因为已经确认飞行日期和路线，所以推荐的酒店也会配合当天落地需要入住的时间，签证信息也会在同一时间呈现出来。在线路下一个层级则是各种旅行产品推荐。

第八章　教育领域的飞雁传书

一、刀 光 剑 影

互联网已经将我们的地球打造成了一个“小村庄”，数以秒计的时间就能发送信息，进行及时沟通，这给人们一个提示：这种改变人们生活方式的高新技术必定能为教育事业增砖添瓦。事实上，很多投资人士和教育专家已经将目光锁定在了互联网教育之上，目前正以迅雷不及掩耳之势形成了一个专业、独立的教育体系雏形。

毫无疑问，在线教育比传统教育存在诸多优势，比如终端优势，传统教育地点是教室，而在线教育使用的是电脑、智能手机或一部平板，将来还可能会是智能电视机，可以在任何地点包括舒适的家里进行学习，而科技进步引致的体验也远超过局限于一间教室里所能达到的程度。比如便利的内容可获得性及时间优势，选择在线教育可以不用担心错过任何一堂教学视频，因为可以在网络上随时下载、学习，还可以重复听讲，这明显比在教室里实地实时讲课教学的唯一性拥有天然优势。在线教育以互联网日新月异的高科技手段为基础，在荧屏光幕上为学习者传输海量的知识和技能，正在昂首跨入千家万户；而对传统教育来说，在线教育的屏幕优势，却是要取而代之的强大杀手锏。

那么，在线教育市场有多大？可以说，目前在线教育正在跨越式增长。从市场规模看，据艾瑞咨询数据显示，2013 年中国在线教育市场规模约 1 000 亿元，到 2015 年将超过 1 600 亿元。从投资情况看，资本市场的投资热度有增无减，清科数据显示，2013 年到 2014 年 4 月末，中国在线教育领域投资案例共 25 起，总金额约 1.97 亿美元，而相比之下，2012 年投资案例仅 8 起，涉及投资金额为1 700万美元。在过去的一年多时间里，众多在线教育网站获得数额较大的投资，如51Talk、沪江网、91外教网、多贝网、猿题库等，都获得了融资，数额从数百万到上千万元不等。从用户规模看，正在稳步扩大，艾瑞咨询数据显示，国内在线教育用户人数十分庞大，2013年达6 720万人，同比增长13.8%。随着网民规模的不断扩大、在线教育用户网络学习习惯的养成，用户规模还将持续增长，预计到2017年将达到1.2亿人。来自网易教育和有道联合发布的《2013中国在线教育新趋势调查报告》显示，七成白领有在线教育需求，可能成为在线教育井喷点，并且通过互联网获取知识的比例达到86.1%，首次超过书籍82.9%的占比。从区域比较看，来自美国市场研究机构Ambient Insight发布的报告显示，亚洲是全球在线教育市场增长最快的地区，增长速度高达17.3%，其中中国的增速排名位列全球第十位。

以上数据，都在说明同一个事实——在线教育市场大有可为，分羹要趁早！那么，如何成功和牢固地占领这个市场，互联网时代的到来，荧幕争辉、光影闪动的在线教育战线大军挥戈杀入之时，传统教育企业如何在在线教育领域谋划未来，分得一杯羹呢？[①]

二、鸿 雁 千 里

继互联网金融之后，在线教育很可能将是最有发展前景的一个互联网领域。在不少投资人看来，在线教育是一块大蛋糕，而很多人之所以看好在线教育，是因为这块市场有很大的挖掘潜力，而且就目前看来，各家机构纷纷抢占市场，却还没有哪一家能在这一领域独领风骚。

1. “淘宝同学”的技术平台

2013年8月，“淘宝教育”平台产品上线，“淘宝同学”官方网站开始对外访问，其聚合了线下教育O2O及在线教育视频直播等功能，而其在线直播课程则将包含从K12升学考试到职业技能培训等目前所有主流的教育领域。“淘

① 《在线教育来袭　传统教育还能淡定吗?》，http：//www.tmtpost.com/108147.html.

宝同学”的布局瞄准了 2B+2C 的混合型平台模式，各培训机构可在上面提供直播教学，同时，任何一位普通用户只要有一技之长，都可在“淘宝同学”发布课程或申请在线直播权限——这意味着，“淘宝同学”不仅做在线教育平台，更要把 O2O 的模式和纯 Online 的模式进行融合。①

“淘宝同学”项目秉承阿里巴巴一贯的平台思路，凭借自身的技术力量为内容提供者搭建平台。成立以来颇有号召力，至 2014 年第一季度已有近 400 家机构入驻。而淘宝的基因在于电子商务，用户在付费意愿方面有天然的优势。②

短短几年，对于在线教育来说，技术问题已从瓶颈变成了现在的加分项。“淘宝同学”努力把在线教育融入各自的终端输出系统，比如最常规的类目销售，消费者通过“淘宝同学”找到自己需要的教学内容，购买接受服务。通过“淘宝同学”的万人直播间，在听课时可随时举手提问，老师点名后可以即时问答，这种场景在场的其他用户都可以实时收看到，教育资源打破地域限制，互联网的优势完成与教育的结合。除了价格优势，平台本身聚集了大量的教学资源，消费者购买课程后，凭借自己的旺旺 ID 可以在开课时间直接进入直播现场。

针对“90 后”这个付费最多的群体，“淘宝同学”重点突破，在录播视频产品中引入了“弹幕评论”功能，以重点吸引这个群体。所谓“弹幕”，来自射击类游戏，是指观众在看视频的过程中可发表评论，其他观众在播放该视频时，这些评论在视频上飘过，如子弹飞过一般，大大增加了视频的互动性。

“淘宝同学”正式上线在线教育，对自己的发展是一个机会，而其开展的一系列创新即技术平台支撑，一定程度上对在线教育行业的发展起到了促进作用，同样也带来了行业发展的机会。

2. 新东方“两条腿”攻在线

新东方，全名北京新东方教育科技（集团）有限公司，由 1993 年成立的北

① 李雁争，《“淘宝同学”上线 在线教育将成互联网下一个热点》，《上海证券报》，2013 年 8 月 19 日。

② 范婷婷，《解读淘宝同学：机会！在线教育正在电商化》，http://www.chinaz.com/start/2013/1206/330013.shtml.

京新东方学校发展而来，总部位于北京市海淀区中关村，是国内规模最大的综合性教育培训机构。其业务包括外语培训、中小学基础教育、学前教育、在线教育、出国咨询、图书出版等领域。2006 年在美国纽约证券交易所上市，是中国大陆第一家在美国上市的教育机构。

近年来，新东方开始进军在线教育。2014 财年，其在在线教育项目及相关研发上投入 1 000 万美元，2015 财年会继续跟进，预计投入 2 500～3 000 万美元。在经历近一年的尝试摸索后，新东方的在线战略正式浮出水面。新东方线上线下资源的有效整合将为学生提供最富品质保证的直播课程。

其一，在线战略三布局。首先是在线扛改革大旗。“新东方在线”成为新东方集团业务转型的重要试金石，加大在在线教育领域的动作，2013 年底推出在线直播课程，到 2014 年上半年录播和点播课程数量已超过 2 000 个；在移动互联网方面，“新东方在线”则从儿童教育领域切入，旗下的“多纳爱学习”系列自推出以来至 2014 年上半年已累计达到近千万件次下载量。其次，打通线下资源走 O2O。推动 O2O 双向学习平台建设，全面整合线上线下课程资源，为学生提供更好的学习体验，而线上教育只是线下教育的补充，目标是走混合式教学道路。第三，与互联网巨头跨界合作。互联网巨头的数亿用户将是“新东方在线”业务的重要分发渠道，而互联网巨头们拥有研发能力和技术，新东方则拥有品牌知名度，因此双方的联姻能够实现合作共赢。①

其二，打造 O2O 教育生态圈。首先，2014 年 7 月，新东方宣布与腾讯合资成立在线教育公司——北京“微学明日”公司（即微学明日网络科技有限公司），这让“新东方在线”通过控股或参股，联合第三方去做在线教育。这个合作瞄着新东方推进在线战略、建立 O2O 教育生态圈计划。同时，新东方教育生态圈的另一个重要组成部分就是新东方内部目前正在构建的“O2O 双向互动教育系统”，即线上线下相融合，通过技术手段将新东方传统的线下课堂教学产品延伸到线上服务。由此，新东方着力打造线上线下结合的教育生态圈，即在内部要实现线下课堂教学产品和线上服务相结合；在外部则会发起一系列关于

① 李立勋，《新东方如何布局在线教育》，《北京商报》，2014 年 5 月 5 日。

在线教育产品和服务的合作，乃至纯财务性质投资多家在线教育公司。①

其三，推出"酷学网"，整合线上线下资源。2014 年 8 月，"新东方在线"宣布正式推出直播开放平台"酷学网"，提供多学科课程，如出国留学、研究生、大学、K12、外语、职业培训等，不但支持新东方教师的课程直播，也面向新东方外的优秀教师注册签约。任何人都可以在"酷学网"上申请成为教师，在身份信息得到验证、试讲通过专家审核后，即可自行创建课程，自主定价，直播授课。学生则可根据兴趣自由择课，在购买支付后参与直播学习。与其他直播平台不同的是，"酷学网"大方地提供了视频回放功能，用户即使错过直播也能及时补课。"酷学网"并不仅仅简单搭台，而是帮助入驻老师唱好戏、讲好课。②

3. 阿里布局在线教育

面对国内巨大的在线教育市场，百度、腾讯、新东方等纷纷抢占市场，拥有教师情节的马云，当然不甘落后。③

阿里的在线教育布局第一步，推出"淘宝同学"，整合在线教育市场。正如上文提到的，成立于 2013 年的"淘宝同学"主要是搭建平台，走 2B+2C 的混合型平台模式，采用直播互动的运营模式，致力于整合在线教育市场，而直播互动课程将成为重点推动的方向。

第二步，战略投资"真人在线教育平台 TutorGroup"。2014 年 2 月阿里巴巴投资"真人在线教育平台 TutorGroup"，后者成立于 2004 年，研发总部设在硅谷，是一家美国最大的在线语言学习机构，办事处遍布亚洲。2014 年 3 月，VIPABC 获得阿里领投，市场前景乐观。BAT（百度、阿里、腾讯）三大互联网巨头抢占在线教育战略布局，VIPABC 基于大数据挖掘、云计算的教学平台的特长，与阿里巴巴大数据战略相吻合，在教育 O2O 领域也积累了丰富经验，利于阿里巴巴构建全生活服务的 O2O 闭环。

第三步，千万美元领投"超级课程表"。"超级课程表"成立于 2012 年 8

---

① 李娟，《新东方"两条腿"攻在线 布局 O2O 生态圈》，《经济观察报》，2014 年 8 月 3 日。

② 孙宏超，《新东方推直播开放平台酷学网：教师可自建课程》，http://tech.163.com/14/0821/12/A460VRKU000915BF.html.

③ 张琳，《阿里布局在线教育发展历程》，http://www.iyiou.com/p/13474.

月，是广州周末网络科技有限公司旗下一款针对大学生的课程表及社交应用，通过对接高校教务系统，快速录入课表到手机，可以实现校内跨院系蹭课。随着阿里的投资，初期的“超级课程表”自身在线教育业务还处于不断摸索和发展阶段，作为一个 O2O 入口的形式与阿里巴巴的本地生活打通，之后会与阿里巴巴投资的其他业务产生更多协同效应。

在线教育在中国发展十几年，目前整个在线教育市场仍然没有一个真正的强势品牌。不过，随着移动互联网的发展，在线教育必将迎来颠覆式变革，阿里的上市，将推动国内在线教育行业及互联网行业的发展。

4. 好未来延展在线教育

对于很多用户而言，“好未来”最早的名字是“奥数网”，创办于 2003 年，两年后正式更名为“学而思”。准确地说，“好未来”对在线教育的尝试在其创立之时即已开始，2003 年，刚刚创业的“好未来”做了自己的网校，通过录播的方式将课程搬上网，但这些课程的收入与线下教育收入相比实属甚微，迅速被放弃。直到 2010 年，“好未来”上线新一版的网校——“学而思”网校。“学而思”针对从小学一年级到高中三年级的中小学阶段的学生，通过网络平台提供在线课程，覆盖数学、语文、英语、物理、化学、生物、历史等学科，课程费用每节课 15～50 元。据“学而思”网校官网数据，其学员遍及全国及世界多个地区，学生数目前近百万。

诚然，业务的迅速扩张让“好未来”的管理面临重大挑战，这也促使其开始回归自己的价值观和对教育的认知，但反思和停止非理性扩张后的“好未来”明白，教育是不能单靠资本和扩张驱动的，背后依托着与用户的互动和为其创造新的价值，这也将是对在线教育行业发展的潜在贡献。

5. 猿题库的技术淘金

“猿题库”是“粉笔网”推出的一款在线智能题库，瞄准时下最火的国考市场。其名字源于把学生进来从做题开始一直到备考结束的过程，看作是一个一步步从猿进化到人的过程，所以得名“猿题库”。①

① 齐洁，《猿题库：技术淘金在线教育》，《中国青年报》，2014 年 9 月 11 日。

在线教育开始多年来很多情况是叫好不叫座，比如新东方线上做了十年，目前一年仅二亿元左右的规模。缺钱不是问题，问题是缺互联网基因，这就是这些传统教育航母面临的最大问题。对此，“猿题库”做了如下几项创新。

其一，以纯互联网产品颠覆传统教育。“猿题库”最开始就瞅准市场机会和环境，以纯互联网的思维开始，开发出第一个产品“粉笔网”，一个专属教育培训老师和学习者的互动平台，并在不同的考试领域里推荐与学生相匹配的授课老师和课程安排，同时提供学习资料的上传和下载等服务。“粉笔网”改变了教育领域教师教学水平靠口碑传播、从而造成教师与学生信息不对称的问题，将面向教育行业的互联网社区，与新浪微博、QQ 空间、人人网等打通，让学生与老师真实沟通，互相了解需求。

其二，根据用户做题的情况智能调整出题范围和难度。“猿题库”系统将所有真题题目所涉及的考点、知识点、考频、难度等指标都标注出来，用户做 50 道左右的题之后，系统就能判断出该用户对不同考点的掌握情况，以及对同一考点下不同难度题目的掌握情况。之后随着做题数量的增加，题库就会更清楚地知道该推选哪些题目给用户才能使做题效率最好。

其三，在大数据运算的背景下实现针对个人的能力评估和智能出题。大数据分为两个层级，一是针对不同区域不同类型学生的智能分配，二是针对个人的个性化智能应对。比如得多少分数是对学生价值最大的一份试卷？在大数据运算下得出一个数，让学生得 50 分的题目最有价值，刚好卡在学生的能力点上。

其四，变传统收费模式为免费模式，同时做出盈利模式的新尝试，比如目前对“直播公开课”等进行一些增值服务的尝试，2014 年已获得超过千万元的收入。①

“猿题库”对互联网在线教育的颠覆，以及对用户答题水平的准确推断，无疑增强了其竞争力，但也存在诸多难题。事实上，不仅盈利问题，值得注意的还有技术壁垒问题，在互联网领域中，许多技术创新产品都很难长时间领先。

---

① 吴旭光，《全面免费之后再出发，在线教育机构猿题库试水 K12》，《理财周报》，2014 年 11 月 24 日。

如何保持商业模式创新取得的先发优势，也是“猿题库”未来急需解决的问题。

6. 智课网的线上线下融合

“智课网”是中国出国考试线上学习平台，由原新东方高管与许国璋英语基金会联合创办，集结了中国托福、雅思、SAT、GRE、GMAT 五大出国考试权威的各科首席教学专家和来自哈佛、耶鲁、哥大等世界名校的全职教学内容研发教师，为用户提供“专家系统课程”与热门教材题库“逐题精讲学习视频库”在线课程。

面对互联网来袭，“智课网”积极开始了转型，一是聘请名师开展专业录制课程。“智课网”的讲师都是在专业的摄制棚里进行课程录制，而不是让讲师拿着话筒对着电脑和学生开讲。即便是视频录制，也要求名师讲课必须有系统化的流程，讲课时要对课程进行切片。可以说“智课网”的名师课程达到了影视级别的课程品质，课程还实现了中英文同步字幕，让学习者能体会到比现场更加出色的亲身学习体验。

第二个做法，采用了共赢的内外合作模式。“智课网”根据大数据的算法研发出“学习管理中心”体系，学生通过这个系统只要把想学习的课程和时间等需求填好，系统就会自动推荐相应的学习计划，方便学生从容安排学习。“学习管理中心”涉及了多种学习计划，需要数百甚至上千的名师和专家，“智课网”和各大名校、机构的老师达成合作，成为签约编外人员，不用坐班，但可随时给学生提供辅导和作业批改等服务获得收入。可以说，智课网、老师、学生三方在这样的体系中实现了共赢。

第三个做法，提高行业门槛，制定行业标准。“智课网”要求和其合作的老师必须出版过专业著作，并且具备教学研发能力，这样做的结果是逼迫其他网站也得提高教师合作门槛，老师必须具备各种资质才能给学生讲课。①

“智课网”是百度在线教育领域投资的第三家公司，融资到账后，智课网将全面开启在线教育 O2O 布局。“智课网”的定位是通过提供更加精细化的课程和服务，来吸引线下的老师和学生，而真正个性化、一对一的课程则依靠线

---

① 丁道师，《在线教育网站智课网为什么会火》，http：//www. sootoo. com/content/479682. shtml.

下的培训机构去完成，这其中渗透着在线教育的本质，即能实现线上运作的东西则移到线上，而本该在线下运作的东西则继续依靠线下。在线教育的实质是 online with offline，是通过线上线下无缝融合，让从业者和用户都有更多机会和选项，这个含义在“智课网”这里得到了很好的体现。

7. Minerva 颠覆美国常青藤

Minerva 是一所用 O2O 模式去颠覆传统教育的新型大学，2012 年种子轮融资 2 500 万美元。Minerva 作为一所“互联网大学”入学成功率只有 1%，借助互联网工具去改造大学教育模式，已逐渐显出颠覆性。“大学是没有墙的”长久以来似乎只是一句口号，但 Minerva 正用 O2O 模式去实现这个理想。与普通在线教育不同，Minerva 是有真正大学资质的在线教育平台。其与美国高校 Keck Graduate Institute 的合作，学习四年的学生毕业后不仅可以获得文凭，还可获得学位；而在 Minerva 学习的学生需要支付的学费，仅仅是普通美国大学学习费用的 1/3。

Minerva 的颠覆性在于，它借助互联网的力量，把线下教学资源无限扩大，化身为虚拟大学平台，成为一所“全球性”大学。其“主体”位于美国，校区却遍布中国香港、孟买、里约热内卢、悉尼、伦敦、开普敦等世界各地，最优质的教学资源、学生数据都是通过互联网及时共享。①

事实上，随着近年来网络的迅速发展，世界逐渐没有障碍，Minerva 的出现既有必然性，又是社会需要。Minerva 利用互联网的信息和长尾优势，让大学的教育资源可以无时差、跨地域的共享。当然也存在待考验的问题，大学很多实验和课程复杂繁琐，大学作为严肃的深度教育，Minerva 更加面向市场的教学成果还有待考验。

三、一 隅 天 下

与国内巨大的市场需求相比，国内优质教育资源稀缺，优质在线教育发展

① 陈迎利，《互联网思维的 Minerva 如何颠覆美国常青藤》，http：//www. studentboss. com/html/news/2014 - 07 - 09/149329. htm.

潜力巨大。根据2014年《互联网教育蓝皮书》,2014年中国在线教育市场规模将超过1 300亿元,在线教育占整体教育市场的比例不到11%,相较于目前互联网渗透率45%,空间巨大。而根据艾瑞咨询预测,2015年中国在线教育市场规模更将超过1 600亿元。面对中国在线教育市场规模每年30%以上的增速,在线教育机构如何站稳市场,偏居一隅而雄括天下,同时让学习者达到偏居一隅而悉知天下的效果呢?

1. 内容永远是关键

未来可以胜出的在线教育平台,也许其外在形式尚未完全出现,所需要和使用的技术手段和模式也在发展提高。但专注做符合市场需求内容的在线教育公司,是永生的。内容为王,这是在线教育企业必须解决的首要问题。说到底,在线教育的竞争是教学质量的竞争,而其关键,则是内容的研发,好的在线教育应该建立在优质的在线教学内容、高效率的在线教务管理的基础上。从实践中看,前文中"好未来"的例子值得认真学习研究,其作为内容提供商,一直都很重视师资力量和教学质量,并在这两方面投入大量成本。

2. 线上线下融合

在线教育的未来一定是O2O,即线上线下的相互融合——线上的优势主要是方便资源的高度聚合,比如能够快速地聚集名师资源,对学生行为和数据的实时挖掘和深度分析,以及打破线下时间、空间、学习节奏等方面的约束;而对线下教育来说,这种传统学习方式最大的优势则在于线上难以提供的学习氛围。值得借鉴的是,比如智课网,在搭建内容平台的同时,一直尝试在线上模拟线下的学习氛围,比如其最近上线的随堂交流功能,即是为了提高录播课程的互动性,为下一步建设线上学习社区做准备。

国内K12在线教育未来发展也是对线下教育的分工和融合,从目前在线教育企业来看,其已有的线下教育各有长处和短板,在线上的布局和探索情况也都差不多,如何将线上线下的流量有效利用和转化,是在K12在线教育领域取得优势的关键。有志于在线教育的企业在这一点上同样得寻求进展,比如学而思的E度教育网值得借鉴,其流量和口碑如果有效利用,将成为很好的武器。

3. 注重互动与体验

举个实例，比如针对儿童或青少年的教育，在在线视频和课程的制作方面，如果你观看韩国的课程，你可能看不懂他们在讲什么，但你能感受到老师的活力，这非常有助于他留住孩子们的学习注意力。再比如欧美国家的课程普遍使用动画＋互动形式，既有趣又易懂，一些练习也设计成小游戏，简单并且容易上手。做动画不是问题，难度在于和教育内容的有机结合。所以做在线教育，可以结合国内的教育内容和市场需求，更多吸取一些成功产品的精髓，创造出适合中国市场的产品，要体现互动性、趣味性，制作出适合线上学习的课程设计。尤其对于青少年来说，不管哪种产品形式，都要在留住孩子注意力上下工夫，让他们“愿意上”和“有效果”。

4. 转型三模式

传统教育机构转向在线教育，可根据自身情况选择合适的模式。常见的有三种：一是自建研发网络平台模式。即在原有的网管团队基础上，增加程序、技术开发人员，并结合线下老师的需求开发属于自己的网络平台，如学大的 e 学大、好未来的家长帮等，均属此列，可演化为 B2B 或 B2C 模式，典型的例子如淘宝同学等。当然这不仅需要教育机构本身具有足够的互联网经验，足以支撑“研发”行为，同时还要有经过 KPI 核算的可行性。二是借助第三方网络模式，即 C2C 模式。比如现在很多传统教育机构选择在淘宝大学、YY、传课网、沪江网等第三方网络开课，不仅节省开发成本，还能借助这些平台的优势获取一定的客户量。三是合资模式，包括收购、股份合作组建新公司等。与借助第三方模式相似，同样可以快速获取经验和技术，但要解决好谁来主导、谁是技术提供方、谁是教育方以及双方的企业文化如何融合等问题。

5. 科学选取细分领域

从可以预见的相当长时间看，在线教育的学前领域、职业技能教育、语言学习类、基础教育、平台及工具等领域，应该是比较看好的领域。在线教育机构一定要选择适合自己的细分领域，因为教育行业的产品品类极其细分，各个巨头也只能在某个细分领域称霸，如新东方在教育培训行业做了几十年，其影响也只限于英语培训和中小学辅导。另外，高等教育也属于看好的领域，但是其从业门槛较高，对于没有行业资源的创业者来说只能望洋兴叹，这个领域不仅需要投资，更需要深厚的行业资源优势。①

6. 打造在线生态系统

一个透明开放、持续进化、具有整合能力的在线教育生态系统，极易给人带来全新的理念和模式，这应该是每个在线教育机构努力发展的方向，决定着企业未来的竞争能力。比如新东方，把打造O2O教育生态系统计划作为今后发展的大战略，其设想构建“O2O双向互动教育系统”，线上线下融合，通过技术手段在内部将传统的线下课堂教学产品延伸到线上服务，在外部则发起关于在线教育产品和服务的合作，乃至投资多家在线教育公司。

7. 做好服务

在线教育与传统线下教育的最大区别，一是个性化，互联网最大的好处就是通过虚拟的世界实现信息更精准的匹配，这对所有的人，包括从演讲者和听众角度来说都是效率最高；二是资源的网络化，人们可以在平台上选择众多的服务提供者；三是服务的分散化，在线教育网络没有边界，任何用户都可以在任何地方通过在线教育的平台享受到服务——这是和线下教育的较大差别。在线教育并不能创造虚拟的任务让用户去学习，该学的东西、在学的东西都是很实的，只是用什么样的场景、什么样的人来提供学习内容的差别，也就是服务的差别，用户在互联网接受教育的同时正是在享受服务，在线教育的市场规模一定是线下服务的市场规模的若干倍。所以，服务是主要的盈利模式，一定要坚持以服务为核心。

---

① 吕森林，《预测：在线教育未来五年市场规模将达500亿?》，http://edu.ce.cn/xw/201408/27/t20140827_1878928.shtml.

8. 用数据满足客户需求

移动端对于教育信息化来说，更为重要的在于大数据和小数据的分析。大数据的分析可以在管理决策、学习行为分析、群体学习分析等诸多方面提供帮助。而小数据的采集和分析应用，能使教育机构围绕一个学习主体，将其与学习相关的各类数据进行汇聚与整合应用，从而能更好地为学习者提供更好的个性化的学习服务。比如微创教育团队非常注重“小数据”环境营造和采集应用，将众多个体数据汇聚在一起就是群体数据，通过分析其学习特点，从而为群体的学习服务提供支持。

9. 放眼长远

在线教育是一个特殊的互联网领域，不是可以速成的行业，一个在线教育项目，从立项到盈利，试图在 2～3 年内赢利是不现实的，找到在线教育的赢利模式更为关键。从项目初始到商业模式运营成功，3～5 年的时间仍然是相当短的周期，用 5～8 年时间获取成功实属正常，急于求成的想法要不得，比如梯子网就是因为过于乐观，导致人员规模太大、烧钱太多以致无后续资金而最终倒下。

10. 互相借力多元发展

如“巨人教育”与“鹏博士”联姻，在教育培训领域展开战略合作，合力创建巨人·鹏博士“空中万人云课堂”。巨人之所以选择与鹏博士合作，是看中其在互联网、数字电视等领域的深耕布局，借助其拥有的强大用户系统，将巨人教育直接送入千家万户。这个联姻也是在线教育跨界合作的一个新样板，借助各自优势实现双赢。在巨人看来，打造的“空中万人云课堂”可解决巨人校区家长和学生对名师、名课一票难求的紧张供需关系，解决家长对教学内容、教学进度和教学质量不能及时了解与把控的问题。而对鹏博士而言，与巨人的合作将有助于建立一套功能强大、内容丰富的运营教育全平台，实现宽带播放内容的突破，促进新的用户增长。①

---

① 张灵，《传统教育转型路上四大变革》，《京华时报》，2014 年 8 月 19 日。

11. 强强联合抢占高地

如 2014 年 7 月，新东方与 ATA 宣布合资成立一家职业教育领域的在线教育公司，主要进入医疗、会计、金融等细分领域。一周后，新东方发布的今年第二季度财报中透露，已与腾讯开展合作，掘金在线教育。不到 10 天时间先后发布两个重磅消息，且选择合作的对象均是相关领域的巨头，让新东方实现了从学前教育到在职培训服务对象的全覆盖。强强联合的目的不在于获得现金流，而是一种着眼未来的探索。

后　　记

在全球新一轮科技革命和产业变革中，互联网与各领域的融合发展具有广阔前景和无限潜能，以移动互联网、云计算、大数据、物联网为代表的新一代信息通信技术与经济社会各领域、各行业的深度交互和跨界融合，已成为不可阻挡的时代潮流，正对各国经济和社会发展产生战略性和全局性的影响。近年来，我国在互联网技术、产业应用以及跨界融合等方面取得了积极的进展，互联网基础日趋坚实，比较优势突出，正成为经济社会发展的新引擎，潜能无限。

"互联网＋"则是把互联网的创新成果与经济社会各领域深度融合，推动技术进步、效率提升和组织变革，提升实体经济创新力和生产力，形成更广泛的以互联网为基础设施和创新要素的经济社会发展新形态。这个概念的提出，再度给互联网与经济社会融合发展插上了双翼。2015 年 3 月，"互联网＋"写入政府工作报告，意味着其正式被纳入顶层设计，成为国家经济社会发展的重要战略。7 月，国务院出台《关于积极推进"互联网＋"行动的指导意见》，提出了"推动互联网由消费领域向生产领域拓展""增强各行业创新能力"的发展思路，按照开放共享、融合创新等原则，实现"互联网与经济社会各领域融合发展进一步深化"、形成"网络经济与实体经济协同互动发展格局"等目标，是党中央、国务院在深刻认识和准确把握互联网发展规律的基础上，立足国情，高屋建瓴，对互联网与经济社会融合发展做出的重大战略部署和顶层设计，具有划时代的重大意义和深远影响。其"互联网＋"创业创新、"互联网＋"协同制造、"互联网＋"普惠金融、"互联网＋"高效物流、"互联网＋"电子商务等一系列重点行动，为国家层面完善网络化、智能化、服务化、协同化的"互联网＋"产业生态体系，形成"互联网＋"新经济形态，把"互联网＋"打造成经济社会创新发展重要驱动力的同时，更为相关行业企业发展指明了方向，准备了商机。

当下的互联网商业模式正不断摧拓着传统行业的价值与影响，引领着让人热血沸腾的互联网财富浪潮，而这也正在不断考验和鞭策着各行各业企业管理者和创业者的眼光和胆识。这一场前所未有的互联网挑战和商机，催生了本书的逻辑架构，结合对典型企业互联网融合发展案例细致剖析，深入研究零售、服装、餐饮、家电、通信电子、金融、旅游、教育八大行业在互联网大势中的现状与问题、对策与融合，为志在“互联网＋”新生态领域大有作为的实践者提供参考。倘有些微可资借鉴，亦将甚感欣慰。

感谢“互联网＋”领域所有开拓者、参与者和引领者们，感谢本书所引用的所有资料的作者，是你们使我们这些后来者能够视角更宽，理解更深，走得更远。同时，本书在写作过程中得到来自东方出版中心相关领导、编辑的大力支持和热心指导，在此对你们深表感谢！

最后，谨向帮助、支持和鼓励我完成本书写作的家人致以深深的敬意和诚挚的感谢！

刘义成

2015 年 7 月

图书在版编目(CIP)数据

互联网时代的企业转型/刘义成著. —上海：东方出版中心，2015.8
ISBN 978-7-5473-0833-2

Ⅰ.①互… Ⅱ.①刘… Ⅲ.①互联网络—应用—企业管理—研究 Ⅳ.①F270.7

中国版本图书馆 CIP 数据核字(2015)第 185901 号

互联网时代的企业转型

出版发行：东方出版中心
地　　址：上海市仙霞路 345 号
电　　话：62417400
邮政编码：200336
经　　销：全国新华书店
印　　刷：昆山市亭林印刷有限责任公司
开　　本：710×1020 毫米　1/16
字　　数：208 千字
印　　张：14.5　　插页 2
版　　次：2015 年 8 月第 1 版第 1 次印刷
ISBN 978-7-5473-0833-2
定　　价：49.00 元
